华南师范大学教育名家系列文集

丛书主编　扈中平　李盛兵
丛书副主编　曾文婕　刘磊明

周德昌教育文集

黄明喜　主编

广东高等教育出版社
Guangdong Higher Education Press
·广州·

图书在版编目（CIP）数据

周德昌教育文集/黄明喜主编. —广州：广东高等教育出版社，2024.12
（华南师范大学教育名家系列文集）
ISBN 978-7-5361-7200-5

Ⅰ.①周… Ⅱ.①黄… Ⅲ.①教育史—中国—文集 Ⅳ.①G529-53

中国国家版本馆CIP数据核字（2023）第196182号

书　　名	周德昌教育文集
	ZHOU DECHANG JIAOYU WENJI
出版发行	广东高等教育出版社
	地址：广州市天河区林和西横路
	邮政编码：510500　电话：（020）87553335
	http://www.gdgjs.com.cn
印　　刷	佛山市浩文彩色印刷有限公司
开　　本	787毫米×1 092毫米　1/16
印　　张	19.5
字　　数	390千
版　　次	2024年12月第1版
印　　次	2024年12月第1次印刷
定　　价	58.00元

如发现印装质量问题，请直接与印刷厂联系调换。

总 序

李盛兵

历史是最好的清醒剂。铭记历史，才能开创未来。编写这套教育名家系列文集，不仅是为了庆祝华南师范大学 90 周年华诞，也是为了纪念对国家教育科学和学校教育学科的发展做出贡献的先贤们。

90 年来，华南师范大学从无到有，已成为我国"双一流"建设大学，成为我国教育强国建设的重要组成部分。1933 年勷勤大学建立，设立商学院、工学院和师范学院，后者是华南师范大学的前身，林砺儒先生任院长。4 年后勷勤大学改组，其师范学院独立设置为广东省立教育学院，后更名为广东省立文理学院，主要办理师范教育，培养中等教育师资，林砺儒先生任校长。由于高举师范教育的大旗，坚持办学的革命性和进步性，文理学院被称为"小延安"。1952 年院系调整，在广东省文理学院的基础上，并入中山大学师范学院、华南联大教育系、南方大学俄语系、岭南大学教育系、海南师范学院、南昌大学师范部地理专修科、广西大学教育系、湖南大学史地系地理专修科，九脉归一成立华南师范学院，师资力量不断壮大，为南方师范教育重镇。1982 年，华南师范学院更名为华南师范大学，1996 年忝列国家"211 工程"建设大学，2013 年又转为"双一流"建设大学，进入国家一流大学建设行列，实现了华南师范大学几代办学人的理想。

与大学的快速、高水平发展相比，教育系、教育科学学院的发展更加出色，学校教育学科不仅是广东省的龙头学科，在全国也属优势学科。1935 年教育系建立，1952 年合并后的教育系名家荟萃，教授就有二十多人，实力超群。1999年实体性合并教育系、心理学系、教育科学研究所、课程教材所和高等教育研究室，成立教育科学学院，实现了教育学科自1952年来的第一次整合，开启了跨越式发展的新征程。教育学原理专业于2000年获批博士学位授予权，2003年获批教育学一级学科博士学位授予权及博士后流动站；教育科学学院于2009年成为教育部首批教育博士专业学位研究生培养试点单位，2010年成为教育部专业学位研究生教育综合改革试点单位；教育学一级学科于2013年获评广东省重点攀峰学科，2015年入选广东省高水平大学重点建设学科群"面向教育现代化重大需求的教育学科群"，2018年入选广东省"世界一流学科建设"学科，2022年成为广东省"冲补强"高峰学科。教育学科在教育部学科评估中位列A类层次，在2021、2022年度软科学科排名中均居前5%。教育科学学院已经建成高水平的研究型学院，在重大平台、重大课题、重大奖项和高层次人才上都实现了突破，并呈现出继续向好的势头。学院和大学的发展，离不开一批批教育名家和优秀教师的汇聚、努力和付出。自教育系建立以来，林砺儒、高觉敷、罗浚、汪德亮、叶佩华、朱勃、杨荣春、邹有华、周德昌、李锡槐、陈汉才、江月孙等众多名家、名师先后执教于此。教育学科亦因这些教育学名家而散发出生机和活力。正是这些教育名家，带领着教育学科向更高水平发展。这些教育名家是学院发展、教师发展、学生发展厚重的精神财富，需要进一步铭记、学习与发扬。习近平总书记在2023年的教师节指出："教师群体中涌现出一批教育家和优秀教师，他们具有心有大我、至诚报国的理想信念，言为士则、行为世范的道德情操，启智润心、因材施教的育人智慧，勤学笃行、求是创新的躬耕态度，乐教爱生、甘于奉献的仁爱之心，胸怀天下、以文化人的弘道追求，展现了中国特有的教育家精神。"为了更好地弘扬和践行学院教育家的精神，教育科学学院组织编写"华南师范大学教育名家系列文集"，选择林砺儒、汪德亮、叶佩华、朱勃、杨荣春、邹有华、周德昌、李锡槐、陈汉才和江月孙十位先生的论文和著作节选，展现先生们的教育学术精神、思想和创造，泽被后学，增强年轻学者和学生的学术自信与"躬耕教坛、强国有我"的志向和抱负。这十位教育名家特点鲜明，20世纪初出生的先生大都留学日本、美国，或毕业于中央大学、中山大学、北京高师等；20世纪50年代后出生的学者没有出国留学，大都毕业于中山大学、华南师范学院。他们爱国、爱人民、爱教育，献身教育，潜心研究，在各自的研究领域独树一帜，在国内教育界影响较大，如林砺儒的师范教育思想和中等教育思想，叶佩华的教育测量统计理论，朱勃的比较教育思想，邹有华的教学论思想等。

期待教育科学学院能涌现出更多的教育名家以及具有教育家精神的学者、教师，未来这个系列文集会编得越来越丰富、越来越精深。

2023年11月1日

本卷前言

周德昌（1926—2009），中国著名教育史研究专家。主要致力于中国古代、近代教育思想史，尤其是康有为、梁启超教育思想等领域的研究，成果丰硕。他执着地探索中国教育史学科走向现代化的理性之路，可谓百年来中国教育史学科发展第三代的突出人物之一。

周德昌撰写和主编出版的著作主要有《中国古代教育思想的批判继承》（教育科学出版社1982年版）、《中国近代教育史》（湖南教育出版社1986年版）、《中国古代教育史》（吉林教育出版社1988年版）、《朱熹教育思想述评》（吉林教育出版社1987年版）、《一代名师》（河南教育出版社1988年版）、《康南海教育文选》（广东高等教育出版社1989年版）、《教育大辞典·中国近现代教育史分册》（上海教育出版社1991年版）、《简明教育辞典》（广东高等教育出版社1992年版）、《中国古代德育思想史略》（广东教育出版社1992年版）、《时代·人才·德育》（中国和平出版社1992年版）、《北宋教育论著选》（人民教育出版社1998年版）、《中国教育史研究（明清分卷）》（华东师范大学出版社1995年版）。合编已出版的著作主要有《中国教育家评传》《比较教育史略》《康有为思想研究》《外国教育史》等。发表有《中国古代教育家论教学过程》《论康有为、梁启超在中国近代教育史上的贡献》（此二篇刊载于《教育研究》）

等学术论文130多篇，其中不少被报刊所转载。

周德昌1948年本科毕业于中山大学教育系。1952年中山大学教育研究所研究生毕业后，一直任教于华南师范大学，历任助教、讲师、副教授、教授。曾任华南师范大学教育系主任、中国教育史专业硕士研究生导师组组长，兼任全国教育史研究会常务理事、广东教育史研究会理事长、广东陶行知研究会副会长、华南师范大学学位委员会文科分会副主席、华南师范大学学术委员会委员、华南师范大学岭南近现代思想文化研究中心副主任等职。此外还担任全国教育科学教育史学科规划组成员，《中国大百科全书·中国教育分卷》副主编，《教育大辞典》编委。

作为一位毕生耕耘于中国教育史研究领域的学者，周德昌博览群书，能够广泛地吸收前人和当代的教育理论成果，并富有创造性地进行中国教育史发展史研究的新探索。他的一生伴随着中国教育史学科由年轻走向比较成熟的历程。半个世纪以来，他对中国教育思想史、中国教育制度史以及中外文化教育交流史分别进行研究，并出版了一些有影响力的著作，发表了不少见解独到的论文。综而观之，他力图把握教育自身发展规律，按照历史演进轨迹去揭示中国教育思想发展、中国教育制度发展以及中外文化教育交流三大部分之间的内在联系，以丰富的历史材料阐明中国教育史学科是一个完整、严密的教育科学体系。

就周德昌公开发表的中国教育史研究系列论文来看，其自觉地运用马克思理论，观点明确，史料丰富，有着鲜明的时代感，特别是有强烈的现实感。这里不妨举例一窥其学术风格。

首先，以马克思主义唯物史观为指导，是周德昌研究中国教育史问题的写作精神。历史地看，中华人民共和国成立后教育史界都申明自己要以马克思主义唯物史观为指导，但对马克思主义唯物史观本身的认识无疑受限于各自或浅或深的理解水平。周德昌与时俱进，是站在20世纪八九十年代的高度自觉地去运用马克思主义唯物史观的。所以，在面对纷繁复杂的教育思想进行马克思主义唯物史观的研究时，周德昌善于运用实事求是的唯物主义精神与条分缕析的辩证史观，以反对用机械僵化的分析框架解读形态各异的教育思想这样一种削足适履的研究取向。这样的研究态度和做法显然是合乎马克思主义唯物史观的本真意义的。

在周德昌看来，中国历史悠久，文化教育方面的遗产特别丰富，所以中国在教育思想、教育制度和选拔人才制度等方面都积累了极为丰富的资料和经验。对上述这些丰富的遗产，历代教育家和思想家虽然也曾进行过探讨和研究，但是中国教育史成为一门独立的学科则比较晚。20世纪初，黄绍箕、柳诒徵着手编撰的《中国教育史》，算是最早的，但是"初生之物"自然是不够系统和成熟的。从清朝末年开办的师范学堂到中华民国初期的师范学校，都曾开设教育课程，其中包括中国教育史的内容。以后，随着中国教育史研究的开展，才陆续有更多的中国教育史专著问世，从20世纪20年代至30年代先后出版了60部以上，如陈青之的《中国教育史》和陈东原的《中国教育史》等。作为教育科学一个分支的中国教育史的研究工作，经历了一个复杂、曲折的过程。中国教育史这门学科，它的研究对象主要是中国各个历史阶段的教育思想和教育制度。教育制度史注重研究各级各类学校的产生、发展和衰亡的规律，探讨各种类型学校的特点和经验。教育思想史着重研究一些重要的、有深远影响的教育家的教育思想（包括教育目的、教育内容和教育原则方法等，并给予历史唯物主义的评价），同时注意探讨各个教育家之间在思想上的批判、继承和发展的关系。他认为，应该"古为今用"，批判地继承中国历史的教育遗产，去其糟粕，取其精华，建立起合乎中国国情、具有民族特点的中国教育科学体系，使之为社会主义的教育事业服务，促进四个现代化的发展，这是中国教育史研究工作者的光荣职责。

周德昌不仅是这样主张的，在实际的中国教育思想家研究过程中也是这样做的。譬如，他在《批判地继承我国古代德育遗产》一文中指出："古代的德育方法也是极为繁多的。例如：'克己''自省''主敬''省察'，等等。这些德育方法的特点，多是鼓励人们在内心上下功夫，它的唯心主义色彩较浓。但是我们对待任何具体事物都应该采取马克思主义的分析态度。"而在《论梁启超的教育思想》一文的结语中又表明："维新变法失败后，梁启超在政治上逐步走向保守，最后还沦为反动政客，这是资产阶级改良派，不能跟随时代前进，而仍然坚持他旧的政治路线的必然归宿。他的教育思想（特别是在1903年以前）虽然也还存在着这样或那样的缺点或不足之处，但总的来说，它是进步的，蕴藏着不少有价值的因素。过去我们对他的教育思想发掘和肯定得不够，是引以为憾的。今天我们应该以马克思主义唯物主义的观点为指导，正确地评价它在中国教育史上的地位。"

即使在编撰《北宋教育论著选》这部史料性的教育文献工作中，他也不忘坚持以马克思主义唯物史观为指导的治学精神，说道："运用这些文献，就要请读者用马克思主义唯物主义的观点，进行分析和探讨，才能做出正确的评价、科学的论断，也才能做到去粗取精，古为今用。"

其次，重视原著，充分占有第一手文献资料，则是周德昌从事中国教育史研究的一大品格。他认为，史料是中国教育史研究的基础，我们对史料的发掘、整理和出版是重视的。但是，还有大量的重要的资料没有搜集、整理和出版，需要我们做大量的、长期的和艰苦的工作。过去在全国范围内，缺乏全面的规划和分工协作，加上经费和出版的困难，所以工作开展得比较慢，结果许多急需和重要的史料拿不到手，对中国教育史的科研、教学和编写教材都是不利的，还要防止在人手少的情况下搞重复劳动，这种被动的状况我们必须迅速改变。

周德昌在半世纪的治学生涯中，研究范围比较广泛。无论是教育思想史还是教育制度史抑或中外文化教育交流史的研究，他都有所涉及。实事求是地说，他从事孔子、墨子、孟子、荀子、董仲舒、韩愈、二程、朱熹、王守仁、康有为、梁启超、蔡元培、陶行知等教育家教育思想的探究时，均是根基于原著的阅读理解，然后才做出约而不繁、条理清晰的评述。不仅如此，他在关注中国教育制度的历史变迁时，也格外注重对各家各派的原始史料挖掘和利用。例如，他在《春秋战国时期的私学》中写道："至于私学内部师生间的学习、生活的守则、制度是怎样的，史籍没有给我们提供比较详细的资料，但是从各家私学的著作和一些史料中仍然可以看到一鳞半爪。"

最后，解放思想，着力从更广阔的理论视野和现实的社会需要研究中国教育发展史，亦是周德昌贯彻始终的重要准绳。周德昌认为，中国教育史研究在知识结构上有单一化的弊端。当前学科发展的趋向是多学科、多层次的交叉研究，这样才能有所收获、有所创新。要使理论研究能够有所深化和突破，只局限于中国教育史本学科狭隘的知识结构是不够的。它应该广泛地吸取许多相关学科的新成果，以扩大自己的视野。因为中国教育史与政治学、哲学、伦理学、教育学、外国教育史、历史学、社会学、教育心理学，甚至美学、宗教学都有密切的联系。这种横向联系有利于中国教育史的分化、深入，类似中国德育思想发展史、中国佛教教育史、中外教育史比较研究、中国教育哲学发展史、中国美育史等新兴学术领域的创立和拓宽。

周德昌反复强调坚持"古为今用"的原则，必须明确中国教育史的方向，才能适应改革开放形势的需要。这就要求我们必须站在时代的高度上，对中国教育发展的历史进行深入的探索，从而为创建具有中国特色的教育理论提供重要的历史依据，对当前的教育改革提供必要的历史启示。因而我们研究的课题应有新意，应面向现实和体现时代精神。总而言之，研究中国教育史的目的，绝不是要引导人们向后看。研究祖国教育的前天和昨天，正是为了今天和明天，使中国教育史研究更好地为社会主义现代化建设服务、为社会主义精神文明建设服务。中国教育史研究工作者是应该，而且也能够在这方面做出自己的贡献的。

黄明喜
2023 年 7 月 31 日

编者的话

一、本书以 2003 年《华南师范大学学报》刊印的周德昌自编《中国教育史研究文集》为底本，增添了中国知网所收录的论文。

二、本书基于教育学术史的视角，整理和收录了周德昌 20 世纪 80—90 年代的代表性论文和相关著作的前言，共计 27 篇。内容涉及他对中国古代、近代教育思想史的研究，特别是儒家教育思想家和中外教育交流问题等领域的研究，从中可折射出一位 20 世纪中国知识分子所走过的教育史学心路历程。

三、本书文章的编排按发表的时间为序。

四、本书各篇篇名均采用原标题。

五、原著者置于篇末的注释，本书编者将其改为脚注形式。

六、原印本的漏字、衍字、错别字，经编者校勘后均一一订正。

黄明喜
2023 年 9 月 25 日

目 录

1981

003 略论中国古代的德育理论和方法
019 中国古代教育家论德育的过程和方法
026 辛亥革命与教育
　　——纪念辛亥革命七十周年

1982

035 论梁启超的教育思想
045 论朱熹的教学法思想
055 中国古代教育家论教学过程

1983

069 荀子教育思想探微
079 春秋战国时期的私学
088 严复教育思想述评

099	孟子教育思想探微
107	论康有为、梁启超在中国近代教育史上的贡献

1984

119	重营旧馆喜初成　要共群贤听鹿鸣
	——朱熹的学术渊源和教育活动述略

1985

133	研究孔子教育思想的方法论问题

1986

143	近代中国与日本的文化教育交流
153	南宋书院的教学与教育流派的发展
164	中国古代的因材施教
172	陶行知早期教育思想论略

1987

183　　　　　　　中国近代教育改革家蔡元培

1988

195　　　　　　　古代中国与朝鲜、日本、印度的文化教育交流

1989

221　　　　　　　《北宋教育论著选》一书的前言
225　　　　　　　中国教育史研究四十年

1990

239　　　　　　　荀子的德育理论和方法

1991

249　　　　　　　颜之推德育思想论略
258　　　　　　　程颢、程颐德育思想论略
267　　　　　　　王守仁德育思想论略

1992

279　　批判地继承我国古代德育遗产

1994

293　　近代岭南教育界改革开放的教育意识

1981

略论中国古代的德育理论和方法

道德是一种特定的社会意识形态，它属于社会上层建筑的现象。它是在一定经济基础上产生和形成的社会舆论、人们的内心信念和传统习惯。这些道德观念、规范、原则、标准形成之后，对社会成员的思想和行动起着约束的作用。

在阶级社会中，一切的道德观念、规范、原则无不打上阶级的烙印，不同的阶级具有不同的道德观念和标准。

但是由于统治阶级的思想在每一个时代都是占统治地位的思想，统治阶级一方面可以利用政权的力量和经济的力量来扩大道德观念的影响，另一方面又可以利用政权的力量和经济的力量去阻碍被压迫阶级道德观念的流传和削弱其影响。所以，在阶级社会里，道德都是统治阶级用来维护他们统治利益的工具。

我国古代的教育和学校都为奴隶主阶级和地主阶级所垄断，他们无不把道德教育放在各项工作的首位，也就是说他们都把灌输本阶级的政治思想和道德规范给年青一代作为他们增强教育、教学工作中的头等大事。为此，他们积累了不少经验，形成了一套德育的理论和方法。我们对这些教育遗产进行整理、总结、分析、批判，并探讨其中一些带有规律性的东西，看来还是有必要的。

一

中国古代的统治阶级从来都是把德育放在首位的。它们把培养本阶级的接班人具有牢固的立场、观点、信念作为德育的主要任务。

孔丘就是一个明确地提出把奴隶制的道德教育放在教育工作首位的教育家。他说："弟子入则孝，出则悌，谨而信，泛爱众，而亲仁。行有余力，则以学文。"① 可见，在孔丘的教育思想中，他要求学生首先要做一个符合奴隶制道德标准的社会成员，其次才是学习文化、知识。

在实施德育的过程中，孔丘认为培养奴隶主阶级的立场、观点和信念是最为重要的。孔丘提出"君子"必须是一个"笃信好学，守死善道"② 的坚定分子。所以孔丘要求他的学生深信不疑地信仰奴隶主阶级的政治思想和道德观念，并努力学习，站稳奴隶主阶级的立场，以生命来保卫它的完善。

孔丘还经常教育他的学生学"礼"，他认为"不学礼，无以立"③，一个人接受了周礼的系统教育，他在政治、道德方面才算"立"得住脚，简而言之，也就是才能站稳立场，具有坚定的信念。如果能够做到"非礼勿视，非礼勿听，非礼勿言，非礼勿动"④，那就达到了奴隶主阶级所要求的最高道德境界——"仁"了，所以孔丘要求他的学生要懂得周礼，要遵守周礼，要维护周礼，务使自己的一举一动、一言一行都不要背离周礼的规定，甚至要"杀身以成仁"⑤，以保全奴隶主阶级的道德气节。这就是孔丘道德教育的中心环节，也是他考查学生的主要标准。

孟轲继承孔丘的德育思想，他同样地主张"谨庠序之教，申之以孝悌之义"⑥，学校教育就是要把灌输奴隶制的道德规范放在第一位。"壮者以暇日修其孝悌忠信，入以事其父兄，出以事其长上"⑦，使人们都必须以"孝悌忠信"这些奴隶制的道德来修养自己和约束自己，他认为这就是德育的首要任务。

与孔丘一样，孟轲也要求人们以牺牲自己的生命来保存奴隶制的道德准则，

---

① 《论语·学而》。
② 《论语·泰伯》。
③ 《论语·季氏》。
④ 《论语·颜渊》。
⑤ 《论语·卫灵公》。
⑥⑦ 《孟子·梁惠王上》。

使之免受损害。"杀身以成仁""舍生而取义"① 后来长期成为中国封建社会统治阶级要求人们必须遵守的最高道德气节,它也是统治阶级实施德育企求达到的理想目标。

南宋的朱熹继承孔、孟的德育理论并加以发展,他把加强封建主义的德育作为维护封建统治秩序的救命稻草。在他看来,对人们加强封建伦理纲常的灌输,使它束缚人们的思想和行为,它所起的作用比封建主义的法制还重要。所以,他说:

"学校之政,不患法制之不立,而患理义之不足悦其心。夫理义不足以悦其心,而区区于法制之末以防之……亦必不胜矣。"②

朱熹所说的"理义"就是封建主义的"三纲五常"的道德说教,他认为只要这套封建礼教深入到人们的思想意识中去,就能使人们心悦诚服地去遵守封建主义的统治秩序,那往往是光靠法制达不到的。

朱熹还继承和发展了二程关于"天理""人欲"的思想,提出了"存天理、灭人欲"的德育理论。他说:

"天理人欲,不容并立。"③

"天理存则人欲亡,人欲胜则天理灭。"④

朱熹所谓的"存天理",实质就是要求人们牢固树立和信仰封建主义的政治原则和道德规范,并把它当作天经地义不可动摇的信条。所谓"灭人欲",就是要把一切反抗和违背封建主义政治、道德原则的思想、言论和行动统统禁止,对人们的物质欲望则看成是罪恶,要加以消灭。可见,朱熹的"存天理、灭人欲"的德育理论目的在于钳制人民的思想,防止和压制广大劳动人民起来造地主阶级的反。

王守仁则认为道德教育的任务是在于"明人伦"。所谓"明人伦",就是教导人们明确认识和恪守"父子有亲,君臣有义,夫妇有别,长幼有序,朋友有信"这一套封建主义的道德原则和规范。他公然宣称"教者惟以此为教,而学者惟以此为学"⑤,"明伦之外无学矣,外此而学者,谓之异端"⑥,那就是说教师和学生只能传授和学习封建统治者所规定的封建主义的道德教条,并严格地遵

---

① 《孟子·告子上》。
② 《濂洛关闽书》卷十六。
③ 《孟子·滕文公上》注。
④ 《朱子语类》卷十三。
⑤ 《王文成公全书》卷二《传习录中》。
⑥ 《王文成公全书》卷七《万松书院记》。

守封建伦常关系。除此之外的言论、思想和行为都是"异端邪说"。他还提出一个"破心中贼"的反动口号，所谓"心中贼"是指那些不利于封建统治阶级根本利益的思想，是指劳动人民不能忍受压迫而萌发的造反念头。可见，王守仁的德育思想完全是为维护封建统治阶级服务的。

综合上面论述，可以清楚地看到：

（1）中国古代的统治阶级在教育领域从来都是把德育放在首位的，并把它作为维护和巩固本阶级统治地位的工具，它的实质就是把统治阶级的政治思想和道德规范灌输到人们的头脑中去，以此来禁锢和束缚人们的思想和行为。

（2）在实施德育的过程中，它们把培养立场、观点、信念作为道德教育的中心环节，以"三纲五常"作为道德教育的主要内容。

（3）道德教育的最终目的就是要达到"存天理、灭人欲"。人们要牢固地树立和坚信统治阶级的政治原则和道德观念，把一切违背统治阶级利益的思想和行为消灭于萌芽之中。

二

在实施德育的过程中如何使人们的思想和行为合乎统治阶级所要求的道德标准，成为一个忠于君主、孝顺父母、尊敬兄长、笃信统治阶级所规定的政治原则和道德规范的接班人，这是一些奴隶主阶级和封建地主阶级教育家十分关注的问题。

根据他们的道德教育的经验，他们把德育的过程概括为"知""情""意""行"的过程。也就是德育过程中必须抓住认识上的笃信，感情上的陶冶、控制，意识上的锻炼和行为上的践履、约束这几个环节，才能使人们的政治、道德修养达到统治阶级所企望的要求和境界。

在德育的过程中，孔丘就是一个十分重视"知""情""意""行"锻炼的教育家。首先，他把学"道"放在首要的地位。他说：

"君子谋道不谋食，君子忧道不忧贫。"[1]

"笃信好学，守死善道"[2]，"朝闻道，夕死可矣"[3]。

他的学生子夏也说：

---

[1] 《论语·卫灵公》。
[2] 《论语·泰伯》。
[3] 《论语·里仁》。

"君子学以致其道。"①

孔丘和他的学生所说的学"道"、闻"道"指的都是加强或加深对奴隶主阶级的政治原则和道德规范的学习或认识,并要求能达到笃信无疑的程度。

为了陶冶学生的感情,孔丘特别重视"诗"教和"乐"教。他说"兴于《诗》,立于礼,成于乐"②,"兴"就是说"诗"可以激发人们的思想感情,同时他还认为"《诗》三百,一言以蔽之,曰:'思无邪'"③,称赞了"诗"的内容是"纯正"的,它合乎奴隶主阶级的道德标准,是进行德育的重要教材。"成"就是熏陶的意思,通过奴隶主贵族音乐的熏陶使学生具有奴隶主阶级的思想感情和道德品质。

为了培养奴隶主阶级的"节操",孔丘要求他的学生接受严格的意志锻炼。要做到"磨而不磷","涅而不缁"④,就是像最坚硬的东西一样,是磨也磨不薄的;像最白的东西一样,是染也染不黑的。要像松柏树一样能够经受得起冬天严寒的"考验""岁寒,然后知松柏之后凋也"⑤,成为一个支持维护奴隶制的卫道士。

"行"指的是对于统治阶级的政治观念、道德信条的"身体力行",也就是说要把统治阶级的政治原则、道德信条付诸行动,转化为道德行为。

孔丘也是主张在德育过程中必须把"行"放在重要地位的倡导者,他甚至认为"行"比"言"还更为可靠。

"君子耻其言而过其行。"⑥

"君子欲讷于言而敏于行。"⑦

"古者言之不出,耻躬之不逮也。"⑧

孔丘的这些言论说明了他是主张凡是说出来的自己一定要能够身体力行,凡是自己不能履行的,就不要说漂亮话。他对言过于行的人是不满意的,他认为一个有德行的人,应该是说话要谨慎,行动要敏捷,所以古人不肯多说话,是因为恐怕自己不容易做到的缘故。

所以,孔丘在德育过程中,教导他的学生时,特别重视言行一致的原则。他

---

① 《论语·子张》。
② 《论语·泰伯》。
③ 《论语·为政》。
④ 《论语·阳货》。
⑤ 《论语·子罕》。
⑥ 《论语·宪问》。
⑦⑧ 《论语·里仁》。

说："始吾于人也，听其言而信其行；今吾于人也，听其言而观其行。"① 意思是说，起初我对于人，是听了他的话便相信他的行为；现在我对于人，是听了他的话还要观察他的行为。

自然，孔丘所提倡的言行一致，就其内容来说，都不外是孝、悌、忠、信这些奴隶制的道德准则。那都是一些糟粕，但是其中有一点是值得我们注意的，就是在德育过程中，要注重培养学生在道德修养上做到言论和行为一致，反对言行脱节，这就在某种程度上窥测到了道德观念和道德行为的联系性，在这个基础上概括出了言行一致的德育原则，它在中国古代教育史上和德育理论发展史上是起了很大影响的。

孔丘的后继者孟轲同样地把笃信、维护奴隶主阶级的政治信仰和道德规范看得高于一切，甚至比自己的生命还重要。他说：

"鱼，我所欲也；熊掌，亦我所欲也。二者不可得兼，舍鱼而取熊掌也。生，亦我所欲也；义，亦我所欲也。二者不可得兼，舍生而取义者也。"②

在德育过程中孟轲特别重视学生意志的锻炼。他认为一个人只有经过艰难困苦的磨炼才能坚强起来。他说：

"故天将降大任于是人也，必先苦其心志，劳其筋骨，饿其体肤，空乏其身，行拂乱其所为，所以动心忍性，曾益其所不能。"③

意思是说一个人所以能成大事，负重任，他必须在困难的环境中，从思想到身体都经历一番刻苦的磨炼，然后，他的精神才能振奋，意志才能坚强。孟轲所谓的"大任"自然是指维护奴隶制的重任，他认为唯有受过这样严格而又艰苦的意志锻炼，才能成为一个经得起"考验"的所谓"富贵不能淫，贫贱不能移，威武不能屈"④的，合乎奴隶制道德标准的坚定分子。

《大学》的作者继承了孔丘、孟轲的德育理论，并在新的历史条件下加以发展，使之更为系统和细致。

《大学》提出三个基本原则："大学之道，在明明德，在亲民，在止于至善。""明德""亲民""止至善"，简称为"三纲"。

"明德"的实质就是发扬人民固有的、先天的道德观念；"亲民"的实质就是以统治阶级的道德准则来教化人们；"止至善"的实质就是通过道德教育使人

---

① 《论语·公冶长》。
② 《孟子·告子上》。
③ 《孟子·告子下》。
④ 《孟子·滕文公下》。

们的道德修养达到至善的境界。《大学》作者的这个观点说明了他是把德育放在首要的地位的，并认为只有培养出合乎统治阶级道德规范的接班人，才能完成他所谓的"大学之道"的任务。

为了使"三纲"进一步具体化，《大学》的作者又提出了八个步骤，简称为"八目"，它是"格物、致知、诚意、正心、修身、齐家、治国、平天下"。"八目"的要旨就是使个人的道德修养和治国平天下（实质是巩固和维护统治阶级的统治秩序）密切联系起来。其中"修身"（个人的道德修养）是"八目"的中心环节。所以，《大学》的作者说"自天子以至于庶人，壹是皆以修身为本"。

"八目"中所谓"格物"的"物"或"致知"的"知"，所指的并不是自然界的客观具体现象，而是指社会伦理道德的知识和行为。《大学》的作者认为如果每一个人的道德观念都树立得十分牢固，思想行为都修养得十分完善，这就算是"知本"，即抓住了德育的根本方面，也可以说是"知之至"，即道德观念、知识、行为修养达到了顶点。

"诚意"者"毋自欺也"，所谓意念真诚，就是不要欺骗自己。"正心"就是要端正自己的思想感情。《大学》的作者指出："身有所忿懥，则不得其正；有所恐惧，则不得其正；有所好乐，则不得其正；有所忧患，则不得其正。"就是说人的思想感情，如果有所愤怒，有所惧怕，有所好乐，有所忧虑，就不能获得端正。那么，人们喜怒哀乐的思想感情只能禁锢在统治阶级道德规范容许的范围之内，而务求将人们一切有违背统治阶级政治、道德准则的思想感情扼杀在萌芽之中，这就是《大学》作者主张"正心"的阶级实质。

《大学》作者所提出的"三纲""八目"的德育理论，在中国长期的封建主义教育中一直产生很大的影响。后来宋代的理学家把它奉为"初学入德之门"的经典著作，列为封建知识分子人人必读的教科书。

南宋的朱熹在德育过程的理论方面又有所继承和发展。他认为在德育过程中向学生灌输封建主义的伦理道德并使学生深刻地认识其要旨且笃信不移是德育的首要功夫。所以，他特别强调"穷理"和"致知"，他说：

"为学之道，莫先于穷理，穷理之要，必在于读书。"①

他所谓的"穷理"，就是在实施德育的过程中要求人们和他的学生研究和领会封建主义伦理纲常的要旨。特别是要注重通过读书的途径来灌输，因为他认为"理"（即封建主义的"三纲五常"）都蕴藏在这些儒家的经典之中。他又说：

"学之大本，《中庸》、《大学》已说尽了。《大学》首说格物致知。为甚要格

---

① 《性理精义》卷七。

物致知?……物格知至,方能意诚心正身修,推而至于家齐国治天下平,自然滔滔去都无障碍。"①

可见,朱熹所谓的"致知"也是指人们必须加深对封建主义政治原则和道德规范方面的认识和修养。

因此,在德育过程中紧紧抓住这一中心环节,朱熹认为它是德育的根本,应是万变不离其宗的。"穷理只就自家身上求之,都无别物事,只有个仁义礼智,看如何千变万化,都离此四者不得。"② 但朱熹在实施德育的过程中还是积累了一些经验。他说:

"古人由小学而进于大学,其于洒扫、应对、进退之间,持守坚定,涵养纯熟,固已久矣。大学之序,特因小学已成之功。"③

"小学之事,知之浅而行之小者也。大学之道,知之深而行之大者也。"④

第一项,朱熹主张德育的任务就是要求人们和他的学生对封建主义的道德观念和行为务必"持守坚定"和"涵养纯熟"。这一点看法与他的先辈们的观点是先后一贯的,也是古代统治阶级在德育方面行之已久的经验。

第二项,朱熹在实施德育的过程中比较注意循序渐进的原则,这是他比前人在德育理论方面有所发展的地方。他认为对于灌输和养成封建主义的道德观念和行为,无论小学或大学"其道则一"都是一样的。然而,他认为儿童与青年、成人有所不同,在实施德育的过程中,小学应该是"知之浅而行之小",就是说道理要讲得浅近一些,容易为儿童所接受,在行为训练方面应当从应对、进退的小节入手,以培养其德性。及其长大,进入大学,则应该是使他们"知之深而行之大",就是说道理要懂得更深,行为要注重大节,达到"格物、致知、诚意、正心、修身、齐家、治国、平天下"的"至善"的道德境界。

朱熹的实施德育要注意遵循循序渐进原则的观点,在一定程度上反映了德育过程的原理,这是值得我们研究的。

对于人的感情和欲望,朱熹继承了二程的"窒欲"思想,同样主张对人的感情和欲望严加约束和控制。他说:

"未动为性,已动为情","仁义礼智,性也;恻隐羞恶,辞让是非,情也"。⑤

---

① 《晦翁学案》。
② 《性理精义》卷八。
③④ 《小学辑说》。
⑤ 《性理精义》卷九。

他又以水为比喻说明"性""情""欲"的性质和关系。

"欲是情发出来底。心如水,性犹水之静,情则水之流,欲则水之波澜。但波澜有好底,有不好底。欲之好底,如'我欲仁'之类;不好底则一向奔驰出去,若波涛翻浪。"①

就是说"性"是固有的封建道德观念,它像平静的水一样;"性"有所触动便是"情",感情就像一股流动的水;"欲"又是从"情"派生出来的,它像是水卷起的波澜,如果任其奔流放荡,就会陷于"人欲横流"的险境。

所以,朱熹认为,必须采取强制的"窒欲"办法来约束和控制人们的感情和欲望。他说:"欲,只是要窒。"② 这完全是提倡一种宗教的禁欲主义。

朱熹也是十分重视"践履躬行"的。他在道德修养上是主张穷理与笃行并重的,"穷理以致其知,反躬以践其实"。

朱熹还强调"行"是加深"知"的重要手段,也就是说只有通过道德的践履,才能够树立明确的信仰。"方其知之,而行未及之,则知尚浅。既亲历其域,则知之益明"③,这段话所说的就是这个意思。

所以,朱熹特别强调道德行为的训练,并主张从小就抓起。因此,他专为儿童编写了《童蒙须知》,对儿童日常生活中必须遵守的道德规范、礼仪规矩、行为细节,都详细地做了规定,分为"衣服冠履""言语步趋""洒扫涓洁""读书写字""杂细事宜"等几项,教导和训练儿童按照这些规定去行动,以便使儿童从小就形成封建主义的道德行为和习惯。

例如,《语言步趋》中规定:

"凡为人子弟,须是常低声下气,语言详缓,不可高言喧哄,浮言戏笑。父兄长上有所教督,但当低首听受,不可妄大议论。"

"凡行步趋跄,须是端正,不可疾走跳踯。若父母长上有所唤召,却当疾走而前,不可舒缓。"

又如,《杂细事宜》中规定:

"凡称呼长上,不可以字,必云某丈。"

"凡出外及归,必于长上前作揖。虽暂出亦然。"

"凡侍长者之侧,必正立拱手。有所问,则必诚实对,言不可妄。"

朱熹上面所规定的这些道德行为细节,都是封建主义道德规范的具体化,封建地

---

① 《朱子语类》卷五。
② 《朱子语类》卷十二。
③ 《性理精义》卷八。

主阶级正是依靠这些细微而烦琐的条条框框来约束人们的一举一动、一言一行。

然而，在《童蒙须知》中也还有一些要求儿童要养成良好的生活习惯和正确的学习态度的内容。例如：

"著衣既久，则不免垢腻，须要勤勤洗浣。破绽则补缀之。"

"凡为人子弟，当洒扫居住之地，拂拭几案，当令洁净。"

"读书有三到，谓心到，眼到，口到。"

朱熹的重视"践履"的思想是他整个德育理论和方法体系的一个组成部分，它对中国后期封建主义的教育有很大的影响。朱熹的德育理论自然很多是封建的糟粕，但是他所主张的要注意从小培养儿童的良好生活习惯、正确的学习态度和方法，这些观点和经验是值得我们研究的。

明代的王守仁在德育理论上是主张"致良知"的，就是说只要人们把自己心中所固有的道德观念充分发挥出来，就会"自觉"地遵守封建主义的"三纲五常"，封建地主阶级的统治秩序也就自然稳定了。所以他说：

"人若知这良知诀窍，随他多少邪思枉念，这里一觉都自消融，真个是灵丹一粒，点铁成金。"①

就是说人们如果能够牢固地保住封建主义的道德观念，并能坚信不疑，那么无论有多少的"邪思枉念"（即背离封建道德准则的思想意识）的侵袭，都能消融。在王守仁看来，"致良知"是引导人们借以改"邪"归"正"的灵丹妙药。

王守仁又继承了孔丘重视"诗"教、"乐"教传统，作为陶冶学生感情和德性的手段。他说：

"凡习礼歌诗之数，皆所以常存童子之心，使其乐习不倦，而无暇及于邪僻。"②

"琴、瑟、简编，学者不可无，盖有业以居之，心就不放。"③

"《诗》也者，志吾心之歌咏性情者也；……《乐》也者，志吾心之欣喜和平者也。"④

由此看来，王守仁是十分重视诗歌教育和音乐教育的。他认为它是实施德育不可缺少的手段，它能够使学生精神舒畅、思想"纯正"，从而达到陶冶感情、涵养德性的目的。这样合乎统治阶级道德准则的思想感情就会得到保存和发扬，而在他看来属于"邪僻"的思想感情可以得到防止，避免受其侵蚀。

---

①③ 《王文成公全书》卷三《传习录下》。
② 《王文成公全书》卷二《传习录中》。
④ 《王文成公全书》卷七《稽山书院尊经阁记》。

王守仁又认为人们要使自己的思想、感情、意志达到"纯正"的境界，合乎封建道德准则的要求，那就必须在"锻炼"和"克治"上痛下功夫。他说：

"圣人之所以为圣，只是其心纯乎天理，而无人欲之杂，犹精金之所以为精，但以其成色足而无铜铅之杂也。人到纯乎天理方是圣，金到足色方是精。"①

"学者学圣人，不过是去人欲而存天理耳。犹炼金而求其足色，金之成色所争不多，则煅炼之工省而功易成，成色愈下，则煅炼愈难。"②

王守仁把人的思想、感情、意志的"纯正"比喻成黄金的"足色"不夹杂有铅铜等其他金属一样。那么人的道德修养也就像炼金一样，加强锻炼，使黄金的成分更为纯粹。但是王守仁站在封建地主阶级的立场，把人们的正当感情和欲望都污蔑为"人欲"，犹如黄金中所含的杂质，务求清除干净。

因而，在道德修养和锻炼上他强调"省察克治"。他说：

"教人为学，不可执一偏。初学时心猿意马，拴缚不定，其所思虑，多是人欲一边，……须教他省察克治。省察克治之功则无时而可间。如去盗贼，须有个扫除廓清之意。无事时将好色、好货、好名等私，逐一追究搜寻出来，定要拔去病根，永不复起，方始为快。常如猫之捕鼠，一眼看着，一耳听着，才有一念萌动，即与克去，斩钉截铁，不可姑容与他方便，不可窝藏，不可放他出路，方是真实用功，方能扫除廓清。到得无私可克。"③

由此可见，王守仁所谓的"克治"功夫，实质就是中国古代统治阶级的教育家所主张的约束、控制、消灭人们不合理的思想感情、意志（特别是背离统治阶级利益的思想、感情、意志）的一贯手法。

王守仁也是同样主张"躬行"的。他认为一个人的道德修养，不能只是懂得一些"三纲五常"的道理，还要自己身体力行，通过道德践履才有可能真正领会封建道德观念的实质。所以，他反复强调说：

"未有学而不行者也。如言学孝，则必服劳奉养，躬行孝道，然后谓之学，岂徒悬空口耳讲说，而遂可以谓之学孝乎。"④

按照王守仁的看法，在德育的过程中只依靠口头灌输一些道德概念是不够的。例如，讲"孝"，不能只是对人们讲述孝顺父母的道理，而应该是在教导人们的道德行为中体现出来，要很好地奉养父母，听从父母的教诲，才能算得上是尽了"孝道"，才能算是真正的道德修养。如果言论与行动脱节，那就谈不上什么"孝"了。

---

① ② ③ 《王文成公全书》卷一《传习录上》。
④ 《王文成公全书》卷二《传习录中》。

由此看来，关于德育过程的理论，从上述古代教育家的论述，基本上可以归纳为下列三点：

（1）德育过程实质就是向人们和年青一代灌输统治阶级的政治思想和道德规范的过程，它又是不断地克制、消灭一切不利于统治阶级利益的思想和行为的过程。在实施德育的过程中，必须抓住认识上的笃信，感情上的陶冶和克制，意志上的锻炼和行为上的践履、约束这几个主要环节，简称为"知""情""意""行"。中国古代的教育家们都把加强"知""情""意""行"的修养和锻炼看作是德育过程的主要任务。

（2）中国古代的德育不仅重视"言"，也十分重视"行"，也就是说不仅重视道德的认识和灌输，也重视道德行为的训练和践履。二者互相配合，以道德信条和道德观念指导人们的道德实践和道德行为。反过来，人们通过道德的"践履躬行"又加深了对道德信条和道德观念的认识和笃信。

（3）中国古代道德行为的训练，它包括的范围是广泛的，规定又是十分具体的，甚至连怎样穿衣服、戴帽子，走路的姿态，读书写字要坐端正，服侍父兄长上的态度要恭敬等，都要学生遵守和服从，通过这一系列的条规，把学生的一切道德行为都约束于统治阶级所规定的道德规范之内，不使它超越雷池一步。

三

德育方法是完成德育任务和德育内容的途径和手段。中国古代教育家在这方面是积累了不少经验的，虽然其中不少是糟粕，但也有一些值得吸取的东西。

孔丘在德育方法上是主张"克己"的。他说："克己复礼为仁。"① 孔丘说的"克己"是指约束自己的意思；"复礼"是把不合"礼"的言论行动纳入"礼"的轨道。孔丘认为一个人若能做到约束自己，"非礼勿视，非礼勿听，非礼勿言，非礼勿动"② 就算是"仁"了，合乎奴隶制的最高道德准则。自然，孔丘是想通过"克己"的手段来约束人们的视、听、言、动，要他们严格遵守周礼的规定，自觉地克制一切非礼的言论和行动，防止违礼的行为。

孔丘又提倡人们和他的学生要在"内省"上下功夫。他说："内省不疚，夫何忧何惧？"③ 意思是说，反省起来，自己问心无愧，那还有什么值得忧愁和畏惧的呢？他还说什么："见贤思齐焉，见不贤而内自省也。"④ 意思是告诫他的学

---

①②③ 《论语·颜渊》。
④ 《论语·里仁》。

生和人们，看到了符合周礼的贤人，便应想到怎样学得和他一样；看到了违背周礼不贤的人，内心必须反省自己，有没有犯同他一样的错误。

孔丘的学生曾参把孔丘这套德育方法概括为"吾日三省吾身"①，就是说孔子要他们的弟子天天自我检查，看有没有违背奴隶主阶级政治、道德信条的思想和行为。

但是，在实施德育的过程中，孔丘比较重视因材施教。他在答复别人"问仁""问孝"时，常常针对不同的对象作出不同的回答。在《论语·为政》中记载有四个人向孔丘问孝，孔丘的回答各不相同。例如，孟懿子问怎样才算是"孝"？孔丘回答说："无违"，即不要违背周礼，"生，事之以礼；死，葬之以礼，祭之以礼"，就是说，无论父母生前死后，都要按照周礼的规定对待他们。而在孟武伯（孟懿子的儿子）问怎样才算是"孝"时，孔丘却回答说："父母唯其疾之忧。"意思是说对父母，要特别为他们的疾病担忧，这样就可算孝了。孔丘这种针对不同教育对象的实际情况，有的放矢地进行道德教育，就其内容来说自然都不外是一些奴隶制的道德说教，但是，从教育方法这个角度来看，它却是灵活的，因人而异的，是值得我们批判地吸收的。

此外，孔丘主张的"改过迁善"（"过则勿惮改"）和"以身作则"（"其身正，不令而行；其身不正，虽令不从"）的德育原则和方法也是值得我们研究的，尽管它刻上了一定程度的阶级烙印。

孟轲是主张"性善"的，并且认为善心是人生来就有的，是一个唯心主义的天赋道德观念论者。在他看来，"学问之道无他，求其放心而已矣"②。就是说，学习修养没有别的什么途径，不过是把丧失掉的、人所固有的善心寻找回来就是了。

为了保存和发展这种善心，孟轲认为人们必须避免受外界的物质欲望所影响，并鼓励人们要多在"内省""自反"等主观修养上下功夫，作为处己待人之道，这样才能达到"存其心，养其性"的目的。

所以，孟轲不断要求人们和他的学生经常注重"反身而诚""反求诸己"。他所说的"反求诸己"指的就是要人们在自己的内心上下功夫，脱离社会实践去搞主观反省和自我修养，努力地探求和补充内心所固有的善端。

孟轲甚至搞一种主观的精神自我安慰的"修养"方法，说什么"万物皆备

---

① 《论语·学而》。
② 《孟子·告子上》。

于我矣，反身而诚，乐莫大焉；强恕而行，求仁莫近焉"①。它实质是在说，人的善性和命运都是先天就定了的。所以我一切都具备了，就不必去怨天尤人，抱怨客观环境，只要自己经常反躬自问，严格要求自己，满足在自己虚构的精神世界里，便是最大的快乐和享受。如果坚持不懈地按照这种"恕道"做下去，那么达到"仁"即最高的道德境界也就不难了。

为了达到唯心主义的"存心养性"的主观精神修养的目的，孟轲还设计了花样繁多的具体的德育方法。什么"不动心"，"养心寡欲"呀！什么"存夜气"，"养浩然之气"呀！不一而足。其目的不外以此来蒙蔽人们，要人心不要为外物所引诱，只要努力把人心中固有的仁、义、礼、智这些主观的道德精神自我扩充起来，人就可以从认识世界进而主宰世界，这是地地道道的唯心主义。

但是，在道德修养方面，孟轲也提出了一些值得注意的见解。例如："知耻"（"人不可以无耻"），"改过"（"过则改之"）。他还竭力反对一些在道德修养上"自暴""自弃"的人。他说："自暴者，不可与有言也；自弃者，不可与有为也。言非礼义，谓之自暴也；吾身不能居仁由义，谓之自弃也。"②

孟轲认为"自暴""自弃"的人是不堪造就的，是十分可悲的。从道德修养的内容来说，孟轲所主张的自然不外是"仁、义"这类的道德规范，但是，他鼓励人们对道德修养应该采取积极的态度，还是可以借鉴的。他曾以流水来比喻学习和道德修养："流水之为物也，不盈科不行；君子之志于道也，不成章不达。"③意思是说，流水这个东西不把洼地流满，就不再向前流；君子从事学习和道德修养，不经过日积月累，有一定的积蓄和规模，也就不能通达。这个比喻说明了道德修养也必须渐积而进，持之以恒，才能有所成就。

《大学》的作者继承和发展了孔丘有关道德修养的思想，提出了"修身为本"和"慎独"等德育主张。

所谓"修身"就是按照统治阶级的道德规范进行个人修养。《大学》的作者强调指出："身修而后家齐，家齐而后国治，国治而后天下平。自天子以至于庶人，壹是皆以修身为本。"意思是说，个人的道德修养搞好了，家族才能整顿好；家族整顿好了，国家才能治理好；国家治理好了，天下才能太平。这里，《大学》的作者把个人的道德修养与维护统治阶级的统治秩序联系起来，并认为从最高统治者到一般人都应把"修身"当作最根本的功夫。

在德育方法方面，《大学》的作者则特别提出"慎独"（"君子必慎其独"）

---

①③ 《孟子·尽心上》。
② 《孟子·离娄上》。

的主张,所谓"慎独"就是一个人单独自处的时候,也要谨慎地进行内心反省。就是要像好多眼睛盯着你,好多手指着你那样的严厉("十目所视,十手所指,其严乎")。由此可见,"慎独"实质就是一种要求人们进行内心反省,闭门思过,修身养性,处处以统治阶级的道德规范来严格约束自己的言论和行动的德育方法。

朱熹是在德育方法方面的集大成者,他不仅继承了他的先辈们的一些遗产,同时还有所发展、增新,他提出了像"主敬""存养""省察""窒欲"等道德教育的方法和途径。

在道德修养的方法上,朱熹首先突出一个"敬"字。他说:

"'敬'字功夫,乃圣门第一义。彻头彻尾,不可顷刻间断。"[1]

"孔子所谓'克己复礼';《中庸》所谓'致中和','尊德性','道问学';《大学》所谓'明明德';……圣贤千言万语,只是教人存天理,灭人欲。……把个敬字抵敌,常常存个敬字在这里,则人欲自然来不得。"[2]

朱熹所谓的"敬"到底指的是什么意思呢?究其实质,就是他所说的"整齐收敛这身心,不敢放纵,便是敬"[3],或是"内无妄思,外无妄动"[4]。简而言之,就是要人们约束自己的思想和行为,不能放纵,不要使之违背封建主义的思想意识或外界的物质影响和引诱,务必使人们的一切思想和行为都合乎封建主义的道德标准。

其次,朱熹强调"存养",所谓"存养"就是"存心养性"的简称,它是孟轲的"存其心,养其性"唯心主义道德修养方法的继承和发展。

"学者须是培养。今不作培养功夫,如何穷得理。"[5]

"如今要下功夫,且须端庄存养。"[6]

那么"存养"的实质是什么呢?简而言之,就是朱熹所说的"只要人不失其本心"[7],即保存住人先天所固有的道德观念,不要让它丧失掉。这个观点也不过是孟轲的"求放心"思想的进一步发挥罢了。

最后,朱熹又十分重视"省察"。他说:一个人如果要搞好自身的道德修养,他应当是自己"无时不省察",有时甚至"一事之微,不加精察之功,则陷于恶而不自知"[8]。

---

[1][2] 《朱子语类》卷十二。
[3][6] 《晦翁学案》。
[4][7] 《朱子语类辑略》。
[5][8] 《性理精义》卷七。

"省"是反省的意思,"察"是检查的意思。朱熹要求人们和他的学生要时时对自己的思想和行为严格地加以反省和检查。他还打了一个比喻,好像一个人骑马一样,自己应该小心谨慎,"及至遇险处,便稍加提控",严防一切违背封建主义道德规范的思想和行为的萌芽和发生。

朱熹在《白鹿洞书院学规》中还把"惩忿窒欲"列为"修身之要",作为道德修养的方法之一。"窒欲"的实质就是不容许自己有丝毫的欲望,要完全遵守"三纲五常"的一套。由此可见,朱熹上述的德育方法都是为巩固封建地主阶级的统治服务的。

概括来说,德育方法是与德育的目的、任务和内容密切联系着的:

(1)中国古代的道德教育是以培养忠臣孝子为目的的,"三纲五常"则是道德教育的主要内容,在德育方法上它必然是以灌输、形成、巩固"三纲五常"来为伦理关系和道德观念服务的。"读书穷理"(即通过儒家经典灌输"三纲五常"的道德观念)和"克己""内省""存心""养性"等互相配合起来,构成了中国古代德育方法的体系。这些德育方法的糟粕是不少的,但其中也有一些值得批判和吸收的因素。

(2)无论是"克己""内省"还是"存心""养性",这些德育方法的特点都是鼓励人们在内心上下功夫。它实际上是一种脱离社会实践的"闭门休养"的德育方法,它无疑是必须批判的。但是,中国古代的教育家们都十分强调个人的道德修养,从德育理论和方法的发展史上来看,这个思想却是我们应该加以研究的。

(原载《教育丛刊》1981年第1期)

中国古代教育家论德育的过程和方法

一

我国古代的教育家,在德育实施的过程中,对于培养合乎统治阶级所要求的接班人,是十分关注的。

他们把德育的过程概括为"知""情""意""行"的过程,也就是说,在德育的过程中,必须抓住认识上的笃信,感情上的陶冶、控制,意志上的锻炼和行为上的践履、约束这几个环节。

我国古代的教育家都把向青年一代灌输本阶级的政治思想和道德规范作为教育、教学工作的头等大事,在这方面,他们积累了不少的经验,形成了一整套德育的理论和方法。我们对这些教育遗产进行整理、总结,探讨其中一些带有规律性的东西,是有必要的。

在德育的过程中,孔丘就是一个十分重视"知""情""意""行"锻炼的教育家。

首先,他把学"道"、闻"道"放在首要的地位。他说:"君子谋道不谋食，君子忧道不忧贫"①，"笃信好学，守死善道"②，"朝闻道，夕死可矣"③。

孔丘所说的学"道"、闻"道"指的都是要加强或加深对奴隶主阶级的政治原则和道德规范的学习或认识，并要求能达到笃信无疑的程度。

为了陶冶学生的感情，孔丘特别重视"诗"教和"乐"教。他说"兴于《诗》，立于礼，成于乐"④。"兴于《诗》"是说"诗"可以激发人们的思想感情。"成于乐"是说通过奴隶主贵族音乐的熏陶使学生具有奴隶主阶级的思想感情和道德品质。

为了培养奴隶主阶级的"节操"，孔丘要求他的学生接受严格的意志锻炼，做到"磨而不磷"，"涅而不缁"⑤。就是说要像最坚硬的东西一样，磨也磨不薄；要像最洁白的东西一样，染也染不黑。

孔丘也是主张在德育过程中必须把"行"放在重要地位的，他甚至认为"行"比"言"还更为可靠。他说："君子耻其言而过其行"⑥，"君子欲讷于言而敏于行"⑦，"古者言之不出，耻躬之不逮也"⑧。孔丘在德育过程中，特别重视言行一致的原则。他说："始吾于人也，听其言而信其行；今吾于人也，听其言而观其行。"⑨

自然，孔丘所提倡的言行一致，就其内容来说，他窥测到了道德观念和道德行为的联系性，在这个基础上是可以概括出言行一致的德育原则的。

孔丘的后继者孟轲同样把笃信、维护奴隶主阶级的政治信仰和道德规范看得高于一切。他说："鱼，我所欲也；熊掌，亦我所欲也。二者不可得兼，舍鱼而取熊掌者也。生，亦我所欲也；义，亦我所欲也。二者不可得兼，舍生而取义者也。"⑩

在德育过程中孟轲特别重视学生意志的锻炼。他认为一个人只有经过艰难困苦的磨炼才能坚强起来。他说："故天将降大任于是人也，必先苦其心志，劳其筋骨，饿其体肤，空乏其身，行拂乱其所为，所以动心忍性，曾益其所不能。"⑪

他认为只有受过这样严格而又艰苦的意志锻炼，才能成为一个"富贵不能

---

① 《论语·卫灵公》。
②④ 《论语·泰伯》。
③⑦⑧ 《论语·里仁》。
⑤ 《论语·阳货》。
⑥ 《论语·宪问》。
⑨ 《论语·公冶长》。
⑩ 《孟子·告子上》。
⑪ 《孟子·告子下》。

淫，贫贱不能移，威武不能屈"①的人。

《大学》的作者继承了孔丘、孟轲的德育理论，并在新的历史条件下加以发展，使之更系统化。

《大学》提出三个基本原则："大学之道，在明明德，在亲民，在止于至善。""明德""亲民""止至善"，简称"三纲"。"明德"的实质就是发扬人们固有的、先天的道德观念；"亲民"的实质就是以统治阶级的道德准则来教化人们；"止至善"的实质就是通过道德教育使人们的道德修养达到至善的境界。

为了使"三纲"具体化，《大学》的作者又提出了八个步骤，简称为"八目"，就是所谓："格物""致知""诚意""正心""修身""齐家""治国""平天下"。"八目"的要旨就是使个人的道德修养和治国平天下（实质是巩固和维护统治阶级的统治秩序），密切联系起来。其中"修身"则是"八目"的中心环节。

南宋的朱熹在德育过程的理论方面又有所发展。他认为在德育过程中要首先使学生深刻地认识封建主义的伦理道德，所以，他特别强调"穷理"和"致知"，他说："为学之道，莫先于穷理，穷理之要，必在于读书。"② 他所谓的"穷理"，就是在实施德育的过程中要求人们和他的学生研究和领会封建主义伦理纲常的要旨，特别是要注重通过读书的途径来灌输，因为他认为"理"（即封建主义的"三纲五常"）都蕴藏在这些儒家的经典之中。

朱熹在实施德育的过程中积累了一些经验。他说："古人由小学而进于大学，其于洒扫、应对、进退之间，持守坚定，涵养纯熟，固已久矣。大学之序，特因小学已成之功"③，"小学之事，知之浅而行之小者也。大学之道，知之深而行之大者也"④。

这里，朱熹既主张要把封建主义的道德观念和行为"持守坚定""涵养纯熟"，又主张在实施德育的过程中必须实行循序渐进的原则。这是他比前人在德育理论方面有所发展的地方。

对于人的感情和欲望，朱熹也是主张严加约束和控制的。他说："欲是情发出来底。心如水，性犹水之静，情则水之流，欲则水之波澜。但波澜有好底，有不好底。欲之好底，如'我欲仁'之类；不好底则一向奔驰出去，若波涛翻浪。"⑤ 所以，朱熹认为，必须采取强制的"窒欲"办法来约束和控制人们的感

---

① 《孟子·滕文公下》。
② 《性理精义》卷七。
③④ 《小学辑说》。
⑤ 《朱子语类》卷五。

情和欲望。他说:"欲只是要窒。"① 这是提倡宗教的禁欲主义。

朱熹也是十分重视"践履躬行"的。他在道德修养上主张穷理与笃行并重，并强调"行"是加深"知"的重要手段。所谓"方其知之，而行未及之，则知尚浅。既亲历其域，则知之益明"②，说的就是这个意思。

所以，朱熹特别强调道德行为的训练，他主张从幼小的时候就抓这一点。因此，他专为儿童编写了《童蒙须知》，选择儿童日常生活中必须遵守的道德规范、礼仪规矩、行为细节，详细地做了规定，要求教导和训练儿童按照这些规定去行动，以便使儿童从小就形成封建主义的道德行为和习惯。

明代的王守仁在德育理论上是主张"致良知"的，就是说只要人们把自己心中所固有的道德观念充分发挥出来，就会"自觉"地遵守封建主义的"三纲五常"，封建地主阶级的统治秩序也就自然稳定了。

王守仁又继承了孔丘重视"诗教""乐教"的传统，认为这是实施德育不可缺少的手段。王守仁又认为人们要使自己的思想、感情、意志达到"纯正"的境界，合乎封建道德准则的要求，必须在"锻炼"和克制上痛下功夫。他把人的思想、感情、意志的"纯正"，比喻为黄金的"足色"；认为人的道德修养也就像炼金一样，加强锻炼，可以更为纯粹。

王守仁也是同样主张"躬行"的。他认为一个人的道德修养，不能只是懂得一些"三纲五常"的道理，还要自己身体力行，通过道德践履才有可能真正领会封建道德观念的实质。

综上所述，我国古代教育家关于德育过程的理论，基本上可以归纳为三点：

（1）德育过程就是向青年一代灌输统治阶级的政治思想和道德规范的过程，它又是不断地克制、消灭一切不利于统治阶级利益的思想和行为的过程。在实施德育的过程中，必须抓住认识上的笃信，感情上的陶冶和克制，意志上的锻炼和行为上的践履、约束这几个主要环节。简言之就是要抓住"知""情""意""行"几个方面。

（2）中国古代的德育不仅重视"言"，也十分重视"行"，也就是说不仅重视道德的认识和灌输，也重视道德行为的训练和践履。二者互相配合，以道德信条和道德观念指导人们的道德实践和道德行为。反过来，人们通过道德的"践履躬行"又加深了对道德信条和道德观念的认识和笃信。

（3）中国古代道德行为的训练，包括的范围很广泛，规定得很具体，通过一

---

① 《朱子语类》卷十二。
② 《性理精义》卷八。

系列的条规,把学生的一切道德行为都约束于统治阶级所规定的道德规范之内。

二

我国古代教育家在德育方法上积累了不少经验,虽然其中不少是糟粕,但也有一些值得吸取的东西。

孔丘在德育方法上主张"克己"。他说:"克己复礼为仁。"孔丘说的"克己"是指约束自己的意思。孔丘认为一个人若能做到约束自己,"非礼勿视,非礼勿听,非礼勿言,非礼勿动"就算是"仁"了,就算是合乎奴隶制的最高道德准则了。自然,孔丘是想通过"克己"的手段来约束人们的视、听、言、动的。他要人们严格遵守周礼的规定,自觉地克制一切非礼的言论和行动,防止违礼犯上的行为。

孔丘又要求人们和他的学生在"内省"上下功夫。他说:"内省不疚,夫何忧何惧?"又说:"见贤思齐焉,见不贤而内自省也。"意思是告诫他的学生和人们,看到了符合周礼的贤人,便应想到怎样学得和这种人一样;看到了违背周礼的不贤的人,内心必须反省自己,有没有犯同这种人一样的错误。

孔丘的学生曾参把孔丘这套德育方法概括为"吾日三省吾身",就是说要天天自我检查,看有没有违背奴隶主阶级政治、道德信条的思想和行为。

但是,在实施德育的过程中,孔丘比较重视因材施教。他在答复别人"问仁""问孝"时,常常针对不同的对象作出不同的回答。孔丘针对不同的教育对象的实际情况,有的放矢地进行道德教育,就其内容来说自然都不外是一些奴隶制的道德说教,但是,从教育方法这个角度来看,它却是灵活的,因人而异的,值得批判地吸收。

孟轲主张"性善",是一个唯心主义的天赋道德观念论者。在他看来,"学问之道无他,求其放心而已矣"。就是说,学习修养没有别的什么途径,不过是把丧失掉的、人所固有的善心寻找回来就是了。

为了保存和发展这种善心,孟轲认为人们必须避免受物质欲望的影响。他鼓励人们要多在"内省""自反"等主观修养上下功夫,作为处己待人之道,这样才能达到"存其心,养其性"的目的。

他所说的"反求诸己"指的就是要人们在自己的内心上下功夫,脱离社会实践去搞主观反省和自我修养,努力地探求和补充内心所固有的善端。

孟轲甚至搞一种主观的精神自我安慰的"修养"方法,说什么"万物皆备于我矣,反身而诚,乐莫大焉;强恕而行,求仁莫近焉"。这是说,人的善心和命运都是先天就定了的。既然一切我都具备了，只要自己经常反躬自问，严格要求自己，满足在自己虚构的精神世界里，便是最大的快乐和享受。如果坚持不懈地按照这种"恕道"做下去，达到"仁"这种最高的道德境界也就不难了。

在道德修养方面，孟轲反对"自暴""自弃"的人。他说："自暴者，不可与有言也；自弃者，不可与有为也。言非礼义，谓之自暴也；吾身不能居仁由义，谓之自弃也。"孟轲认为"自暴""自弃"的人是不堪造就的，是十分可悲的。从道德修养的内容来说，孟轲所主张的不外乎"仁、义"这一类道德规范，但是，他鼓励人们对道德修养采取积极的态度，还是可以借鉴的。他曾以流水来比喻学习和道德修养："流水之为物也，不盈科不行；君子之志于道也，不成章不达。"意思是说，流水这个东西不把洼地流满，就不再向前流；君子从事学习和道德修养，不经过日积月累，有一定的积蓄和规模，也就不能通达。这个比喻说明了道德修养也必须渐积而进，持之以恒，才能有所成就。

《大学》的作者继承和发展了孔丘有关道德修养的思想，提出了"修身"和"慎独"等德育主张。

所谓"修身"就是按照统治阶级的道德规范进行个人修养。《大学》的作者强调指出："身修而后家齐，家齐而后国治，国治而后天下平。自天子以至于庶人，壹是皆以修身为本。"这里，《大学》的作者把个人的道德修养与维护统治阶级的统治秩序联系起来，并认为从最高统治者到一般人都应把"修身"当作最根本的功夫。

所谓"慎独"，就是一个人单独自处的时候，也要谨慎地进行内心反省，要像有好多眼睛盯着自己，好多手指着自己那样（"十目所视，十手所指，其严乎"）。

朱熹是在德育方法方面的集大成者，他不仅继承了他的先辈们的一些遗产，同时还有所发展。他提出了"主敬""存养""省察""窒欲"等道德教育的方法和途径。

首先，在道德修养的方法上，朱熹突出一个"敬"字。他说："'敬'字功夫，乃圣门第一义，彻头彻尾，不可顷刻间断。"朱熹所谓的"敬"到底是什么意思呢？究其实质，就是他所说的："整齐收敛这身心，不敢放纵，便是敬"，或是"内无妄思，外无妄动"。简而言之，就是要人们约束自己的思想和行为，不要受背离封建主义的思想意识或外界物质的影响和引诱，目的是使人们的一切思想和行为都合乎封建主义的道德标准。

其次，朱熹强调"存养"。所谓"存养"就是"存心养性"的简称，它是孟轲的"存其心，养其性"这一唯心主义道德修养方法的继承和发展。

"存养"的实质是什么呢？简而言之，就是朱熹所说的"只要人不失其本心"，即保存住人先天所固有的道德观念，不要让它丧失掉。这个观点只不过是孟轲的"求放心"思想的进一步发挥罢了。

最后，朱熹又十分重视"省察"。他说：一个人如果要搞好自身的道德修养，他应当是自己"无时不省察"，有时甚至"一事之微，不加精察之功，则陷于恶而不自知"。

朱熹要求人们和他的学生要时时对自己的思想和行为严格地加以反省和检查。

概括起来说，有这样两点：

（1）中国古代的德育方法是以灌输、形成、巩固"三纲五常"这些伦理关系和道德观念来为统治阶级服务的。"读书穷理"（即通过儒家经典灌输"三纲五常"的道德观念）和"克己""内省""存心""养性"等互相配合起来，构成了中国古代德育方法的体系。这些德育方法糟粕是不少的，但其中也有一些值得批判吸收的因素。

（2）"克己""内省""存心""养性"，这些德育方法的特点都是鼓励人们在内省上下功夫。这实际上是一种脱离社会实践的"闭门修养"的德育方法，无疑是必须批判的。但是，中国古代的教育家们都十分强调个人的道德修养，从德育理论和方法的发展史上来看，这个思想却是应该加以研究的。

（原载《教育研究》1981 年第 4 期）

辛亥革命与教育
——纪念辛亥革命七十周年

辛亥革命的重大历史功绩是它推翻了统治中国二百六十多年的清王朝，结束了中国两千多年的君主专制制度，并在思想上为中国人民撒下了民主共和国的种子，使民主主义思潮成为不可抗拒的潮流。

在思想、教育领域，在辛亥革命准备时期，资产阶级革命派与清政府推行的忠君、尊孔读经的反动教育进行了斗争，也对资产阶级改良派的保皇尊孔的思想进行了尖锐的批判。资产阶级革命派创办了自己的革命学校，宣传革命民主主义思想，培养革命骨干，终于取得了辛亥革命的胜利。

在南京临时政府成立后，资产阶级革命派废除了清政府颁布的具有半殖民地半封建性质的癸卯学制，建立了适应资产阶级政治、经济需要的符合民主共和国精神的壬子癸丑学制（1912—1913年学制），并在教育领域进行了一系列资产阶级性质的改革，为中国的近代教育史写下了新的篇章，它们的历史功绩是值得我们永远纪念的。

一

在辛亥革命前，清政府为了挽救它的垂死命运，玩弄了推行"新政"的骗局，在教育领域里被迫采取了废科举、办学堂和派留学生等一些措施，但是在骨子里还是照旧推行忠君、尊孔读经的教育宗旨和内容。而资产阶级改良派在鼓吹保皇的同时，与清政府紧密配合，遥相呼应，摇旗呐喊，"尊孔教为国教"，"奉孔子为教主"。

为了启发人们的革命意识，把民主革命向前推进，资产阶级革命派必须在思想教育领域击退清政府及保皇派这股尊孔读经的逆流，揭露清朝封建统治阶级利用孔学作为欺骗和麻醉人民精神鸦片的反动面目。

早在1897年，孙中山就揭露了封建统治阶级之所以要人们诵读"四书五经及其笺注之文字"，目的在于"养成其盲从之性"①，以维护封建主义的专制政体。而当保皇派鼓吹尊孔读经甚嚣尘上的时候，孙中山就一针见血地揭穿了康有为保皇派尊孔的反动面目，斥责了这个"坏透了的孔学家是一文不值的"。

1906年，章太炎在日本东京留学生欢迎会上发表了著名的演说，他指出"孔教最大的污点是使人不脱富贵利禄的思想"，进而大声疾呼："我们今日想要实行革命，提倡民权，若夹杂一点富贵利禄的心，就象微虫霉菌，可以残害全身，所以孔教是断不可用的。"

孙中山、章太炎对尊孔读经的批判，推动了资产阶级革命派反孔非经运动的开展，很多人纷纷起来口诛笔伐，向孔学开火，称孔学为"奴隶之学""伪学"。他们斩钉截铁地宣布："伪学不除，乾坤将无宁日。"②

邹容在《革命军》一书中以尖锐的笔触揭露了清王朝利用孔学统治学术界、教育界的真相。他热烈地呼吁知识分子赶快从清王朝所设置的"髫龄入学，皓首穷经""困之以八股、试帖、楷折，俾之穷年矻矻，不暇为经世之学"的圈套中跳出来。

资产阶级革命派对清政府及保皇派的尊孔读经逆流的痛击和批判，使当时的知识界和教育界的思想在一定程度上从孔孟之道的束缚下解放出来，推动了民主革命向前发展。尽管在批判的过程中存在着软弱无力或不彻底的地方，但是它们的功劳是不可抹杀的。

---

① 孙中山：《伦敦被难记》，商务印书馆，1912。
② 《中国古代限抑君权之法》。

兴办革命教育是资产阶级革命派进行的民主革命的重要组成部分。革命派清楚地认识到，要实现推翻清王朝专制政权，建立资产阶级共和国的理想，必须有一批为民主革命斗争和献身的闯将；革命教育的目的就是要造就大量的，敢于"宣战君主""倡言自由""内修战争，外抗强邻"的"革命之健儿，建国之豪杰，流血之巨子"。所以革命派对革命教育是十分重视的。他们大声疾呼："革命之前，须有教育，革命之后，须有教育。"

但是，在民主革命未能取得胜利之前，教育权和学校是掌握在反动统治阶级手里的，而封建主义的专制教育和帝国主义的奴化教育对当时的教育界和知识分子的毒害是十分深重的。这一点革命派是十分清楚的。所以随着革命形势的发展，革命派积极开展各种教育活动。一方面宣传民主革命思想，消除封建主义和奴化教育的思想毒素，教育人们奋起革命；另一方面创办革命学校，培养革命的骨干和人才。

1903年，孙中山亲自在日本东京练兵场附近创设革命军事学校，聘请日本军事学家及退役军人为留学生教授军事。入学者一律宣誓服从革命领袖，实行"驱除鞑虏，恢复中华，创立民国，平均地权"的革命宗旨。许多革命分子积极入校学习。青山军事学校成了革命派鼓吹革命，培养军事干部的生气勃勃的场所。

在孙中山的领导和影响下，革命派纷纷起来创办革命的教育团体和学校。资产阶级革命派的杰出宣传家邹容还为革命教育提出四项明确的要求：一是养成"独立不羁之精神"，二是养成"乐死不避之气概"，三是养成"尽瘁义务之公德"，四是养成"以进人格之人群"（即培养个人自治、团体自治的精神和习惯）。革命派所创办和领导的这些教育团体和学校都成为革命思想宣传的阵地或准备武装起义的场所。

1902年，蔡元培、章太炎等人在上海创立中国教育会，由蔡元培任会长。中国教育会积极支持当时青年学生们反迫害的革命行动，还设立了爱国学社，接纳受迫害的学生入学。爱国学社变成了宣传革命的场所。

爱国学社推蔡元培为总理，教员则多由中国教育会会员章太炎等人兼任，设有国文、历史、地理、理化、英文、体育等课程。

在学社内部，革命气氛浓厚，"师生高谈革命，放言无忌"，还出版刊物《学生世界》，"持论尤为激烈"。教员则为《苏报》轮流撰写政论和文章，鼓吹革命。章太炎的《驳康有为论革命书》和《读"革命军"》就是在《苏报》上刊登的。实际上，《苏报》成为学社向社会宣传革命的喉舌。

中国教育会还开设有爱国女校，提倡男女教育平等、妇女独立，又为有职业的人举办补习性质的通学所，教授外语、理化、生物、数学、名学等课程。

此外，为了组织革命力量，扩大革命影响，中国教育会"派遣会员分赴江浙各省组织支部，兴办教育"。因此我国东南各省教育界、知识界，兴学之风，盛极一时，都把"振兴学务为救国保种之惟一途径"，"学生之趋向激烈论者，所在多有"。它有力地推动了革命浪潮的发展。

革命形势的发展、革命思潮的传播使得清政府惶恐万状。1903年清政府在《沿江沿海各省督抚电旨》中叫嚷："查有上海创立爱国学社，招集不逞之徒，倡演革命诸邪说"，"务将此等败类严密查拿，随时惩办"。于是，清政府便勾结帝国主义，制造了轰动全国的"苏报案"，逮捕了章太炎、邹容等人，封闭了苏报馆。"苏报案"后，爱国学社等学校虽遭一时挫折，但是兴办革命教育已成为反动派无法阻挡的历史潮流。

1905年，光复会成员徐锡麟、陶成章在浙江绍兴创办大通师范学堂，邀请女革命家秋瑾主持校务，设置国语、教育、伦理、图画、音乐等文化和教育课程。此外，特别重视军事体育（包括器械体操、兵式体操、夜行军、爬山、泅水等）。学堂还利用取得官府公文护照的合法条件，买来枪支子弹，聘请革命党人担任教官，对学生进行比较严格的军事训练，有时则是真枪实弹的军事演习。大通师范学堂的学生大多参加了当时的革命组织光复会。这些学生是徐锡麟、秋瑾准备武装起义计划中的一支重要力量。但是由于1907年7月徐锡麟在安庆起事失败，接着清政府很快就包围了大通师范学堂，逮捕了女革命家秋瑾。面对敌人的酷刑，秋瑾毫不畏惧，英勇就义，表现了一个革命党人可贵的革命品质。

资产阶级革命派在安徽各个重要城市也创办了不少革命学校，并以此为据点，"秘密进行革命宣传，散播革命种子，纠结志士，发展组织，培养骨干，发动群众，为武装起义准备条件。其中声名最著，影响最大的，有李光炯主办的芜湖安徽公学，时人视为安徽革命的温床"[1]。革命党人黄兴、赵声等都曾在公学教过书。安徽公学成了当时长江中下游革命运动的中心。

武汉一向被称为"九省通衢"，革命党人的教育活动也很活跃。1904年革命党人成立武汉第一个革命团体科学补习所，名为研究学术，实则预谋革命。科学补习所设有专门负责新军工作的干事，不断将青年学生、会党群众输送入伍，努力扩大新军中的革命力量。不久，科学补习所遭到清政府的破坏，1906年革命党人又成立了日知会。日知会本来是公开的群众阅报机关，以原科学补习所所员刘静庵为首的一些革命知识分子利用这个机关宣传革命思想，进行秘密组织工

---

[1] 《辛亥前安徽文教界的革命活动》。

作。其后，虽然革命团体遭到几次破坏，团体名称一再变更，但革命党人始终坚持不懈地在新军、会党、学生中积极开展艰苦细致的革命宣传和组织工作。湖北地区由于革命党人工作的努力和深入，革命力量迅速壮大，在全国各地人民群众反帝反封建斗争蓬勃发展形势的鼓舞下，很快爆发了武昌起义，并与各地革命斗争汇合成滚滚洪流，终于推翻了清王朝的腐朽统治，迎来革命的胜利。

二

辛亥革命胜利后，1912年元旦成立了以孙中山为临时大总统的南京临时政府，建立了中华民国。

南京临时政府的成立，标志着清王朝的覆灭，宣告了两千多年来封建帝制在中国历史上的终结，它是近代中国人民反帝反封建的重大胜利。

孙中山领导的南京临时政府，在短短的三个月时间内，颁布了不少有利于发展民族资本主义经济、资产阶级民主政治和文化教育的法令。所有这些法令，都有利于解除封建制度的束缚和压迫，它体现了民族资产阶级的原则和利益。

在教育领域里，首先成立了最高领导机关——教育部，任命了革命党人蔡元培为教育总长。1912年1月19日，临时政府刚成立不久，即由教育部颁发了《普通教育暂行办法》和《普通教育暂行课程之标准》两个法令。规定初等小学可以男女同校，禁用清政府学部颁行的教科书，新编的教科书要合乎"共和民国宗旨"，废止读经。有的省教育厅还发出通告，如再有让学生读"四书""五经"者，一经查出，严加惩戒，学校勒令解散，教员要予以处罚。这些措施表明了孙中山领导的南京临时政府的进步性和革命性。

1912年4月，孙中山被迫辞职，南京临时政府宣告结束。但在袁世凯的北京政府中革命派开始还保存住一定的力量，蔡元培仍任教育总长，并且在他的主持下，在同年7月召开了临时教育会议，讨论、制定了《教育宗旨》《学校系统》《小学校令》《中学校令》《大学令》等一系列法令，对旧的教育宗旨和教育制度提出了比较全面的改革方案。

南京临时政府的教育改革，主要有下列三个方面：

1. 颁布新的教育宗旨

为了使教育适应资产阶级政治、经济发展的需要，南京临时政府废除了清政府规定的"忠君""尊孔"的反动教育宗旨，1912年7月召开的临时教育会议上讨论和通过了新的教育宗旨，并于9月由教育部颁布施行。这个新教育宗旨是："注重道德教育，以实利教育、军国民教育辅之，更以美感教育完成其道德。"

新教育宗旨中的道德教育虽然颂扬的是资产阶级的自由、平等、博爱的政治、道德观念，但是它当时的矛头是指向封建专制主义君权的绝对权威的，并以它为武器打碎了套在人民头上的"三纲五常"的精神枷锁。至于它所重视的实利教育和军国民教育，目的是"富国强兵"，它反映了中国资产阶级要求建立一个独立富强的资产阶级共和国的强烈愿望，这是符合当时中国历史发展潮流的。因而，这个教育宗旨在当时的历史条件下，是具有反封建的进步意义的。

2. 制定新的学制——壬子癸丑学制（1912—1913年学制）

南京临时政府成立后，废除了清政府的癸卯学制（1903年学制），并立刻着手对学校制度进行改革。在蔡元培的主持下，1912年（壬子年）7月制订了一个《学校系统》，并于同年9月公布施行，称为壬子学制。以后，又陆续颁布各级各类学校法令，直到1913年（癸丑年），逐步形成一个新的学校系统，旧称"壬子癸丑学制"（即1912—1913年学制）。

这个学制整个教育期限为十七或十八年，分为三段四级。它是一个资产阶级性质的、为在中国发展资本主义服务的学制，在当时的历史条件下是起着进步作用的。

第一，它具有反封建的资产阶级民主精神。取消了清末学制中专为满洲贵族子弟设立的贵胄学堂，废除了教育中的封建等级制度，体现了所谓在法律面前人人"平等"接受教育的资产阶级原则；废止了清末学制中按学校、等级奖给毕业生科举出身资格的办法，驱散了学校系统中封建科举制度的阴魂；将清朝的学堂改称学校；监督、堂长一律改称校长。

第二，女子教育开始取得了一定的地位。除大学预科、本科不设女校不招女生外，普通中学、中等实业学校、师范学校和高级师范学校，都规定设立女校，初等小学还实行男女同校，从而扩展了女子受教育的机会，在实践上反对男尊女卑、"女子无才便是德"的封建教条，体现了资产阶级的男女平等权的思想，资产阶级争取的"男女教育平等"开始付诸实践。

第三，缩短学制年限，规定初等小学阶段为义务教育。新学制较癸卯学制（1903年学制）共缩短三年，初小、高小、中学各缩短一年。初等教育和中等教育阶段学习年限的缩短，显然是为了迅速培训资本主义生产所需要的劳动力，但是它在一定程度上也反映了劳动人民争取教育权的要求。

3. 设置新的课程

这次的课程改革是资产阶级新文化反对封建主义旧文化斗争的重大胜利，它在当时的历史条件下也是具有进步意义的。

第一，它具有明显的反封建性。这次课程改革最突出的特点是用资产阶级的社会政治学说来代替灌输"忠君""尊孔读经"的封建课程。

中小学取消了读经讲经课，大学停开了经学科，规定各种课程内容必须体现"共和精神"。教育部颁布的《普通教育暂行办法通令》中指出："凡各种教科书，务合乎共和民国宗旨，清学部颁行之教科书，一律禁用。"

第二，增加自然科学课时，加强生产技能教育。清末癸卯学制（1903年学制）的课程设置，读经讲经课占去大量时间，自然科学课时却比较少。如读经讲经课时数，初小占每周总课时的40%，高小占33%，中学占25%；而作为自然科学基础课程的算术，初小只占每周总课时的13.3%，高小占8.3%。经过改革废止读经讲经课后，每周算术课的时间比例大大增加，初小增至23%，高小增至13.3%，自然科学课时的增加反映了资产阶级对发展资本主义生产所需要的自然科学基础知识的重视。另外，把手工、家事、园艺等实用科目正式列入课程，说明了加强对生产知识技能的掌握和训练。

第三，这次课程改革体现了资产阶级主张的德、智、体、美和谐发展的教育思想。在课程安排上除重视资产阶级政治思想教育和智育外，对美育和体育也比较重视。如小学把过去的随意科图画列为正式课程，中小学都添设了唱歌课，体操也增加了课时。所谓培养年青一代的"身心和谐发展"，它的实质就是发展资产阶级的个性和才能，不过这种教育思想比起封建主义那种对年青一代在精神上禁锢、在身体上摧残的教育内容和方法，无疑是前进了一步的。

自然，由于中国资产阶级的软弱性，他们反对封建思想也是不彻底的。例如，在教科书编辑要点中竟把"注重表彰中华固有之国粹特色"作为编写的原则之一。在小学修身课的科目要旨中说要注意培养儿童的"孝悌""恭敬"等德性，"女生尤须注意于贞淑之德"。[①] 这就是封建道德说教的表现。

但总的来说，南京临时政府的教育改革体现了资产阶级革命派的进取精神，给封建主义的旧教育以沉重的打击。事实证明革命也促进了教育的发展，在辛亥革命后的最初几年，学校的数量有了较快的增加。据1915年统计：小学有106 655所，比1911年约增加二倍；中学有403所，比1911年约增加一倍；全国各级各类学校总数达到129 739所。这反映了当时革命的胜利和资本主义经济的初步发展对文化教育方面的推动作用。因此，南京临时政府的教育改革在中国近代教育史上应该占有重要的地位和给予较高的评价。

（原载《教育研究》1981年第10期）

[①]《小学校教则及课程表》。

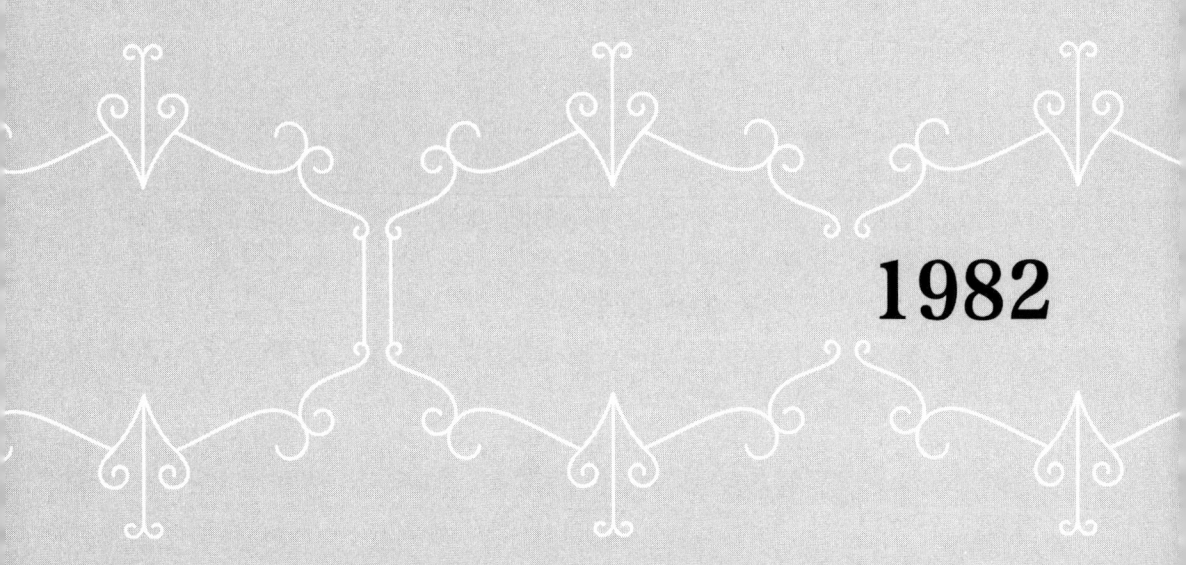

1982

论梁启超的教育思想

梁启超（1873—1929），字卓如，号任公，广东新会县人，出身于封建地主知识分子家庭。幼年受封建主义的传统教育，并应过科举，中了举人。十八岁后，开始接触西学，并经同学陈千秋的介绍，拜康有为为师，思想上深受康有为的影响。1894年随康有为入京会试并帮助康有为从事各种维新活动，如公车上书、组织强学会等。他是康有为的主要助手，历史上并称为"康梁"，是戊戌维新变法的主要领导人物。在中国近代史上，梁启超可说是一位资产阶级改良派的杰出政治活动家和宣传家，同时也是一位出色的教育家。

梁启超的政治生涯和思想大致可分为前后两个阶段，以戊戌维新变法失败为分界线。前一个阶段，他是进步的，是一位站在历史潮流前面的时代号手；后一个阶段，政治上渐趋保守，但在1903年以前，在意识形态方面他仍然继续宣传西学，对中学、旧学也有所批判，对当时的知识分子、学术界、教育界起过积极的影响。

1903年以后，资产阶级革命派逐渐成长活跃，他便堕落为反对资产阶级民主革命的保皇派。

本文重点分析和介绍梁启超前期的教育思想。

一

作为康有为主要助手的梁启超，同他的老师一样，都持有"教育救国论"的观点，他也认为国家富强的根基在于文化教育。

"世界之运，由乱而进于平，胜败之源，由力而趋于智，故言自强于今日，以开民智为第一义。"①

"中国之衰弱，由于教之未善。……亡而存之，废而举之，愚而智之，弱而强之，条理万端，皆归本于学校。"②

在这个基础上梁启超还进一步阐述了"民智"和"民权"的关系。他说："今日欲兴民权，必以广民智为第一义"，"有一分之智，即有一分之权；有六七分之智，即有六七分之权"。③这就是说只有首先提高了人民的文化教育水平，然后才能在中国实现民权政治，因此他极力主张应该实行资本主义的教育制度和加强资产阶级"民权"思想的宣传。

梁启超把"育人才"、"开学校"和"变科举"都看作是"开民智"提高人民文化教育水平的主要手段，认为它是实行维新变法的根本所在。所以，他说："吾今为一言以蔽之，曰：变法之本，在育人才；人才之兴，在开学校；学校之立，在变科举。"④

这实质就是把变法图强的希望寄托在培养大批具有维新变法思想的、掌握西方科学技术的人才上，而人才的培养又必须依靠发展资本主义教育；要建立资本主义教育制度首先就必须反对和改革封建主义的、培养封建官僚后备军的科举制度。梁启超认为这是变法图强的必由之路。这个主张不仅是在梁启超的教育思想中表现得特别突出，同时也是一切资产阶级改良主义教育思想的共同特点。

梁启超看到了要发展资本主义的政治、经济，必须依赖于提高人民的文化教育水平和培养一支具有专门学识的知识分子队伍，二者存在着密切的关系，这是一种十分卓越而深刻的见解。然而他却过分地夸大了教育的作用，在当时中国深受帝国主义、封建主义压迫的历史条件下，把它作为"救亡图存"的首要手段，这种教育可以救国的论点却是错误的。

与其他资产阶级维新派代表人物的教育思想相比较，梁启超有一点是十分突

---

①② 梁启超：《学校总论》。
③ 梁启超：《论湖南应办之事》。
④ 梁启超：《论变法不知本原之害》。

出的，就是他强调教育要有明确的"宗旨"，即教育要培养什么样的人的问题。他在《论教育当定宗旨》一文中明确地指出：人类与动物植物、文明人与野蛮人最大不同的地方，就在于做事有目的。教育是人类一种非常重要而复杂的活动，更不能没有目的。"他事无宗旨犹可以苟且迁就，教育无宗旨，则寸毫不能有成。"他还愤慨地说："夫培养汉奸之才，亦何尝非人才；开奴隶之智，亦何尝非民智？"他批判了当时传统的养士教育，它所培养的读书人"实一种寄蠹也"，即一批四体不勤、五谷不分的寄生虫。像这样的教育目标自然是培养不出具有真才实学的人才来的。

梁启超在他所著的《新民说》中提出教育的目的应该在于培养新一辈的国民，即所谓"新民"。他认为这种"新民"必须具有新道德、新思想、新精神。他并详细地论述了"新民"应具备的特性和品质，例如"公德""国家思想""权利义务思想""自由""自治""进步""合群""尚武"等各种品德。

从实质上来分析，梁启超所谓的"新民"就是资产阶级的新一代，具有资产阶级政治信仰、观点和道德修养的人。梁启超的"新民"说，在当时的历史条件下不失为一种进步的教育观点。至于梁启超在《新民说》中把中国之所以衰弱的主要原因，不是归结于清政府腐败卖国，而是因为旧教育培养出来的人，缺乏国家观念，只有个人利禄思想，这个结论，本末倒置，无疑是错误的。

二

废八股、变科举、兴学校是康有为和梁启超在中国近代教育史上的重大贡献。

首先梁启超对科举制度的腐朽性做了深刻的揭露。他在《戊戌政变记》中说：

"八股取士，为中国锢蔽文明之一大根源，行之千年，使学者坠聪塞明，不识古今，不知五洲，其弊皆由于此"。"科举不变，荣途不出，士大夫之家聪颖子弟皆以入学为耻，能得高才乎？如是则有学堂如无学堂"，就是说如果不改变科举考试制度，知识分子仍然被功名所引诱，不愿意入新式学堂，就算开办了学堂也起不了培养人才的作用。所以梁启超愤慨地指出："强敌交侵，割地削权，危亡岌岌，……天下扼腕殷忧，皆以人才乏绝，无以御侮之故，然尝推求本原，皆由科举不变致之也。"

因此，他们向光绪皇帝建议：

"将下科乡会试，及此后岁科试，停止八股试帖，推行经济六科，以育人才而御外侮。"①

　　类似上述抨击科举制度和八股的言论，在当时梁启超和其他资产阶级改良派的著作中几乎俯拾皆是。总的来说，资产阶级改良派认为在科举制度下培养出来的知识分子，只能是一些愚昧无知、脱离实际、抱残守缺的封建卫道者。资产阶级改良派对科举制度的这些揭露和批判确是尖锐辛辣、鞭辟入里，触及封建主义文化教育的本质。由此可见，由于资产阶级改良派站在发展资本主义的立场，所以他们对科举制度的危害性是具有比较清醒的认识的。同时这种批判在当时的历史条件下是具有进步意义的。正是由于他们对科举制度的严厉批判，使八股取士成了人们目为腐朽的东西，把当时一部分知识分子从封建统治者的文化教育束缚中解放出来。虽然在变法失败后，顽固派曾一度恢复八股，但由于大势所趋，社会风气已开，后来科举终于废止了。正如维新派人士欧榘甲所描绘的："斯时智慧骤开，如万流潏沸，不可遏抑也。及政变而八股复矣，然不独聪明英锐之士，不屑再腐心焦脑，以问津于此亡国之物，即于高头讲章，舌耕口稿数十年，号为时艺正宗者，亦谓诵之无味，不如多阅报之为愈矣。"② 这种风气的改变确是康有为、梁启超等资产阶级改良派在中国近代教育史上不可泯灭的一件功劳。

　　梁启超同康有为一样，一方面主张变科举，另一方面也积极提倡兴学校。梁启超一方面指责了当时中国社会之所以缺乏人才是由于封建主义的科举制度造成的恶果，另一方面又批判了洋务派所谓的"变"只是重视讲求"练兵""开矿""通商"的办法，这不过是"补苴罅漏，弥缝蚁穴"，是不能从根本上解决问题的。因而他在《变法通议》中明确地指出：

　　"将率不由学校，能知兵乎？"

　　"矿务学堂不兴，矿师乏绝……能尽利乎？"

　　"商办学堂不立，罕明贸易之理，能保富乎？"

　　他之所以提出这一系列的质问，目的在于以此来说明洋务派是不知"变"的本末的。梁启超认为变法要有本末，怎样才算"知本"呢？他说：

　　"变法之本，在育人才；人才之兴，在开学校。"③

　　这就是说中国欲求富强，进行资本主义的改革，它的根本之途必须从实行资本主义的教育制度入手。因此，梁启超在《教育政策私议》一文中，模仿日本的学校教育制度，按照儿童身心发展的状况设计了一个国民教育制度体系，把教

---

① 梁启超：《公车上书请变通科举折》。
② 欧榘甲：《论政变为中国不亡之关系》。
③ 梁启超：《论变法不知本原之害》。

育分为四个时期：五岁以下为"幼儿期"，受家庭教育或幼稚园教育；六岁至十三岁为"儿童期"，受小学教育；十四岁至二十一岁为"少年期"，受中学教育或中学相等程度的师范学校或各种实业、专门学校的教育；二十二岁至二十五岁为"成年期"，受大学教育，大学分文、法、师范、医、理、工、农、商诸科。

他认为"教育之次第，其不可以躐等进也明矣"①。就是说各级各类学校是相互衔接的，按学习程度递进，不能越级。他还指出中学、小学、幼稚园属于普通教育范围。小学阶段为强迫义务教育，"子弟及岁不遣就学，则罚其父母"。而分科大学、师范学校、军事学校、美术学校、政治法律学校则属于专门教育范围。

梁启超所设计的这种国民教育制度体系，主要是抄袭资本主义国家的东西，自然它只能是切合地主资产阶级所需要的。不要说大学、中学一般劳动人民无法问津，就是义务教育性质的小学阶段，长达八年，在当时劳动人民的子弟也是难于享受的。不过从梁启超提出这个完整的资本主义性质的国民教育制度的思想立场来看，是足以表明资产阶级改良派是抱着要救国，只有维新，要维新，只有学外国的坚强意志的。

在梁启超"开学校"的教育主张中，他特别重视"政治学院"、"师范学校"和"女子学堂"的开设，它显示了一个先进的资产阶级思想家、教育改革家的真知灼见。他认为要变法改革，只培养懂得近代科学技术的专门人才是不够的，还需要有一支具有维新变法思想的、有才干的、懂得政治法律的、会管理国家行政的专门队伍，中国的变法图强才能成功。他建议中国应效法欧美和日本尽速设立"政治学院"借以培养变法人才。"使其国有艺才而无政才也，则绝技虽多，执政者不知所以用之，其终也为他人所用。今之中国，其习专门之业稍有成就者固不乏人，独其讲求古今中外治天下之道，深知其意者，盖不多见，此所以虽有一二艺才而卒无用也"，"泰西诸国，首重政治学院；其为学也，以公理公法为经，以希腊罗马古史为纬，以近政近事为用，其学成者授之以政，此为立国基第一义。日本效之，变法则独先学校，学校则独重政治，此所以不三十年而崛起于东瀛也"。② 梁启超的上述设想和建议不仅在当时是切合时宜的，有见地的，就是在今天也还有值得我们深思的地方。

为了改革和发展教育事业，必须有足够数量和质量的各级各类学校的师资。他曾有"师范学堂不立，教习非人也"③ 的感慨，为此，梁启超极力提倡师范教

---

① 梁启超：《教育政策私议》。
② 梁启超：《与林迪臣太守论浙中学堂课程应提倡实学书》。
③ 梁启超：《学校总论》。

育，并把它当作是"群学之基"即各类学校的基础，并且说："欲革旧习兴智学，必以立师范学堂为第一义。"① 在他设计的《教育制度表》里就包括有从"寻常师范学校"到"高等师范学校"，直到"师范大学"的比较完整的师范教育系统。梁启超视师范教育为学校教育的"母机"，这个教育观点不仅是宝贵的，而且表现了他对发展教育事业必须抓住关键环节具有深远的眼光。

梁启超从主张男女平权、解放妇女的立场出发，积极提倡女子教育。他说："男女平权，美国斯盛；女学布濩，日本以强。"② 他批判了封建主义的所谓"女子无才便是德"的腐朽教育观点，并斥责这种观点乃"实祸天下之道"。他明确地指出："吾推极天下积弱之本，则必自妇人不学始"③，意思就是说，中国积弱的根本原因就是妇女没有受教育的机会和权利。

为了实现他对女子教育的主张，他曾计划先在上海创办女子学堂一所，然后逐步推广到各省府州县。为此，他写了一篇《倡设女学堂启》，并附有《女学堂试办略章》于后，他对"女学堂"的办学宗旨、课程设置、管理制度等方面都有明确的规定。在当时的历史条件下，梁启超能够排除封建主义思想的束缚，提倡男女平等，主张开设女学，实在是难能可贵的，在中国近代教育史上是具有进步意义的。

对教育的投资，梁启超也给予极大的注意，并向清政府大力呼吁，认为中国"苟欲自强，则悠悠万事，惟此为大"，这种看法在当时思想家、教育家中可算是独具慧眼的。他以欧美、日本等先进的资本主义国家对教育的大量投资为例："吾闻泰西诸大国学校之费，其多者八千七百余万，其少者亦八百万。日本区区三岛，而每年所费，亦至八九百万……人之谋国者，岂其不思撙节之义，而甘掷黄金于虚牝乎。"对比之下，他深感清政府眼光短浅，"不惜糜重帑以治海军，而不肯舍薄费以营学校"④，梁启超的这个批判是颇中时弊的。总而言之，梁启超的废八股、变科举、兴学校的思想是顺乎当时历史发展潮流的。

三

如同康有为一样，梁启超的思想也反映了他们这一代知识分子所具有的共同特点，也就是一种新旧并陈、中西杂糅的复杂情况。正如梁启超自己在《三十自

---

① 梁启超：《论师范》。
② 梁启超：《倡设女学堂启》。
③ 梁启超：《论女学》。
④ 梁启超：《学校总论》。

述》中所说的：幼年在祖父和父亲的教导下，读过中国古代经史典籍，"十二岁应试学院，补博士弟子员，日治帖括。……十三岁始知有段、王训诂之学，大好之"。可见他早年是深受封建主义传统教育的熏陶，并醉心于科举，中过举人。十八岁后开始接触西学并就教于康有为，当其时，梁启超少年得志，而且对于传统的训诂词章那一套旧学也自以为有些根底，自负不凡。不料他与康有为一番恳谈，康有为却兜头给他一盆冷水，用透彻的分析和尖锐的批评，指出他原来认为了不起的那一套旧学问全是一些陈腐无用的东西。这次谈话给梁启超以极大的震动，正如他自己所说的，有如"冷水浇背，当头一棒"。嗣后他跟随康有为研究中国几千年来的学术源流和历代政治的沿革得失，以及有关西方资本主义世界的各种知识。他在《三十自述》里很兴奋地说："生平知有学，自兹始。"

1897年，梁启超由上海到长沙，就任"时务学堂"的中文总教习，他拟定了《湖南时务学堂学约》（简称《学约》）。《学约》的具体内容充分地体现了梁启超的办学指导思想，即"使学者于中国经史大义悉已通彻，根柢既植，然后以其余日肆力于西籍，夫如是而乃可谓之学"。简而言之，就是以中学为基，兼习西学的教学方针。

"时务学堂"的教育目的在于使学生成为具有变法维新的坚强意志、通晓古今中外的广博知识，成为治理国家的专门人才。他把学堂的功课分为"普通学"和"专门学"两大类。"普通学"设有诸子学、经学、公理学和中外史志及格算诸学，"专门学"则设有公法学、掌故学和格算学。

然而，作为一个由传统的封建文化转向接受西方资本主义文化的知识分子，梁启超是很难摆脱中学、旧学对他的影响的。所以他的教育思想中就夹杂着不少儒家孔孟和程朱理学的因素。例如：在《学约》中他要求学生要注意"养心"，"一敛其心，收视返听，万念不起，使清明在躬，志气如神"。学者每日应静坐一小时或半小时。这实质和孟子的"养心莫善于寡欲"和朱熹的"内无妄思，外无妄动"的"主敬"德育思想是一脉相承的。

又如：他还向学生提出"治身"的要求，要学生每日就寝时，用曾子"吾日三省吾身"的方法来反省检查自己一天的言论和行事。最后他更把各项教学目的归结为"以昌明圣教为主义"，这就是说学生的学习要以发扬孔子的学说为最高的宗旨。梁启超的这些观点表现了他在教育观上的局限性，这是他所处的时代和他的阶级给他刻下的深刻烙印，同时也是和他的老师康有为当年在万木草堂讲学时对他的影响分不开的。

戊戌变法失败后，梁启超在政治上逐步走向保守，但是直到1903年以前，他在宣传资产阶级西学方面仍然起着广泛的而富有成效的思想启蒙作用，对当时的学术界、教育界有深远的影响。1901 年梁启超流亡日本，以《自励》为题作诗："献身甘作万矢的，著论求为百世师。誓起民权移旧俗，更研哲理牖新知。"表示了他要继续探求真理的思想和信念。

这个时期他介绍了许多西欧资产阶级上升时期的学术思想，如霍布士、培根、笛卡儿、卢梭、康德、孟德斯鸠、达尔文等人的思想，还有资产阶级在政治、哲学等方面代表人物的传记以及有关历史、地理的知识。

自然梁启超在宣传西学的时候，往往也有把中学与西学相比附的地方。例如：他把培根等人的唯物主义认识论说成为"静观深思"，并和朱熹的唯心主义的格物致知说比附起来，说什么"朱子之释《大学》也，……其论精透圆满，不让培根"①。这就表现了他的思想存在着新旧并陈的不彻底的一面。

四

梁启超又是一位在中国近代教育史上重视教学法改革的教育家。他对中国传统的教学方法是深为不满的。他认为旧的教学法是"导之不以其道，抚之不以其术"。简而言之，就是不甚得法。尤其是对旧学校采取体罚更为深恶痛绝。他指出："今之教者，毁齿执业，鞭笞觹挞，或破头颅，或溃血肉。……何物小子，受此苦刑。"结果使学生视学校如囚牢，畏教师如狱吏。因此，他大声疾呼："非尽取天下之学究而再教之不可"，强烈要求对这种残酷的教学法进行彻底的改革。

他又对西方资本主义国家优秀的教学法做了比较详尽的介绍：

西洋学校的教学是："先识字，次辨训，次造句，次成文，不躐等也。识字之始，必从眼前名物指点，不好难也；必教以天文地学浅理，如演戏法，童子所乐知也；必教以古今杂事，如说鼓词，童子所乐闻也；必教以数国语言，童子舌本未强，易于学也。必教以算，百业所必用也。……必习音乐，使无厌苦，且和其血气也。必习体操，强其筋骨，且使人人可为兵也。"②

梁启超所介绍的先进教学法，它与旧的教学法相比较不仅具有很大的优越性，更重要的是它在某种程度上符合了教学的客观规律。以下的几点是值得我们批判地吸收的：

（1）教学要由浅到深，由易到难，循序渐进，不可躐等。

---

① 梁启超：《近世文明初祖二大家之学说》。
② 梁启超：《论幼学》。

（2）要重视实物教学、直观教学，使学生容易接受知识。

（3）要从小及早给学生传授自然科学和社会科学的初步知识，以便扩大学生的知识眼界。

（4）要从小学起教儿童学习外国语，效果较好，容易上手。

（5）要授以音乐、体育课程，使儿童的身心获得和谐的发展。

梁启超所介绍的先进教学法，好像一股新鲜的空气，使一些久受封建主义旧教育传统思想束缚的人，头脑为之清醒一新。仅就这一点来说，梁启超不愧是中国近代教育史上最早系统提倡教学法的教育家。

在教学上梁启超还十分重视学以致用，他认为："学问可分为二类：一为纸的学问，一为事的学问。所谓纸的学问者，即书面上的学问，所谓纸上谈兵是也。事的学问，乃可以应用，可以作事之学问也。"他指出：中国古代的经史文学都是"纸的学问"。更为宝贵的是他揭示了如果人们学习西学不得其法，把像医学、矿学这样先进的科学技术，只不过把它的本本背得滚瓜烂熟，而不能应用，也就有如燃纸成灰而吞食的危险，他说："无论文学之纸灰、矿学之纸灰，其为无用一也。"梁启超这个看法是很有见地的。他比起同时代的思想家、教育家来说对如何学好西学有更深刻的体会和理解。因而他提议："在学校时，于社会应有之知识研究有素，毕业后断不患无人用之，在学校养成一种活动之能力"，千万不要"专在纸的学问上用功夫，则空耗费脑力而已"①。梁启超主张学生在学校时就要注意培养他们的独立工作能力的教育观点是一个十分卓越的见解。

正如上述梁启超反对旧的教法"对于儿童过于严厉"，但反过来有一些所谓"新"的教法，"教育儿童纯用趣味引诱"，他也是不同意的。他指出这种教法的弊端是"编者教者或不欲过费儿童之脑力，然失之过宽，亦实有不宜之处"。他说：这种教材、教法只能适合"中材以下之标准，稍聪颖者则虽倍之不为多"，结果是中上以上的学生食不饱，不能满足他们的求知欲，阻碍他们智力的发展。梁启超认为：人类智慧的潜力是很大的，"教育之目的即在扩张其可能性，愈用愈发达，愈不用亦愈退化"②。教学不能只片面地考虑"趣味"或过于浅薄，应该有适当的难度，才能激发学生学习的积极性，教学不仅是传授知识，还要注意发展学生的智力，类似这种先进的、合乎教育科学原理的教学观点，在中国近代教育史上是罕见的，梁启超不失为一个有真知灼见的教学法理论的传播者和创导者而列入中国近代教育史册。

维新变法失败后，梁启超在政治上逐步走向保守，最后还沦为反动政客，这

---

①② 梁启超：《中国教育之前途与教育家之自觉》。

是资产阶级改良派,不能跟随时代前进,而仍然坚持他旧的政治路线的必然归宿。他的教育思想(特别是在 1903 年以前)虽然也还存在着这样或那样的缺点或不足之处,但总的来说,它是进步的,蕴藏着不少有价值的因素。过去我们对他的教育思想发掘和肯定得不够,这是引以为憾的。今天我们应该以马克思主义历史唯物主义的观点为指导,正确地评价它在中国教育史上的地位。

(原载《学术研究》1982 年第 2 期)

1982

论朱熹的教学法思想

朱熹是宋代理学的集大成者,是中国古代伟大的唯心主义哲学家之一,同时也是中国古代教育史上极有影响的教育家。

朱熹在政治上是保守的,甚至是反动的,他的教育思想和教育活动是为封建地主阶级服务的。但是在长期的教学实践活动中,他还是积累了一些经验的,这些经验范围广泛,内容复杂,瑕瑜互见,需要我们用马克思主义的观点,进行具体的分析,并给予正确的评价。

一

朱熹是把加强封建主义的教育作为维护封建统治秩序的救命稻草的。在他看来,对人们加强封建伦理纲常的灌输,以束缚人们的思想和行为,其所起的作用比封建主义的法制还重要。他说:"学校之政,不患法制之不立,而患理义之不足以悦其心。夫理义不足以悦其心,而区区于法制之末以防之……亦必不胜矣。"[①]

朱熹所说的"理义"就是封建主义的"三纲五常"的道德说

[①] 《晦庵文集》卷七十四。

教。他认为只要这套封建礼教深入到人们的思想意识中去，就可以使人们心悦诚服地去遵守封建主义的统治秩序，而这往往是光靠法制所不能达到的。由此，朱熹提出"存天理、灭人欲"的教育宗旨："天理人欲，不容并立"，"天理存则人欲亡，人欲胜则天理灭"。

朱熹的"存天理"，就是要人们笃信封建主义的政治原则和道德规范。所谓"灭人欲"，就是要禁绝一切反抗和违背封建主义政治、道德原则的思想、言论和行动，他把人们的物质欲望看成是罪恶，要加以消灭。可见，朱熹的"存天理、灭人欲"的目的在于钳制人们的思想，特别是防止和压制广大劳动人民起来反抗封建地主阶级的反动统治。

在这个思想指导下，朱熹在教学上突出强调"读书穷理"，把读书作为灌输封建主义政治信仰和道德准则的手段。他说："为学之道，莫先于穷理，穷理之要，必在于读书。""圣贤所以教人之法，具存于经，有志之士，固当熟读深思而问辨之。"[①]"读书则实究其理，行己则实践其迹。"[②]可见，朱熹"读书穷理"的主张就是要人们学习儒家经典教条，以穷其理（即封建主义的"三纲五常"）。他认为"理"都蕴藏在这些儒家的经典之中，知识分子必须熟读研究，并且以这些封建主义的政治、道德教条去指导自己的行为。

所以，在朱熹一生的教育教学活动中，一是极力主张埋首钻研儒家经书，二是自己身体力行，大力注释儒家经典，并把它作为教材。"六经是三代以上之书，曾经圣人手，全是天理。"[③]"学者于《庸》《学》《论》《孟》四书，果然下功夫，句句字字，涵泳切己，看得透彻，一生受用不尽。"[④]"以圣贤之学，观圣贤之书；以天下之理，观天下之事。"[⑤]朱熹讲来讲去，不外是一个意思：熟读儒家经书，深切领会其中的"天理"，一生受用不尽。戳穿了看，就是谁能饱读经书就可以成为封建地主阶级的忠臣孝子。

至于怎样读经书呢？朱熹可谓是中国古代教育家中议论最多的一个。他说："看经书和看史书不同：史是皮外物事，没紧要，可以札记问人。若是经书有疑，这个是切己病痛，如人负痛在身，欲斯须忘去而不可得，岂可比之看史，遇有疑则记之纸耶！"[⑥]"读书先读《大学》，以定其规模；次读《论语》，以立其根本；次读《孟子》，以观其发越；次读《中庸》，以求古人之微妙处。"[⑦]"问：初学

---

① 《白鹿洞书院教条》。
②⑤ 《性理精义》卷八。
③⑥ 《学规类编》卷六。
④⑦ 《学规类编》卷五。

当读何书？曰：《六经》《语》《孟》，皆圣贤遗书，皆当读。但初学且须知缓急。《大学》《语》《孟》，最是圣贤为人切要处，然《语》《孟》却是随事答问，难见要领，惟《大学》是曾子述孔子说古人为学之大方，门人又传述以明其旨，体统都具，玩味此书，知得古人为学所乡，读《语》《孟》便易入，后面工夫虽多，而大体已立矣。"①

从上述言论，我们可以把朱熹怎样读经书的指导思想大致归纳为下列几点：

（1）强调读书必须是以读儒家经书为根本。读经书的主要目的并不在于学得一些知识，而是在于领会经书中的立场、观点、方法，以端正读者的思想行为。

（2）指出《大学》一书是学生为学的方向和宗旨。那么《大学》一书的宗旨是什么呢？也就是朱熹所归结的八个条目："格物""致知""诚意""正心""修身""齐家""治国""平天下"，其中"以修身为本"。修身的主要内容则是《大学》中提出的仁、敬、孝、弟、慈、信等道德准则。朱熹认为读者只要把《大学》一书的精神实质领会了，再读其他的经书也就可以迎刃而解了。

（3）朱熹对读经书的次序做了一个安排，先《大学》，后《论语》《孟子》《中庸》，其目的在于使读者对经书的理解能够一步步得到深化，使读者接受经书中的立场、观点，以达到他所主张的教育目的："存天理、灭人欲。"

由此可见，朱熹不仅把经书作为一种古代文化知识的课程，同时也是他向人们和他的学生灌输封建地主阶级政治思想和道德规范以利于培养"忠臣""孝子"的精神武器。朱熹这种把学习文化知识与思想道德教育结合起来，寓德育于传授文化知识之中的教育教学观点在中国古代教育史上是有深远影响的。

"读书穷理"的教学法思想，在某种程度上看到了智育与德育的联系。尽管它的目的和内容是为封建地主阶级培养接班人的，但是，从教育教学经验的角度来看，它反映了教育的共同规律，可以为任何一个阶级办教育所利用。

二

朱熹在多年的教学活动中，提出和总结了不少教学原则和方法，虽然其中夹杂着一些唯心主义的因素和不够完善的地方，但是也有很多发人深思的见解和值得我们批判地继承的遗产。例如，下面几个教学原则是他在教学中经常强调和运用的，它体现了朱熹教学法思想的某些特色。

---

① 《学规类编》卷五。

1. 解疑、精思

朱熹在教学过程中十分重视启发诱导,他常与"诸生质疑问难,诲诱不倦",所以在"解疑"(解决疑难)、"精思"(精心思考)以及强调做学问要注意融会贯通等方面,他是积累了一些有启示性的经验的。他说:"读书,始读未知有疑,其次则渐渐有疑,中则节节是疑,过了这一番后,疑渐渐解,以至融会贯通,都无所疑,方始是学。"① 朱熹把读书看作是一个从未知有疑、渐疑、是疑到解疑、无疑的过程。朱熹这个观点说明了学习知识必须经历从浅到深,从表象到本质,从粗枝大叶到融会贯通的过程,它在一定程度上反映了学习认识过程的一些特点。朱熹还主张读书必须"精思"。"大抵观书,先须熟读,使其言皆若出于吾之口;继以精思,使其意皆若出于吾之心,然后可以有得耳。"② "学者读书,须是于无味处,当致思焉,至于群疑并兴,寝食俱废,乃能骤进。"③

朱熹主张凡书必须"熟读",自然有一种死记硬背的倾向;他的所谓"精思",主要是指对儒家经典意旨的领会,这自然是我们必须抛弃的。但是我们应当把教学内容和教学原则、方法区别开来。作为一个教学原则、方法来看,朱熹的"熟读"和"精思"还有它值得批判吸收的一面。例如,对学习的内容必须熟习,其中一些重要的篇章在理解的基础上进行适当的背诵,在学习的过程中强调必须精心思考,提出疑难,力求对知识的实质有所理解,这些意见看来还是合理的。

朱熹还提出了做学问不能坐井观天,抱残守缺,他对张载的"濯去旧见,以来新意"的说法是十分赞赏的。他也说过:"学者不可只管守从前所见,须除了,方见新意。如去了浊水,然后清者出焉。"④ 他曾有诗云:"半亩方塘一鉴开,天光云影共徘徊。问渠那得清如许?为有源头活水来。"他用"源头活水"比喻做学问应该"通而不塞",要有源源不断的新知识或新见解来补充,才能使人见识通达,头脑清新。这个比喻是十分形象和发人深思的。

朱熹还强调学习知识必须反复钻研,逐步消化,才能有所收益,他打了一个比喻:"譬如饮食,从容咀嚼,其味必长;大嚼大咽,终不知味也。"⑤

2. 知行并重

在教学过程中,朱熹认为光是"读书穷理"是不够的,还必须与"躬行践

---

① 《晦翁学案》。
② 《朱子大全·读书之要》。
③⑤ 《学规类编》卷三。
④ 《朱子语类大全》卷十一。

履"相结合，知与行是不能分离的。所以，朱熹把自己做学问和指导学生学习的原则规定为："穷理以致其知，反躬以践其实。"

但是，朱熹说的"穷理致知"的过程，并不是指对客观世界事物发展规律的认识，而是指对唯心主义体系的最高范畴"理"（即封建主义的"三纲五常"）的领会。他坦率地说："穷理只就自家身上求之，都无别物事，只有个仁义礼智，看如何千变万化，都离此四者不得。"①

朱熹强调人们的学习不能只停留在对封建主义道德教条的领会和认识上面，更重要的是要把掌握的这些教条付之于行动。他说："读书穷理当体之于身，……读书不可只专就纸上求理义，须反来就自家身上推究"，"为学之实，固在践履，苟徒知而不行，诚与不学无异"，"学之之博，未若知之之要；知之之要，未若行之之实"。

无论朱熹所说的"行""体之于身"或是"践履"，其实都是一个意思，即读书穷理必须与躬行践履相结合。这就是朱熹对知与行关系的看法。至于他的所谓"行"或"践履"的具体内容，就是他在《白鹿洞书院学规》中所规定的"言忠信，行笃敬，惩忿窒欲，迁善改过"这类封建主义道德行为，以及他在《小学书题》中所说"洒扫、应对、进退之节"和爱亲、敬长、隆师、亲友之类的封建主义的礼仪细节和规矩等。

可见，朱熹所提倡的"笃行"或"践履"，不过是把封建主义的思想意识浸透到人们的思想里去，使人们的一举一动、一言一行都接受封建主义道德规矩和礼仪的束缚。所有这些，无疑都是为封建地主阶级服务的。它是朱熹教学法思想中的糟粕。但是，朱熹在教学、教育中看到思想和行为的联系，强调了道德信念必须转化为道德行为习惯的重要性，这在中国古代教育史上是有很大影响的。

3. 循序渐进

朱熹又是一个在教学上积极倡导"循序渐进"的教育家。他对"循序渐进"作了较多的阐释。

（1）主张做学问要打好基础。譬如造屋一样，必须打好地基。他说："识得道理源头，便是地盘。如人要起屋，须是先筑教基址坚牢，上面方可架屋。若自无好基址，空自今日买得多少木去起屋，少间只起在别人地上，自家身已自没顿放处。""须就源头看，教大底道理透，阔开基，广开址。如要造百间屋，须著有百间屋基，要造十间屋，须著有十间屋基。""学，须先理会那大底，理会得大底了，将来那里面小底，自然通透。今人却是理会那大底不得，只去搜寻里面

---

① 《性理精义》卷八。

小小节目。"①

朱熹的上述这些话，主要阐明了下列几个观点：

一是说无论是学习或做学问，基础必须牢固，如果没有牢固的基础，就好像把屋架在别人地上，等于空中楼阁。学问根底不深、不实，要枝繁叶茂也就困难。

二是说学习或做学问要扎扎实实，步步为营，如要造多少间屋，就要打好多少屋基。

三是说把基础的东西弄懂了，其他细枝末节的东西，也会迎刃而解。

（2）主张读书要循序渐进，方有成效。他说："读书之法，当循序而有常。"②"所谓循序渐进者，朱子曰：'以二书言之（指《论语》《孟子》二书），则通一书而后及一书。以一书言之，篇章文句、首尾次第，亦各有序而不可乱也。量力所至而谨守之，字求其训，句索其旨。未得乎前，则不敢求乎后；未通乎此，则不敢志乎彼'。"③

朱熹倡导的这种读书的方法有其机械和形而上学的一面，但他的读书要注意"循序渐进"的思想也有值得肯定的因素，这就是学习必须根据每一个人的实际情况和能力（"量力所至"），来安排自己的学习计划和次序，并严格遵守它；同时，学习不能囫囵吞枣，没有弄懂前面的东西就急急忙忙去搞后面的东西，这样的学习效果是不会好的。

（3）朱熹还主张学习要从易到难，从浅到深，从近到远。他说："如攻坚木，先其易者而后其节目，如解乱绳，有所不通，则姑置而徐理之，此读书之法也。"④"读书须是遍布周满，……宁详毋略，宁下毋高，宁拙毋巧，宁近毋远。"⑤

朱熹的上述思想是符合"循序渐进"的教学原则的，实际上也是他自己的教学和治学经验之谈。

4. 专心致志

朱熹是一个严格要求学生学习或做学问必须专心致志的教师。他说："读书须是要身心都入在这一段里面，更不问外面有何事，方见得一段道理出。"⑥"读

---

① 《朱子语类辑略》。
② 《学规类编》卷三。
③ 程端礼：《程氏家塾读书分年日程·朱子读书法》。
④ 《朱子大全·读书之要》。
⑤ 《朱子语类大全》卷十。
⑥ 《朱子语类大全》卷十一。

书看义理，……只专心去玩味义理，便会心精，心精便会熟。"①

朱熹要人们"两耳不闻窗外事，一心专读圣贤书"，这种读书的态度显然是错误的。他又要求人们在读书时要专心去领会封建主义的"义理"，这也是为了适应封建统治阶级的政治需要的，这些观点都是必须加以批判的。但是，更多的时候，朱熹是要求学生读书应该专心致志，全神贯注，把全副精神都集中在学习上面，作为一种学习态度是与上述观点有所区别的。

他说："人做功课，若不专一，东看西看，则此心先已散漫了，如何看得道理出？"②"须是一棒一条痕，一掴一掌血。看人文字，要当如此，岂可忽略。""看文字须大段着精彩看，耸起精神，竖起筋骨，不要困，如有刀剑在后一般。"③

从教育学、心理学的观点看来，朱熹要求人们学习时要注意力高度集中，防止分散、松懈，他严格要求学生读书时要有认真、仔细、专心和苦钻的态度和精神，像这样的教学法思想无疑是值得批判地继承的。

朱熹最后归结到人的学问能否有所成就，学习能否有所长进，关键在于"立志"。"立志不定，如何读书"④，"问：为学功夫，以何为先？曰：亦不过如前所说，专在人自立志。既知这道理，办得坚固心，一味向前，何患不进。"⑤"学者须是立志。今人所以悠悠者，只是把学问不曾做一件事看，遇事则且胡乱恁地打过了，此只是志不立。"⑥

朱熹关于"立志"的教学观点有几点是值得我们注意研究的。

第一，求学、读书必须有较高的志向，没有确立崇高的理想，要想攀登学术的顶峰是不可能的。

第二，有了较高的志向，才能有明确的学习目的，才能产生坚强的学习毅力和不屈不挠的钻研精神。

第三，凡是"立志"不坚者，根本不可能把学习的积极性高度发挥出来。胡乱打发日子，学业不可能有任何成就。

三

在教学方法和治学方法方面，朱熹的经验也是比较丰富的，不仅在观点上有

---

①③ 《朱子语类大全》卷十。
② 《朱子语类大全》卷十一。
④⑥ 《朱子语类辑略》。
⑤ 《性理精义》卷七。

令人耳目一新的感觉，而且在具体措施上也是切实可行。

1. 强调学生独立的"涵养"，"究索"

朱熹要求学生自己下苦功夫，自己勤学苦钻，教师的任务只是"做得个引路人"。"师友之功，但能示之于始而正之于终耳。若中间三十分工夫，自用吃力去做。"① 就是说教师只是在开始时引导指点，在一个阶段学习终结时给予是否正确的裁断和帮助。而学习主要还是依靠学生自己刻苦钻研。

因此，朱熹在教学过程中十分强调学生"事事都用你自去理会，自去体察，自去涵养，书用你自去读，道理用你自去究索"②。当然，朱熹所谓的"理会""体察""涵养""究索"，实质是一种脱离社会实践，只依靠内省体验的学习方法和治学方法，夹杂着不少唯心主义的糟粕。但是，从教学过程的某一个环节或某一个侧面上来看，他注意到教师的引导和指点作用，重视培养学生的独立思考能力和独立工作能力，在中国古代教育史上应算是一种十分精辟的见解。

为了鼓励和劝勉学生勤学苦钻，他讲了很多至理名言和举了不少生动的比喻。他说："为学正如撑上水船，方平稳处，尽行不妨，及到滩脊急流之中，舟人来这上，一篙不可放缓，直须着力撑上，不得一步不紧，放退一步，则此船不得上矣。""为学须是痛切恳恻做功夫，使饥忘食，渴忘饮，始得。"（同上）求学"须是策励此心，勇猛奋发，拔出心肝与他去做"③。

朱熹这些话应该说是他自己的治学经验之谈，说得十分切实和中肯。做学问确实是如逆水行舟，一篙不可放松，不进则退。求学必须有发愤忘食的精神，并应有冲锋陷阵、勇往直前的锐气，一切松懈、轻浮的学习态度是不会有任何成就的。

2. 学习要注意"博学"和"专精"相结合

在治学的态度和方法上，朱熹走的是读书博览的途径，他涉猎了当时的许多知识（也包括一些自然科学知识），也向学生转述了这些知识，同时在训诂考证、注释古书、整理文献方面也做了大量的工作，可见他的知识领域是比较宽广的。固然，他对这些知识从哲学上做了唯心主义的、形而上学的歪曲和解释。

在指导学生学习方面，朱熹是主张"博学"和"专精"兼顾的。他说："博学，谓天地万物之理，修己治人之方，皆所当学。"④他把各门各类的知识和修身养性的方法都列入了学生必须学习的范围，可见，那是十分广泛的。但他又指出，光"博学"还是不行的，还要"专精"。"夫学，非读书之谓，然不读书，

---

①②④ 《朱子语类辑略》。
③ 《朱子语类大全》卷八。

又无以知为学之方。故读之者贵专而不贵博。盖惟专为能知其意而得其用，徒博则反苦于杂乱浅略而无所得。"① 就是说，如果只是泛泛博览而不专精深入，那就会流于杂乱、肤浅而毫无收获。朱熹这个见解也是有一定参考价值的。

3. 学习须"虚心""精审"，防止"随声迁就"和"先入为主"

朱熹认为："今学者有二种病，一是主私意，一是旧有先入之说，虽欲摆脱，亦被他自来相寻。"② 就是说，一个人如果在学习上固执己见，死抱着陈旧的观点不放，他是很难接受新鲜的见解的，所以朱熹认为做学问必须具有虚怀若谷的态度和精神。"看书须虚心看，不要先立说，……须如人受词讼，听其说尽，然后方可决断。"③"若不濯去旧见，何处得新意来。"④

更重要的是，做学问或学习"不可随声迁就"，必须经过自己深思熟虑之后，才可相信，"不然，人说沙可做饭，我也说沙可做饭，如何可吃？"治学还须具有"精审"的态度，"精审如此方是有本领"。⑤

朱熹还提倡用比较的方法来判断学术上的是非曲直。"凡看文字，诸家说有异同处，最可观。谓如甲说如此，且捋扯住甲，穷尽其词；乙说如此，且捋扯住乙，穷尽其词；两家之说既尽，又参考而穷究之，必有一真是者出矣。""正如听讼：心先有主张乙底意思，便只寻甲底不是；先有主张甲底意思，便只见乙底不是。不若姑置甲乙之说，徐徐观之，方能辨其曲直。"⑥

朱熹提倡的这种治学态度和治学方法是很有价值的，它对中国古代的学术界和教育界也起过重大的影响。

4. 教学必须"有序"，"不可躐等"

朱熹说："学不可躐等，不可草率，徒费心力，须依次序。"⑦就是说，教学必须遵循由浅到深、由低到高、由易到难的客观规律，谁违背这一教学规律，他只能是徒劳而无功。朱熹举了一个例子来阐明他这个教学法思想："譬如登山，人多要至高处，不知自低处不理会，终无至高处之理。"⑧ 他还说："读书不可贪多，常使自家力量有余。"⑨ 如其贪多嚼不烂，不如"细嚼教烂，则滋味自出，方始识得这个是甜、是苦、是甘、是辛，始为知味"⑩。

所以，朱熹主张教学必须有一个具体而细致的安排，严格遵守一定的教学程序，"立下一个简易可常的课程，日日依此积累工夫"⑪。这个工夫，概括来说就

---

① 《学规类编》卷三。
②③④⑤⑥⑦ 《朱子语类大全》卷十一。
⑧ 《朱子语类大全》卷八。
⑨⑩ 《朱子语类大全》卷十。
⑪ 《答吕子约》。

是教学必须"有序",逐渐地把知识积累起来,切切不可追求"欲速之功"。这是朱熹深刻的教学总结。

总的来说,朱熹有关教学法思想的遗产是比较庞杂的,上面不过是举出数例,加以剖析,以窥其概貌而已。

(原载《天津师院学报》1982年第4期)

中国古代教育家论教学过程

中国古代的教育家们在长期的教育、教学的实践过程中逐步形成了一套比较系统的教育、教学理论,并积累了大量丰富的工作经验,在这个基础上形成了不同的流派,推动了中国古代教育、教学理论的发展。

本文首先叙述和分析中国古代具有代表性的教育家们关于教学过程的公式——"博学·慎思·笃行"的基本观点以及他们之间的继承发展关系,然后探讨教学过程中各个因素,如学与思、知与行、教与学之间的关系,再进一步探明中国古代教学过程理论的实质。

一

孔子是中国古代第一个提出"学而知之"并强调闻见之知和在实际行动中获取知识的教育家。(孔子的教育思想是比较复杂的,它既有唯心主义的因素,又有唯物主义的因素,关于他的教学思想中的唯心主义糟粕,这里暂不加论述。)虽然他也有"生而知之者上也",把知识看作是先验的唯心主义的说法,但他自己并不以"生知"自命,"我非生而知之者"①。在这种朴素唯物主义的"学而知之"的求知思想指导下,孔子在教学过程的理论方面形成了若干重要的观点。这些观点虽然是不系统的、不完整的,但是它在不同的程度上反映了教学过程的基本方面。孔子认为教学过程必须包括"学""思""习""行"几个因素。他说:"君子博学于文"②,"学而不思则罔,思而不学则殆"③,"学而时习之,不亦说(悦)乎"④,"君子欲讷于言而敏于行"⑤。孔子在这里所提出的"学"是指作为教学或学习过程中的一种活动,它是人们或学生获得知识的主要途径。他还反复地强调"多闻""多见"是"博学"的基础。"多闻择其善者而从之,多见而识之,知之次也"⑥,"多闻阙疑……多见阙殆"⑦。这里"多闻",是指间接地从别人或前人得来的经验;"多见"是指自己直接从事物中得来的经验。孔子这种重视"多闻""多见"的思想,并把它作为求得知识的源泉和教学过程的最初环节,是包含着唯物主义的因素的。

孔子重视从"多闻""多见"中吸取感性的经验,但他不把教学过程只停留在感性经验的阶段,因此他在"学"的基础上提出"思"的问题。把"思"和"学"提到同样重要的地位。"子曰:'赐也,女以予为多学而识之者与?'对曰:'然,非与?'曰:'非也,予一以贯之'。"⑧ 从这些言论中可以看出孔子认为"多闻""多见"只不过是认识、学习的开始,还必须在这个基础上运用思维的活动,把闻见的东西进一步加以选择、整理、分析,提高到理论的认识高度。他所谓的"一以贯之",就是把见闻的知识,归纳成为一个指导思想,把全部知识贯穿起来。

孔子在教学过程中还提出"习"和"行"的问题,他所说的"学而时习之"是指学习到了适当的时候,要进行温习、练习、演习的意思。因为孔子在当时所讲授的功课——六艺,尤其是"礼"是十分繁琐的,非经过实际的练习、演习是掌握不了的。

孔子除了肯定"习"在学习上的重要性外,他还重视"行",他认为君子不能只有口头上的知识或认识,还要在行为上、实际工作上有所表现。如果有了书本上的知识,而不能解决实际问题,也不算是真正有知识,"诵《诗》三百,授

---

①⑥ 《论语·述而》。
② 《论语·雍也》。
③⑦ 《论语·为政》。
④ 《论语·学而》。
⑤ 《论语·里仁》。
⑧ 《论语·卫灵公》。

之以政，不达，使于四方，不能专对，虽多，亦奚以为？"①

在教学过程中，孔子又提出"学"与"习"、"学"与"行"必须相互结合。"学"是知识来源的门径，"思"是对见闻所得感性经验的加工，"习""行"是知识的熟练和运用。这种由"学"到"思"到"习""行"的过程在一定程度上反映了由不知到知，由不熟悉到熟悉的知识发展过程。由此可见，孔子在他的长期教学实践中摸索到了教学过程的客观规律的某一些侧面，这些经验是宝贵的，是具有朴素唯物主义色彩的。但是我们必须指出孔子的"学""思""习""行"的内容，由于时代和阶级的局限性而仅限于贵族君子的诗、书、礼、乐、政治、人事、道德的范围以内，至于变革自然现实的实践，它是没有涉及的。

孔子关于教学过程的思想对中国长期的封建社会的教学理论和教学实践起了重大的影响。在孔子之后，儒家两大学派的孟子和荀子对孔子这个思想做了不同方向的继承和发展。

以孔子继承人自命的孟子，在其"学求放心"的学说中，继承了孔子的"生而知之"的观点，认为人具有"良知""良能"的先验善性，并夸大了孔子教学过程中"思"的作用，而使之向唯心主义的方向发展，从而建立了他的教学或学习认识过程的公式。

"君子深造之以道，欲其自得之也。自得之则居之安，居之安则资之深，资之深则取之左右逢其源。"② 孟子这个教学或学习过程的公式，强调了人们必须刻苦思虑，才能深切体会，融会贯通，在这个基础上知识才能巩固，贮积深厚，而达到取之不尽，运用自如的地步。

孟子指出人们在教学或学习过程中应该要刻苦思虑，融会贯通，这一点是有可取之处的，然而问题在于孟子所主张的"自得"是脱离客观实际，建立在"万物皆备于我"的唯心主义世界观的基础之上的。

他说："求则得之，舍则失之，是求有益于得也，求在我者也。"③ 就是说人只要自己努力探求，一定可以得到，如果不探求，一定会失掉，所以探求有助于自得，但是"求"完全决定于自己的主观意识，不是来源于客观世界。由此可见，孟子的教学或学习过程的公式是唯心主义的。

与孟子相反的，荀子在他的唯物主义认识论的基础上，继承和发展了孔子的

---

① 《论语·子路》。
② 《孟子·离娄下》。
③ 《孟子·尽心上》。

"学而知之"的思想，吸取了孔子教学过程思想中重视闻见之知的唯物主义因素，认为教学或学习的过程是闻、见、知、行的过程。他说："不闻不若闻之，闻之不若见之，见之不若知之，知之不若行之，学至于行而止矣。"① 如何根据这个教学过程理论来组织学习呢？荀子又提出："君子之学也，入乎耳，著乎心，布乎四体，形乎动静。"② "入乎耳"就是通过人的感觉器官"耳闻""目见"，获得各种具体、生动的感性材料；"著乎心"就是指人们要用头脑进行思索，对感性材料进行思维加工；"布乎四体，形乎动静"就是认识还要付之于行动，使认识与行动结合起来。但是由于时代和阶级的局限性，荀子的教学过程的理论存在着形而上学的缺点。他错误地认为"学至于行而止矣"。就是说学习到了"行"的阶段，已达到了登峰造极的地步，就停止了。他没有看到"行"返转来检验理论和进一步发展理论的作用。简而言之，荀子没有把教学或学习过程看作是一个螺旋式的不断上升和发展的过程。尽管如此，从整个体系来说，荀子的教学过程的学说是放射着唯物主义的光芒的。

在《中庸》一书中，儒家后学把儒家长期积累的关于教学的经验进一步概括提高，把教学过程发展为五个步骤："博学之，审问之，慎思之，明辨之，笃行之"。在这个基础上，《中庸》的作者又指出："有弗学，学之弗能，弗措也。有弗问，问之弗知，弗措也。有弗思，思之弗得，弗措也。有弗辨，辨之弗明，弗措也。有弗行，行之弗笃，弗措也。人一能之，己百之；人十能之，己千之。果能此道矣，虽愚必明，虽柔必强。""措"是停顿废休的意思。这就是说，要求君子做学问、道德修养时，一定要把学习的五个步骤——"学""问""思""辨""行"，坚持不懈，搞清搞透，必求其成，不达目的，决不停止。别人用一分十分力量便能做到的，自己就要把百分千分的力量用上去。如果能遵循这个道理来做，就是愚蠢的人也一定变得明智，就是柔弱的人也一定变得刚强。

《中庸》的作者强调在教学中要发挥人在学习中的主观能动性，要严格遵循"博学""审问""慎思""明辨""笃行"的学习次序，这在一定程度上洞察到了学习过程各个因素的联系性。这是孔子的"学""思""行"的教学过程思想的继承或发展，使它更为严密化、系统化、完整化了。这一套教学过程的理论，对于中国封建社会的教育、教学工作，对于古代学者的治学起了指导的作用。自然，我们必须指出：这套理论的指导思想是唯心主义的，这个指导思想就是《中庸》作者所提出的"诚"——人们的主观道德信念。

---

① 《荀子·儒效》。
② 《荀子·劝学》。

南宋的朱熹继承了《中庸》的五个步骤,把它列为他主持的白鹿洞书院学规的一部分,称之"为学之序",作为他的教学指导思想,并在这个基础上做了唯心主义的发挥。他说:"学、问、思、辨四者,所以穷理也。若夫笃行之事,则自修身以至于处事接物,亦各有要。"① 朱熹自己做学问的指导原则就是"穷理以致其知,反躬以践其实"。他指导学生学习的方法,也是以"穷理"与"笃行"入手的。但是,朱熹所说的"穷理"并不是指对客观事物的研究和去探讨它的本质和规律,而是要人们去认识那个先验的、抽象的、绝对不变的"理"——封建社会的"君臣父子之理",也就是封建主义的道德规范。但是他认为"穷理"仅仅是完成了"博学""审问""慎思""明辨"的功夫,即只知道封建道德教条之所以然,这是不够的。"读书穷理,当体之于身",应该把"穷理"和"笃行"结合起来。这样看来,朱熹所阐明的教学过程的理论实质就是要学习者掌握、遵循儒家的经典教条、规范来指导自己的道德实践——"修身""处事""接物"。

而明清之际的王夫之则坚持了唯物主义的认识路线。他说"人于所未见未闻者不能生其心"②,这就指出了离开了客观对象,是不会有所见、所闻的。他认为:人们获取知识的过程是从不知到知,从少知、浅知到多知、深知的探求过程。"虽知有其不知,而必因此以致之"③,就是这个意思。他也认为这个过程应该包括学、问、思、辨、行几个方面。"学之弗能,则急须辨。问之弗知,则急须思。思之弗得,则又须学。辨之弗明,仍须问。行之弗笃,则当更以学问思辨养其力。而方学问思辨之时,遇著当行,便一力急于行去,不可曰,吾学问思辨之不至而俟之异日,若论五者第一不容缓,则莫如行。故曰行有余力,则以学文。"④ 根据王夫之的说法,则在教学或学习的过程中,学、问、思、辨、行五者原是相互渗透的,而且是一个反复的过程,它贯穿着学习必须与实行相结合的思想。就学、问、思、辨、行的关系来说,他认为"行"是首要的,居第一位的,而学、问、思、辨应为"行"准备知识基础,四者是为"行"服务的。

王夫之还进一步论证了问、学、思在教学过程中的作用。他说:"问以审之,学以证之,思以反求之,则实在而终得乎名,体定而终伸其用。"⑤ 这就是说通过问、学、思对事物做到透彻了解,有所证验和反复思考,然后学者才能掌握知

---

① 《白鹿洞书院教条》。
② 《张子正蒙注》。
③ 《思问录·内篇》。
④ 《读四书大全说》卷三。
⑤ 《知性论》。

识的"实""名""体""用",也就是才能掌握住具体的实际事物与它的抽象概念,知识的原理和它的实际应用。这样王夫之在唯物主义世界观的指导下把古代教学认识过程的理论又向前发展一步。

二

在教学过程中如何处理学与思、知与行、教与学的关系?孔子是我国古代第一个提出学思结合、知行联系和教与学必须统一的教育家。孔子反对把学习停留在见闻的感性认识阶段,也反对脱离实际事物的空想态度。他认为学习和思考二者不能偏废,应该很好地结合起来。但在学和思二者的关系上,孔子是更多地强调"学",他认为"学"是比较根本的。"思"必须以"博学"为基础。他说:"吾尝终日不食,终夜不寝,以思,无益,不如学也。"[①] 孔子的弟子子夏也继承了孔子这个教学经验,"博学而笃志,切问而近思"[②]。由此可见,学与思结合构成了孔子及其弟子们指导学生和自己治学的一个特点。孔子又主张学必须与实习、练习、行动相结合,作为认识的最终考验。曾子说的"传不习乎"就是继承了孔子"学而时习之"的经验,认为教师所传授的知识,学生必须通过实习、练习才能化为自己所有。子夏所说的"日知其所亡,月无忘其所能,可谓好学也已矣"[③],意思是说每天知道所未知的,每月复习所已能的,可以说是好学了。孔子又十分重视言行一致,"今吾于人也,听其言而观其行"[④],这句话是他以实际行为表现作为衡量学生的一把尺。由此可见,要求学与习、言与行的结合和一致又构成了孔子及其弟子在教学经验和道德修养方面的另一个特点。

在教与学的关系上,孔子提出了极为深刻的见解。他以自己的亲身体验认为,作为一个教师,对自己的态度应该是"学而不厌",对学生的态度应该是"诲人不倦"。孔子理解到作为一个教师只有自己孜孜不倦地刻苦学习,使自己有更深厚的学问修养,才能教好学生。可见"学不厌"与"诲不倦"是密切联系着的,孔子就是本着这种"发愤忘食,乐以忘忧,不知老之将至"[⑤] 的精神来从事教与学的。

在师生关系方面,孔子对学生也是尊重的,他看到了"后生可畏"[⑥],提倡

---

① 《论语·卫灵公》。
②③ 《论语·子张》。
④ 《论语·公冶长》。
⑤ 《论语·述而》。
⑥ 《论语·子罕》。

学生要"当仁不让于师"①。在教学中孔子也常常注意到师生间互相切磋琢磨，互相启发，以增长知识。"夫子循循然善诱人"② 是孔子对学生的启发诱导一面；"起予者商也"③ 是学生对孔子启发的一面。这里就蕴含着师生互相学习的意思。后来儒家后学总结了孔子的上述经验，提出"教学相长"的教学思想，成为我国古代教育遗产中的瑰宝。

至于孟子，其在处理"学"与"思"的关系上却是轻视闻见之知，而片面强调"思"的。他说："耳目之官不思……心之官则思，思则得之，不思则不得也。"④ 这样他就完全把教学认识过程的感性认识和理性认识、"学"与"思"完全对立和割裂开来。孟子忽视"学"而只重视主观的"思"，那么这种"思"实际上只是一种与客观实际没有联系的内省功夫。孟子这个思想成为了后来宋明理学家赖以建立的"德性之知不假闻见"⑤ 的唯心主义教学认识过程理论的张本。

关于教与学的关系，孟子举了一个生动的比喻来表达他的观点。"君子引而不发，跃如也；中道而立，能者从之。"⑥ 意思是说，教者虽然张满弓，却没有发箭，但是怎样瞄准靶子，保证必然命中的巧妙而生动的思想活动和动作，已经活跃地充分表现出来。教者之所以"不发"，就是因为不能包办代替学者的思想活动和实际操作，掌握它的要领就需要学者自己灵活地体会了。而教者只要"中道而立"，既不偏高，也不偏低，来指导学习者，那么凡是具有学习能力的人，都是能努力跟得上的。因此，孟子只是要求教师当一个引路人，不大主张教师在教学过程中积极起主导作用。他说"人之患在好为人师"⑦，既有批评那些自以为是"好为人师"的人的意思，也包含了忽视教师的主导作用的一面。他这个看法无疑是片面的。

与这相反的在解决教学或学习过程各个阶段之间的关系——"闻见"与"知"的关系、"知"与"行"的关系上，荀子继承了孔子的唯物主义的经验论，并给予进一步的发展。他说："闻之而不见，虽博必谬；见之而不知，虽识必妄；

---

① 《论语·卫灵公》。
② 《论语·子罕》。
③ 《论语·八佾》。
④ 《孟子·告子上》。
⑤ 《二程集·遗书》。
⑥ 《孟子·尽心上》。
⑦ 《孟子·离娄上》。

知之而不行，虽敦必困。"① 意思是如果只依靠传闻获得的知识而没有经过自己亲自接触，虽然很广博，有可能都是荒谬的知识；如果只依靠自己亲身实践获得的知识，而没有经过推理、判断，虽然记住了，仍然不能了解它的实质。那就是说学习、认识不能停留在感性的阶段，必须向理性的阶段推移或过渡。因为"知"比"闻见"在认识上处于更高的阶段，故荀子说"见之不若知之"就是这个道理。因此荀子反对那种"学杂（识）志，顺诗书"的"陋儒"，即死啃书本的书呆子，而主张"思索以通之"。他也反对那种轻视感性经验，鼓吹"耳目之欲接，则败其思"② 的冥想主义者，而主张要积极地学习，把"思"建立在"学"的基础上。他自己曾深有体会地说："吾尝终日而思矣，不如须臾之所学也。"③ 荀子强调学习的目的是为了付诸行动。他说："知之而不行，虽敦必困。"一个人如果掌握了很多知识，但不能应用于实际，这种知识就是掌握了很多，结果还是等于缺乏知识，因为死知识是没有用处的。

他反对那种脱离实际的"入乎耳，出乎口"的空谈家，而主张"形乎动静"，把得来的知识见之于行动。由此可见，荀子的教学思想是闪烁着唯物主义的光辉的。

教与学的相互关系，在儒家后学的《学记》中得到了全面的概括，它是先秦儒家教学思想的总结和发展。"虽有嘉肴，弗食不知其旨也；虽有至道，弗学不知其善也。是故学然后知不足，教然后知困。知不足，然后能自反也；知困，然后能自强也。故曰：教学相长也。"就是说，教师只有通过教学才能发现自己的不足和困难。据孔颖达所疏："困"就是"道之未达"。就是说在教的过程中，深感自己还有不少东西没有弄通弄懂，或者是自己还未能纯熟自如地把知识传授给学生，既然感到困难，就应该孜孜不倦加强进德修业，提高自己。对于学习者来说，只有通过学习才会感到自己知识的不足，才能鞭策自己，刻苦钻研，力求进步。

《学记》的作者还对当时"教"与"学"两个方面存在的主要弊端进行了分析。

"今之教者，呻其占毕，多其讯言，及于数进，而不顾其安，使人不由其诚，教人不尽其材，其施之也悖，其求之也佛。"这就指出了当时"教"方面的主要弊端是注入式的教学，只注重诵读教条，丝毫不照顾学生的接受能力和因材施

---

① 《荀子·儒效》。
② 《荀子·解蔽》。
③ 《荀子·劝学》。

教，这是违背教学原理的。"学"的方面主要的弊端是"四失"。"人之学也，或失则多，或失则寡，或失则易，或失则止。""多"是贪多务得；"寡"是过于偏狭；"易"是态度轻率；"止"是畏难而退。这些错误的学习态度都是阻碍学生学习进步的主要因素。

《学记》作者在分析传统学校教与学存在的主要弊端之后，提出了解决这个矛盾的基本原理。《学记》作者认为教师首先必须"知其心"，就是要了解学生的心理特征和学习态度、倾向等；然后才能"长善而救其失"，针对学生的优点和缺点因材施教，发展他们的特长，补救他们的缺点。《学记》作者正确处理"教"与"学"关系的观点是我国教育思想的宝贵遗产。

朱熹在"教"与"学"的关系上，更多的是强调学生自己刻苦学习修养的重要性，教师的任务只是"做得个引路人"。他说："师友之功，但能示之于始而正之于终耳。若中间三十分工夫，自用吃力去做。"① 就是说教师只是在开始时引导指点，在一个阶段学习终结时给予是否正确的裁断和帮助，而学习主要还是依靠学生自己刻苦钻研。所以朱熹强调在学习过程中"事事都用你自去理会，自去体察，自去涵养。书用你自去读，道理用你自去究索"②。

王夫之在教学过程中则是主张学与思并重的。他说："致知之途有二：曰学，曰思。……学非有碍于思，而学愈博则思愈远；思正有功于学，而思之困则学必勤。"③ 可见"学"与"思"二者不是对立的，而是互相依赖的。王夫之这个观点对教学过程的理论是一个积极的贡献。王夫之关于"教"与"学"关系的观点也是有所创新的。首先，他认为教与学是一个矛盾的过程，两者是有区别的。他说："夫学以学夫所教，而学必非教，教以教人之学，而教必非学。"④ 就是说学生所学习的东西就是教师传授的东西，但学习的过程不等于传授的过程；所谓传授就是指导学生如何学习，但传授过程不等于学习过程。这里王夫之提出了一个十分值得注意的思想，即窥测到了教与学之间的矛盾。因此王夫之提出"教"是不能从教师的主观愿望出发的，"君子之教因人而进之，有不齐之训焉。……而岂一概之施，成乎躐等之失也哉。"⑤ 就是说教师必须考虑到学生的才质，学习造诣之间的差别和参差不齐的情况，不能形式主义地一个模样儿对待，否则"教"就会犯错误。在这个认识的基础上，王夫之引申出教与学应该

①② 《朱子语类辑略》。
③ 《四书训义》卷六。
④ 《读四书大全说》卷三。
⑤ 《四书训义》卷十。

协作的观点，如此才能保证教学具有良好的效果。他认为在教者方面的责任则应尽积极引起的功夫，而在学者方面的责任则应刻苦钻研，"推学者之见而广之，以引之于远大之域者，教者之事也。引教者之意而思之，以反求于致此之由者，学者之事也"① 就是这个意思。

在师生关系方面，王夫之提出"师弟子以道相交……相扶以正"② 的观点。依他的意思，师生关系应建立在道义的基础上。而教师在学识、修养方面应该做到透彻通晓，有高深的造诣，才能教好学生，成为学生的表率。他说："必先穷理格物以致其知，本末精粗晓然具著于心目，然后垂之为教，……欲明人者先自明，博学详说之功，其可不自勉乎！"③ "欲明人者先自明"这一格言蕴含着教人者自己应先受教育的含义，这是我们教育工作者很好的座右铭。

从上述中国古代教育家关于教学过程的言论和观点看来，他们在不同程度上，从不同的方面探索了教学过程和学习方法的某些重要原理。在这个理论发展的过程中，同时体现了他们之间的一些分歧和继承发展的关系，总的来说，他们在中国古代的教学理论领域中都做出了各自独特的贡献。

（1）教学过程是人类认识过程的一种形式，"博学、慎思、笃行"作为中国古代教学过程的理论体系，它有一个发展和形成的过程。在不同的世界观指导下，不同的派别对"学""思""行"这个公式的内容和实质及其各个因素之间的相互关系做出了不同的解释。唯心主义教育家往往是夸大了教学过程的某一个方面，把它吹胀了；或者是他们把人类的学习认识过程倒置了，导致人们的认识脱离客观实际；或者是他们割裂了感性认识与理性认识的联系，使人们的认识变成无本之木，无源之水。但是，唯心主义教育家的学说中也包含有若干合理的因素，就是他们对教学过程的某一些侧面做了一些精到的窥测和揭示。唯物主义教育家则坚持了感性经验是人们学习认识的源泉，坚持了感性认识与理性认识的结合。虽然由于历史时代的局限性，他们的教学过程理论仍存在着某些形而上学的缺点，但是总的来说，他们是在不同程度上，从不同的方面揭露了教学过程的客观规律。这是我们古代教学理论中的宝贵遗产。

（2）随着社会历史的发展，人们教育经验的积累，认识水平的不断提高，中国古代教学过程理论的发展也是经历了一个从不完整到完整，从片断化到系统化的过程。其中《中庸》的"博学、审问、慎思、明辨、笃行"的学说和《学

---

① 《读四书大全说》卷三。
② 《四书训义》卷三十二。
③ 《四书训义》卷三十八。

记》的"教学相长"的理论在中国古代的教学理论中起到了承前启后的作用，占有极其重要的地位。对前者来说，它概括了先秦教育家在教育、教学方面的实践经验；对后者来说，它指导了汉以后中国封建社会教学、治学的方向。教学过程理论的形成所经历的过程主要表现在两个方面。第一，对教学认识过程的各个步骤、因素（学、思、行、教、学等）由不完整发展到完整，对各个步骤、因素之间的相互关系逐步地加深了认识。第二，对教学过程各个步骤、因素的内容实质不断得到丰富和充实并逐步地得到具体的阐明。

（3）中国长期地处于封建社会，古代教育主要指的就是封建主义的教育。就其教育内容来说，自汉代实施"独尊儒术"的政策之后，学校实际上主要是进行儒学教育的场所。这种教育以"明人伦"为中心，实施"三纲五常"的封建道德教育，教材则以儒家经典教条为主，自然科学和变革自然的实践活动是不受重视的。因为中国古代教育家所论述的教学过程的理论体系，是受封建社会教育这个特点所制约的，所以它的内容多偏重于人文、社会、礼、道德、生活践履方面。这正好反映了中国古代教学理论体系的时代局限性。

（原载《教育研究》1982年第6期）

1983

荀子教育思想探微

荀子是战国末期著名的思想家，同时也是一位杰出的教育家。他曾三次担任稷下学宫的祭酒，"最为老师"，有很大的声望。他的教育思想在中国古代教育史上占有极其重要的地位。

荀子批判地吸收了春秋战国时期诸子百家学术思想的精华，并对儒家思想进行加工改造，使之适合于新兴地主阶级的需要。所以他的思想标志着中国古代学术思想发展到较高的综合阶段。

荀子自称儒家，但是他的思想在融合其他学派思想，特别是法家思想的基础上，已具有了儒、法糅合的特点。实际上他已经建立了自己新的思想体系。而他的教育思想则是他的完整的思想体系中不可分割的组成部分，放射着唯物主义的光芒，是我国古代教育遗产中的瑰宝。

一

荀子的教育理论是以"性恶"论为基础的。人性既然是恶的，那么它能否改变为善呢？这是荀子在理论上必须进一步解决的问题。因此，他提出了"化性起伪"——改造人的个性的学说。这是荀子作为战斗唯物主义思想家的重要理论之一。

人的个性能不能改造呢？如何使个性由恶转化为善呢？转化的标志又是什么呢？荀子在理论上都做了阐明。他说：

"性也者，吾所不能为也，然而可化也。情（积）也者，非吾所有也，然而可为也。"①

"直木不待檃栝而直者，其性直也。枸木必将待檃栝烝矫然后直者，以其性不直也。"②

这就是说"性"是先天的，虽然不能创造，但是可以改造；"伪"虽然不是本来就有的，但是可以创造。荀子明确地肯定了个性的改造是可能的。同时他以"枸木必将待檃栝烝矫然后直"为例说明人的性恶，必须以"礼义之化"的后天道德加工改造，才能趋于善，这就突出了"伪"的作用，论证了教育在改造个性过程中的重要性和必要性。

既然人性本恶，如何才能使个性化恶为善呢？他认为只有去掉人性中的恶端才行。他说：

"孟子曰：今人之性善，将皆失丧其性故也。曰：若是则过矣。今人之性生而离其朴离其资，必失而丧之。"③

他的意思是说，孟子以为人性本善，所以不善，是丧失了本性的缘故。荀子不同意这个见解。他以为人性本恶，人在出生后必须远离他的性的本质，必须丧失其本性才能获得善。这里我们引用荀子的另一句话更能深刻说明他这个思想的实质。他说：

"长迁而不反其初，则化矣。"④

就是说人性经过长期的改变不再回到原来的状态，这才算是改造过来了。这里荀子道出了个性改造的质变过程，由恶向善转化的过程，荀子强调后天的教育和修养，使人人都要受教育，以改变人性的本质，这是荀子教育学说中最有光辉的一面。自然，"性恶"论就其反对"性善"论的天赋道德观念这点讲，具有合理的因素，但是另一方面它同样是一种抽象的人性论，也是错误的。

由于荀子毕竟是剥削阶级的思想家，他的"化性起伪"的思想是为新兴地主阶级服务的。他所谓的"善""恶"是有阶级标准的。他说：

"凡古今天下之所谓善者，正理平治也；所谓恶者，偏险悖乱也，是善恶之

---

① 《荀子·儒效》。
②③ 《荀子·性恶》。
④ 《荀子·不苟》。

分也已。"①

这就是说，凡是维护现存社会秩序（正理平治）的就是善，凡是破坏现存社会秩序（偏险悖乱）的就是恶。这实际上是肯定了封建统治的合法性而否定了农民反抗封建统治的正义性。显而易见，他对人性的道德评价是从地主阶级的观点出发的。

我们再进一步来分析他的"化性起伪"的阶级实质。他说：

"人之性恶。故古者圣人以人之性恶，以为偏险而不正，悖乱而不治，故为之立君上之势以临之，明礼义以化之，起法正以治之，重刑罚以禁之，使天下皆出于治，合于善也，是圣王之治而礼义之化也。"②

那么到底对哪一个阶级的人"明礼义以化之"，对哪一个阶级的人"重刑罚以禁之"呢？他说：

"由士以上，则必以礼乐节之，众庶百姓，则必以法数制之。"③

这一套主张正是儒家的"刑不上大夫，礼不下庶人"保守思想的翻版。这个主张岂不是与荀子的"庶人之子孙"经过自己的努力学习也可以归诸"卿相士大夫"的思想矛盾吗？其实这个矛盾恰恰反映了新兴地主阶级的阶级本质的二重性。当他反对奴隶主贵族的时候，他拿起的武器是"虽王公士大夫之子孙，不能属于礼义，则归之庶人。虽庶人之子孙也，积文学，正身行，能属于礼义，则归之卿相士大夫"④，并以它来为新兴地主阶级争取政治权利和社会地位。而当他面对本阶级的剥削对象——农民、手工业者的时候，便极力主张"刑罚以禁之"，"以法数制之"，这就充分暴露了新兴地主阶级反动的一面，这也是荀子思想的阶级局限性。

二

荀子不仅论证了化性的可能性，指出了由恶转化为善的基本过程，而且进一步指出了转化的基本途径。他说：

"性也者，吾所不能为也，然而可化也。情（积）也者，非吾所有也，然而可为也。注错习俗，所以化性也，并一而不二，所以成积也。习俗移志，安久

---

① ② 《荀子·性恶》。
③ 《荀子·富国》。
④ 《荀子·王制》。

移质。"①

这段话里集中地反映了荀子唯物主义教育观的光辉：习俗能够改变志向，积久的努力能够改变人的本质。荀子在这里提出了他的教育学说中的两个重要观点：一个是"注错"或"渐"，一个是"积靡"或"积"。荀子这两个专门术语，如果用我们现代的术语来说，即环境的影响和人的主观努力学习的意思。荀子能够一方面充分地估计到客观环境对人的影响，另一方面又重视人的主观努力，认为修养和学习在改造个性中具有积极作用。这在中国古代的教育思想中是比较全面的。

荀子认为人与人之所以不同，有些人成为君子，有些人成为小人，不是由于先天素质有什么不同，而是由于后天的环境影响和各人的主观努力不同的缘故。他说：

"凡人之性者，尧禹之与桀跖，其性一也。君子之与小人，其性一也。"②

"故圣人之所以同于众其不异于众者，性也；所以异而过众者，伪也。"③

"可以为尧禹，可以为桀跖；可以为工匠，可以为农贾；在势注错习俗之所积耳。"④

"材性知能，君子小人一也，……若其所以求之之道则异矣。"⑤

"谨注错，慎习俗，大积靡，则为君子矣。纵性情而不足问学，则为小人矣。"⑥

由此可见，荀子在各个不同的篇章中都反复地阐明了环境的影响和个人主观修养对学习的重要性。

下面具体分析一下荀子关于"注错"和"积靡"这两个观点的实质。

荀子认为人在社会中受周围客观条件的影响是很大的。他举出了许多的事实来说明这个道理。他说：

"蓬生麻中，不扶而直；白沙在涅，与之俱黑。兰槐之根是为芷，其渐之滫，……其质非不美也，所渐者然也。"⑦

"越人安越，楚人安楚，君子安雅（夏）。是非知能材性然也，是注错习俗之节异也。"⑧

"干越夷貉之子，生而同声，长而异俗，教使之然也。"⑨

这些话表明了客观环境对人的个性的改造起着耳濡目染、潜移默化的作用。

---

①⑥ 《荀子·儒效》。
②③ 《荀子·性恶》。
④⑤⑧ 《荀子·荣辱》。
⑦⑨ 《荀子·劝学》。

简而言之，良好的环境使人变好，恶劣的环境使人变坏。因此荀子才提出了"谨注错，慎习俗"的主张，要求人们要选择良好环境，接受良好的影响。他说：

"君子居必择乡，游必就士，所以防邪僻而近中正也。"①

荀子这种充分地估计到环境对人个性的影响的观点是十分宝贵的。

荀子认为，化性除了需要创造和选择良好的社会环境外，还需要人的主观努力，这就是所谓的"积靡"。"积靡"的实质简而言之就是重视知识、经验和道德修养的积累。他说：

"积土而为山，积水而为海，旦暮积谓之岁……涂之人百姓，积善而全尽谓之圣人。……故圣人也者，人之所积也。"②

在荀子看来，任何人都有学成圣人的可能，关键在于"积"。圣人就是由于自己不断地积累知识、经验和加强道德修养而达到的，并不是什么先天就具备了的。荀子这个思想与孔子把圣人看作"生而知之者"是不同的。他把这个"积"的过程，看作是量的逐渐积累和增长的过程，一个人要坚持不断地努力，朝朝暮暮，日积月累，才能有所成就。他把这个过程比喻为：

"不积跬步，无以至千里。不积小流，无以成江海。"③

还值得我们注意的是，在荀子的"积靡"思想中不仅只是认识到量的积累而已，而是在一定程度上察觉到了从量变到质变的转化。他说："君子之学如蜕，幡然迁之。"④ "如蜕"就是好像蝉脱壳一样。这深刻地说明了一个人的学习或知识、经验的积累达到一定的阶段后，就会起质的变化，从而进入了一个新的境界。

荀子又从他的封建主义的社会观和唯物主义的认识论出发，认为社会必须分工。他说："农分田而耕，贾分货而贩，百工分事而勤，士大夫分职而听。"⑤ 只有这样才可以使各人积累经验，丰富自己的专业知识。"积斫耕而为农夫，积斫削而为工匠，积反货而为商贾，积礼义而为君子。"⑥这种分工的专业活动，进行的时间愈久，愈切实，"真积力久则入"⑦，人的经验积累得愈多，人的知识也就愈丰富。

荀子这种强调和重视后天的积习在改造个性中的重大作用，重视知识和经验的积累的思想，是他的教育学说中的精华。

---

①③⑦ 《荀子·劝学》。
②⑥ 《荀子·儒效》。
④ 《荀子·大略》。
⑤ 《荀子·王霸》。

三

荀子关于教育目的的学说，基本上是孔子培养"君子"思想的继承和发展。

任何统治阶级都需要培养为它服务的知识分子。那么荀子的具体培养目标是什么呢？他曾不止一次地在他的著作中指出要培养"士""君子""圣人"。他说：

"学恶乎始？恶乎终？曰……其义则始乎为士，终乎为圣人。"①

"上为圣人，下为士君子，孰禁我哉。"②

"圣人者道之极也。故学者固学为圣人也。非特学为无方之民也。"③

这就说明了他认为"化性起伪"的结果，教育的目标，最低标准是培养士、君子，最高标准是培养圣人。由于认识水平或道德修养水平的不同，士、君子、圣人在培养要求上又有高低之分。他说：

"好法而行，士也；笃志而体，君子也；齐明而不竭，圣人也。"④ 就是说：好法而且能行法的就是"士"；既能掌握行法原则，又能坚决贯彻执行的叫作"君子"；对于法能致虑周详，明察是非，触类旁通的就是"圣人"。但是从阶级实质来分析，荀子所指的无论是"士""君子"或"圣人"，其实都是一批具有封建主义思想的，坚决推行新兴地主阶级政治路线的革新家和活动家。在这一点上，荀子与孔子为奴隶主贵族培养"君子"的教育目的是有区别的。

由于历史和阶级的局限性，荀子提出的教育目标，他要培养的"士""君子"，正如他自己所说的："君子以德，小人以力，力者德之役也。"⑤ 仍然只是一批"精于道"的剥削阶级的知识分子。

怎样培养新兴地主阶级的革新家和活动家呢？荀子是有严格要求的。他提出了"君子贵其全"⑥的主张，这就是说：教育的目的在于使新兴地主阶级的革新家、活动家们的学问、道德锻炼达到完全纯粹的地步。他做了一个生动的比喻："百发失一，不足谓善射；千里跬步不至，不足谓善御。"⑦接着他指出："全之尽之，然后学者也。"⑧荀子这里所指的"全之尽之"就是要求求学的人必须达到尽善尽美的境界。由此可见，荀子是把学问、道德锻炼达到完全、纯粹的境界作为

---

①⑥⑦⑧ 《荀子·劝学》。

② 《荀子·儒效》。

③ 《荀子·礼论》。

④ 《荀子·修身》。

⑤ 《荀子·富国》。

他培养封建主义革新家、活动家意志、信念、世界观的最高标准。

为了达到这个目的，就必须千方百计地从各个方面加强学习和锻炼。他说："君子知夫不全不粹之不足为美也。故诵数以贯之，思索以通之，为其人以处之；……是故权利不能倾也，群众不能移也，天下不能荡也。生乎由是，死乎由是，夫是之谓德操。"① 意思就是说，要通过这些多方面的学习和锻炼，把人培养得像金子一样的纯粹，使人的思想、感情、意志达到坚强不移的地步，不致因为在斗争中遭受到各种的引诱、挫折、威逼而发生动摇。这就是荀子所希望培养出来的新兴地主阶级革新家、活动家所必须具备的道德和操守。

至于学习内容问题，荀子也主张以诗、书、礼、乐传授弟子，通过诵经学礼来培养理想的士或君子。他说：

"故'书'者，政事之纪也；'诗'者，中声之所止也；'礼'者，法之大分，类之纲纪也；故学至乎'礼'而止矣，夫是之谓道德之极。'礼'之敬文也，'乐'之中和也，'诗'、'书'之博也，'春秋'之微也。"②

在这里荀子对"诗""书""礼""乐"等的内容和作用都做了扼要的分析。"书"是记载古代政治制度和文诰记录的。"诗"是调节声音使它适中调和的。而"书"和"诗"又博记历史、地理、风俗及鸟兽草木之名，内容是极为丰富的。"乐"是使人和谐愉快的。"春秋"则是寓褒贬、使人明辨是非，有所鉴戒的。至于"礼"，那是构成社会大法，维持封建秩序和社会上进退揖让行为的重要道德规范，它是道德的最高标准。可见荀子对"礼"是特别重视的，因为"礼"这个武器，是建立和维持封建地主阶级统治的新秩序所必需的。学了"礼"可以使人懂得"贵贱有等，长幼有差，贫富轻重皆有称"③。这就是荀子主张学"礼"的阶级实质。汪中在《荀卿子通论》一书中说："荀子之学，出于孔子，而尤有功于诸经。……盖自七十子之徒既殁，汉诸儒未兴，中更战国暴秦之乱，六艺之传，赖以不绝者，荀卿也。"可见荀子对于儒家经典的传授，是十分重视的。

但是，在变化的时代面前，荀子并不株守儒家的典籍。他指出："礼乐法而不说，诗书故而不切，春秋约而不速。"④他主张对儒学必须进行批判改造，使之与时代的要求相适应，为新的统治阶级服务。在荀子的讲学中强调学习"礼""法"的地方很多。然而荀子传授的"礼"已经不是孔子那套维护奴隶制的"礼"了。就其阶级内容和实质来说，他已经把它改造成为代表新兴地主阶级利

---

①②④ 《荀子·劝学》。
③ 《荀子·礼论》。

益的东西了。例如，他说："礼者，断长续短，损有余，益不足。"① 就是说要剥夺原来奴隶主贵族的财富，实行再分配。他又说："礼者，法之大分，类之纲纪也。"② 意思是说"礼"是制定法律和一切条例必须依据的准则。实际上荀子所说的"礼"就是封建主义政治、经济、法律的各项政策和制度的总称。

荀子也十分重视"法"，他吸取了当时历史条件下行之有效的法家学说，构成了他思想体系中的重要组成部分，并成为他讲学中不可缺少的内容。他把"法"看成是治理国家的首要手段（"法者，治之端也"③）。认为人们只有拜新兴地主阶级的革新人物为师，学习法治的学说，然后认识问题、观察问题，才能较快地贯通和透彻（"人有师有法，而知则速通，……察则速尽，辩则速论"④）。因此，荀子得出结论：如果不按礼法所指引的路子去做，而只专门以死读"诗""书"来代替实际之学，那就好像用手指测量河水，用矛舂黍，用锥子当筷子来夹取食物一样，是达不到目的的。"不道礼宪，以诗书为之，譬之犹以指测河也，以戈舂黍也，以锥飡壶也，不可以得之矣。"⑤

从以上可以看出："礼"和"法"是荀子用来维护地主阶级统治的"两手"，因而他的思想也兼有儒家和法家的浓厚色彩。

四

为了培养士、君子，荀子突出了学习的重要性。《荀子》第一篇的"劝学"就是贯穿这个基本精神的。

荀子从他的唯物主义认识论出发，认为学习的过程是闻见、知、行的过程。他把学习分为"闻见""知""行"三个阶段，以"闻见"的感性认识阶段作为基础，进而入于理性认识阶段的"知"，然后再进一步达到行动阶段的"行"。其中他特别强调"行"。他认为学习到了"行"的阶段，就算是达到了登峰造极的地步。他说："不闻不若闻之，闻之不若见之，见之不若知之，知之不若行之，学至于行之而止矣。"⑥在这里可以看出荀子关于学习过程的理论是唯物主义的。

如何根据这个学习过程来组织学习呢？他说："君子之学也，入乎耳，箸乎心，布乎四体，形乎动静。"⑦首先是"入乎耳"，即外界的客观事物通过人的感觉器官"耳闻""目见"而获得各种具体生动的感性材料。接着是"箸乎心"，

---

① 《荀子·礼论》。
②⑤⑦ 《荀子·劝学》。
③ 《荀子·君道》。
④⑥ 《荀子·儒效》。

即将"耳闻""目见"所获得的感性材料通过头脑进行思索,进行思维加工。最后是"布乎四体,形乎动静",即人们从外界吸取了感性材料,经过思维加工后,不能就此停止,还必须进一步付诸行动,使认识与行动结合起来。

在解决学习过程各个阶段之间的关系,即"闻见"与"知"的关系,"知"与"行"的关系上,荀子也提出了卓越的见解。他说:"闻之而不见,虽博必谬;见之而不知,虽识必妄;知之而不行,虽敦必困。"[①] 就是说,如果只依靠传闻获得的知识而没有经过自己亲自接触,虽然很广博,但有可能是荒谬的知识;如果只依靠自己亲身经验获得来的知识,而没有经过推理、判断,虽然记住了,仍然不能了解它的实质;所以学习、认识不能停留在感性阶段,必须向理性的阶段推移或过渡。因为"知"比"闻见"在认识上处于更高的阶段,故荀子说"见之不若知之",就是这个意思。

在"知"与"行"的关系方面,荀子认为"知之不若行之",强调了学习的目的是为了行动,强调付诸行动的重要性。他说一个人如果掌握了很多知识,但却不能解决实际问题,这种不能应用的知识再多还是等于缺乏知识,因为死知识是没有用处的。这就是荀子所说的"知之而不行,虽敦必困"的道理。

根据上述理论,荀子在学习态度上,一方面反对那种"学杂(识)志,顺诗书"的"陋儒",即那批死啃复古主义教条的儒生,主张"思索以通之",开动脑筋想问题。另一方面他也反对那种轻视感性经验,鼓吹"耳目之欲接,则败其思"[②] 的冥想主义者,主张要积极地学习,把"思"建立在"学"的基础上。他自己就深有体会地说:"吾尝终日而思矣,不如须臾之所学也。"[③] 同时,荀子还反对那种脱离实际"入乎耳,出乎口"的空谈家,主张"形乎动静",要把学习得来的知识付诸行动。

当然,由于时代和阶级的局限,荀子关于学习过程的理论是存在着缺点的。他所说的"行",还不是我们今天所指的社会实践,而只是人们一般的个人活动。他又错误地认为"学至于行之而止矣",即学习到了"行"的阶段就算是登峰造极了,这是一种形而上学的观点。他没有能够把学习的认识过程看作是一个螺旋式的不断上升和发展的过程。但是从整个体系来说,他的思想是放射着唯物主义光芒的,在当时的历史条件下,这个教育观点是难能可贵的。

在学习的态度和方法上,荀子提倡坚毅顽强的学习精神。用他的术语来说就是"锲而不舍"。他说:"骐骥一跃,不能十步;驽马十驾,功在不舍。锲而舍

[①] 《荀子·儒效》。
[②] 《荀子·解蔽》。
[③] 《荀子·劝学》。

之，朽木不折；锲而不舍，金石可镂。"① 这段话指出了学习的成功与否关键在于一个人有没有孜孜不倦、持之以恒的精神。如果一个人学习目的明确，意志顽强，坚持不懈，虽千里之遥也必能到达目的地。他说："跬步而不休，跛鳖千里。累土而不辍，丘山崇成。"② 在这个基础上荀子提出一个人应该以"骥一日而千里，驽马十驾则亦及之矣"③ 的精神，高度发挥学习的积极性、顽强性和坚毅性。反之，不发挥人的主观能动性，那么学习是不会有任何成效的。正如荀子所说的："道虽迩，不行不至；事虽小，不为不成。"④

再者，在学习过程中，荀子还要求人们必须"专心一致"。他说："今使涂之人，伏术为学，专心一志，思索熟察，加日县久，积善而不息，则通于神明，参于天地矣。"⑤ 这就是说凡人学习一件事情，必须专一，要集中精力，认真思考，日积月累，长久不息，才能有所深造。如果精力分散，意志不专，学习就不能深入。他说："目不能两视而明，耳不能两听而聪。"⑥ "心枝则无知，倾则不精，贰则疑惑。……故知者择一而壹焉。"⑦ "壹"就是专一的意思。荀子还特别以蚯蚓与螃蟹对比来比喻专一与不专一所导致的两种不同的结果。"蚓无爪牙之利，筋骨之强，上食埃土，下饮黄泉，用心一也。蟹六跪而二螯，非蛇鳝之穴无可寄托者，用心躁也。"⑧ 由此荀子得出结论："君子壹教，弟子壹学。亟成。"⑨ 教与学双方都能专心一致，学习一定能成功。

在整个教育过程中，荀子还主张学生必须"求贤师而事之，择良友而友之"⑩，只有受教育者接受贤师良友的长期教诲和影响，切磋琢磨，潜移默化，他的学问和道德修养才能臻于完善。荀子这个观点也是很有价值的。

总而言之，荀子的教育思想是极其丰富的，这里不过举其大端而已。至于荀子思想中兼有儒家和法家的色彩，是有其社会历史原因的。它反映着在新的历史形势下儒家的进一步分化，反映着新兴地主阶级按照自己的政治需要，继承并改造儒家思想，融会和批判地吸收法家的学说，使之为新的剥削制度服务。

从荀子的唯物主义教育思想和进步的教育活动看来，他确实不愧是战国末期新兴地主阶级杰出的教育家，他对先秦新兴地主阶级的教育理论和实践做出了重大的贡献。

（原载《华南师范大学学报》1983年第1期）

---

①⑥⑧ 《荀子·劝学》。
②③④ 《荀子·修身》。
⑤⑩ 《荀子·性恶》。
⑦ 《荀子·解蔽》。
⑨ 《荀子·大略》。

春秋战国时期的私学

一

殷商、西周时期，"学在官府"。学校办在宫廷里，教育为奴隶主贵族独占，只准他们的子弟入学，奴隶一概被排斥在学校大门之外。在宫廷中担任文化职务的官吏——殷商的卜、史、巫、祝，西周的司成、乐正、执礼者、典书者等，也就是教师，要学文化只有跟他们学。学校还没有从行政机构中明显分化出来。

春秋时期，奴隶制开始瓦解，封建制兴起，新兴地主阶级开始登上政治舞台。这一变革反映在教育上，就是"学在官府"局面的崩溃和各家"私学"的兴起。因为随着奴隶主阶级总头目周天子权力的旁落和公室的衰微，奴隶制的"官学"办不下去了。新兴地主阶级迫切要求有为本阶级服务的文化教育机构，为他们培养人才。这是"私学"产生的历史背景。

随着"官学"的崩溃，许多原来在天子和诸侯宫廷中专门为统治者服务的知识分子开始走出宫廷，流落到民间，这就出现了学术、文化下移的趋势。《论语·微子》曾记载：原在周王宫中司礼、司乐的一批有文化知识的人，如乐官挚，到了齐国；乐师干，到了楚国；

乐师缭，到了蔡国；乐师缺，到了秦国；打鼓的方叔，入居黄河地区；摇小鼓的武，入居汉水地区；乐官阳和击磬的襄到海边去了。乐师是这样，其他方面的知识分子也是这样。学术下移，为"私学"的出现提供了条件。

知识分子逐渐向民间下移的同时，许多图书典籍也冲破宫廷的禁锢，为较多的人所阅读。而当时新兴的地主阶级和小生产者也迫切需要掌握文化知识，为其政治经济利益服务。这样，就出现了"天子失官，学在四夷"[①]的局面。

私学的兴起和蓬勃发展又是与"士"阶层的解放密切联系着的。在西周奴隶主贵族的等级制度下，"士"原来是贵族中的最低阶层，他们都受过一些奴隶制的教育，通晓"六艺"（礼、乐、射、御、书、数）等，能文能武，战争的时候充当下级军官，平时则做高级贵族在政治上的助手。他们可以"食田"，职位也是世袭的。随着奴隶主贵族的没落，"士"失去了原来的地位和职守。他们其中一部分人变成了只能靠着自己过去掌握的"六艺"知识来谋生的知识分子。与此同时，随着封建制的逐渐壮大，从新兴地主阶级和小生产者阶级中也涌现出一批知识分子。于是这个时期"士"即知识分子的数量大大增加。正如《韩非子·外储说左上》中所说的，"中牟之民弃田圃而随文学者，邑之半"，说明了当时竞相读书，谋求当知识分子的风气很盛。

"士"在春秋战国时期是十分活跃的。他们主张"上说下教"。"上说"可以做官食禄，在政治上寻找出路；"下教"可以招收门徒，办"私学"，著书立说，等待时机。

在当时新旧两种社会制度的更替中，"士"发生了剧烈的分化。一部分继续依附于垂死的奴隶主贵族，顽固维护奴隶制制度；一部分顺应时代发展的潮流，支持和拥护新兴地主阶级的革新事业；自然，还有一些代表其他阶级利益的知识分子。

当时的统治者，无论是奴隶主贵族或是新兴地主阶级都竞相争取知识分子为自己的政权服务，而知识分子也从自己的政治立场出发，积极投靠统治者谋求出路，以实现自己的政治主张。因此，春秋末期便形成了"养士"之风。到战国时期，"养士"达到了高潮。各国的国君，像魏文侯、齐威王、齐宣王、梁惠王、燕昭王等都"招贤纳士"，大量的知识分子都归属于他们的门下。齐威王不仅重用了像邹忌、孙膑、田忌这样著名的政治家、军事家，同时在他的国都临淄的稷下，建筑了高门大屋的学宫，用来招待游士，凡入稷下者称为"稷下先生"，给以士大夫待遇，让他们在那里著书立说，传授徒弟，议论政治，以备国

---

① 《左传·昭公十七年》。

君随时咨询,结果使齐国一时成为东方的强国。

而各国有权势的大臣,为了巩固自己的政治地位和势力,也大养其士为食客。齐国的孟尝君田文,赵国的平原君赵胜,魏国的信陵君魏无忌,楚国的春申君黄歇,秦国的文信侯吕不韦等,食客都多达三千人。他们所养的食客中,有各种学派的士,只要有一技之长就被罗致,甚至有"鸡鸣狗盗之徒"。这些食客,往往为主人出谋划策,或奔走游说,也有代替主人著书立说的,吕不韦的《吕氏春秋》一书就是由他的门客编写成的。

总而言之,"士"是春秋战国时期社会精神生活中的主要活动者,也是当时各种不同政治主张的宣传者,他们中的代表人物,周围团聚着一批门徒,成为了私学的首领,他们在思想言论上建立了自己的学派。"士"的活动促进了春秋战国时期政治、思想领域的"百家争鸣"和文化教育事业的繁荣。

二

在新兴地主阶级与没落奴隶主阶级激烈斗争的过程中,双方都需要有自己的知识分子和自己的思想家来大造舆论,并为之设计各种各样"治国安邦"的方案。于是各种形式的"私学",不同的学派,便应运而生。所以"私学"在当时,既是教育团体,又是政治和学术派别。

当时私学的规模是不小的。史载:"孔子以诗、书、礼、乐教弟子,盖三千焉"[1],"墨子服役者百八十人。皆可使赴火蹈刃死不旋踵"[2]。孟子"后车数十乘,从者数百人,以传食于诸侯"[3],"田骈在齐,资养千钟,徒百人"[4]。许行是农家的代表,躬耕自食,但也有"徒数十人"[5]。只要略为著名的"士",差不多没有一个不是"率其群徒,辩其谈说"[6] 的。可见当时的私学是十分发达的。

当然,各派私学都是按照自己的阶级意志来办教育的。孔子要培养的是维护奴隶制的卫道士——"君子",墨子要培养的是分人以财、助人以力的"兼士",韩非需要的是懂得和坚决实行"法制"路线的"智术能法之士"。

---

[1]《史记·孔子世家》。
[2]《淮南子·泰族训》。
[3]《孟子·滕文公下》。
[4]《战国策·齐策》。
[5]《孟子·滕文公上》。
[6]《荀子·儒效》。

由于各家所代表的阶级利益不同，所以，彼此之间展开了激烈的斗争。从春秋末期到战国初期，就出现了儒家与墨家、法家思想的对立。随之各种思潮、各种学派纷纷出现，形成了"诸子百家"。所谓"诸子百家"就是阴阳、儒、墨、名、法、道德六家，加上纵横家、杂家、农家，合称九流，再加上小说家统称为十家，其中影响较大的是儒、墨、道、法四家。

在同一学派的发展过程中，也往往发生变化以至于分化。所谓"孔、墨之后，儒分为八，墨离为三"①的说法，确实反映了当时私学繁荣，枝叶蔓衍的盛况。

各家私学的学术思想和教学内容也是丰富多彩、各具特色的，《汉书·艺文志》说：

儒家者流，……游文于六经之中，留意于仁义之际。祖述尧舜，宪章文武，宗师仲尼以重其言，于道最为高。

道家者流，……清虚以自守，卑弱以自持。此君人南面之术也。

阴阳家者流，……敬顺昊天历象日月星辰，敬授民时。

法家者流，……信赏必罚，以辅礼制。

墨家者流，……是以贵俭，……兼爱，……上贤……右鬼……非命……上同。

杂家者流，……兼儒墨，合名法。

农家者流，……播百谷，劝耕桑，以足衣食。

《汉书·艺文志》简明扼要地指出了各家私学的学术特色和要旨，肯定了各家私学都在中国古代思想史、文化史上做出了自己的贡献。

在教学内容上，各家也有自己的一套，儒家教学内容比较丰富。"子以四教：文、行、忠、信"②，就是说，孔子除了注意"礼""乐""诗""书""易""春秋"等古代的文化典籍的传授外，还十分重视政治思想和道德规范的灌输和锻炼。孔子的弟子和儒家后学也有很多人承继孔子着重传授古代文化典籍和重视学术教育事业的传统，把孔子的政治、学术、教育思想分别地传播到黄河流域和长江流域的广大地区。齐、鲁诸儒讲习经术的传统，一直延续到汉初。儒家之所以能够成为春秋战国时期一个最大的学派，并在文化教育界占有优越的地位，这与他们坚持传授古代文化典籍这一教学思想和学术思想是有密切关系的。

---

① 《韩非子·显学》。
② 《论语·述而》。

墨子和他的墨家学派则十分重视生产实践和科学知识的教学。他们主张社会成员都要参加社会的生产劳动，并发挥他们的一技之长，"凡天下群百工，轮车、鞼匏、陶、冶、梓匠，使各从事其所能"①。在《墨子》一书中记载着许多有关几何学、力学、光学的科学知识和不少关于手工技术和军事技术方面的材料。这些知识和材料是墨子及其弟子和后期墨家长期在生产、劳动实践的过程中积累起来的经验总结，也是他们教授学生的教材。

道家的老庄学派，在教育上主张"绝圣弃智"，要人们抛弃自己的聪明，忘掉知识，实质是否定一切文化知识。他们是教学的取消论者。"待钩绳规矩而正者，是削其性；待绳约胶漆而固者，是侵（败）其德"②。这就是说教育是桎梏人性的，应该取消。

法家"以法为教"，"以吏为师"③，就是以国家、政府的法令、政策作为教学内容，使人们通过学习法家的新思想、新理论，达到"言谈者必轨于法"④的目的。同时他们又提倡"农战"教育，"富国以农，距敌恃卒"⑤，"禁游宦之民而显耕战之士"⑥。

各家私学所表现出来的各自特点，不仅是各个阶级、阶层不同利益和要求的反映，也是各家私学在长期的教育活动过程中所形成的学派特色。

各家私学对其弟子在政治、道德上的要求也是有所区别的。

儒家要求"笃信好学，守死善道"⑦，坚信奴隶主阶级的政治思想和道德观念，站稳奴隶主阶级的立场，并以生命来保卫它的完善。孔子要求弟子"非礼勿视，非礼勿听，非礼勿言，非礼勿动"，务必使自己的一举一动、一言一行都不要背离周礼的规定，甚至要"杀身以成仁"，以保全奴隶主阶级的道德气节。

孟子也同样要求人们和他的弟子"暇日修其孝悌忠信，入以事其父兄，出以事其长上"⑧，力求做到"富贵不能淫，贫贱不能移，威武不能屈"，必要时甚至要牺牲自己的生命，"舍生而取义"。

墨家要求弟子必须是"为其友之身若其身，为其友之亲若其亲"⑨，即具有舍己为人，急他人之难为己难的高尚品质的人物。孟子是墨家的反对派，但也不

---

① 《墨子·节用》。
② 《庄子·骈拇》。
③④⑤ 《韩非子·五蠹》。
⑥ 《韩非子·和氏》。
⑦ 《论语·泰伯》。
⑧ 《孟子·梁惠王上》。
⑨ 《墨子·兼爱》。

得不承认墨家是"摩顶放踵,利天下为之"①,只要是对天下人有利益的事情,虽粉身碎骨,也在所不辞。

在生活上墨家则要求学生能够具有刻苦、耐劳、服从、坚忍的精神。庄子对墨家的吃苦精神也深为佩服:"后世之墨者,多以裘褐为衣,以跂跷为服,日夜不休,以自苦为极。"②

法家严格要求人们必须忠于封建国君,"北面委质,无有二心",做到"能去私曲,就公法","有口不以私言,有目不以私视"③,一心一意为封建主义国家效力,还应该具有"远见而明察","强毅而劲直"④ 的品质,坚定地执行法治路线。

至于各家各派私学的师承关系,也是比较复杂的。例如,墨家的创始人墨子曾"学儒者之业,受孔子之术",但后来"以为其礼烦忧而不说,厚葬靡财而贫民,(久)服伤生而害事,故背周道而用夏政"⑤。"非儒",而创立了墨家学派。

法家的李悝、吴起都是子夏的学生,子夏则是孔门弟子中的后辈,商鞅又是李悝的学生。可见子夏的教育活动对于前期法家起了一定的孕育作用。

孟子则标榜自己得自儒家老祖宗孔子的真传,他以孔子的继承人自任。《史记·孟子荀卿列传》记载:"孟轲,邹人也,受业子思之门人。"子思是孔子的孙子,相传是曾参的学生。所以在儒家之中,有"思孟学派"之称,它们在学术、教育思想上明显有一脉相承的地方。这一派的思想被称为儒家的嫡系,在中国古代思想史上占有优势的地位。

荀子自称儒家,但他却改造了原来儒家的思想体系,批判地综合法家、黄老学派和其他各派的学说,他的思想明显地具有儒、法结合的特点。后期著名的法家代表人物韩非和李斯都是出自他的门下。

除了各家各派自己开办私学外,一些诸侯国的国君也设立学宫,招揽当时的著名学者到学宫讲学。齐国的稷下学宫就曾闻名于当世,一时成为四方学者荟萃之地。孟子也曾游学于此。荀子则在齐襄王时在这里讲学,"最为老师","三为祭酒(学宫领袖)"。⑥ 稷下学宫虽然是国家办的学校,但它不同于旧时奴隶制的"官学",它是专为延聘私家学派来齐国讲学而开设的。它为各家各派私学提供

---

① 《孟子·尽心上》。
② 《庄子·天下》。
③ 《韩非子·有度》。
④ 《韩非子·孤愤》。
⑤ 《淮南子·要略训》。
⑥ 《史记·孟子荀卿列传》。

自由争辩的公开讲坛，实际上是一所兼容并蓄的学府，包括道家、法家、名家、阴阳家、儒家和"学无所主"等当时学术界的知名人士。

至于私学内部师生间学习、生活的守则、制度是怎样的，史籍没有给我们提供比较详细的资料，但是从各家私学的著作和一些史料中仍然可以看到一鳞半爪。

例如，孔子私学的成员间，形成了以孔子为核心的比较严密的组织，师徒关系较为密切。孔子周游列国，都有弟子随从和服役，"有事弟子服其劳，有酒食先生馔"①。孔子的弟子在各国做官，也多要奉承孔子的意旨，谁违背了这一点，孔门就会"鸣鼓而攻之"。可见孔子的思想和主张对于他的弟子是有一定约束性的。孔子死后，"弟子皆服三年。三年心丧毕，相诀而去，则哭，各复尽哀"②，可见师生之间的感情是很深厚的。

墨家对他们的成员要求更为严格。墨家弟子派出去做官，不能违背墨家的政治原则，如果背弃了墨家的基本精神，墨家的领袖可以随时把他召回。"子墨子使胜绰事项子牛，项子牛三侵鲁地，而胜绰三从。子墨子闻之，使高孙子请而退之"③。

据郭沫若先生分析，《管子·弟子职》是齐稷下学宫的学则：

先生施教，弟子是则。温恭自虚，所受是极。见善从之，闻义则服。温柔孝悌，毋骄恃力。志毋虚邪，行必正直。游居有常，必就有德。颜色整齐，中心必式。夙兴夜寐，衣带必饰，朝益暮习，小心翼翼，一此不解，是谓学则。

少者之事，夜寐蚤作。既拼盥漱，执事有恪。摄衣共盥，先生乃作。沃盥彻盥，汛拼正席，先生乃坐。出入恭敬，如见宾客。危坐乡师，颜色毋怍。……

至于食时，先生将食，弟子馔馈。……

先生将息，弟子皆起。敬奉枕席，问所何趾。俶衽则请，有常则否。

先生既息，各就其友。相切相磋，各长其仪。

这个学则，给我们提供了当时学校在教学、生活等方面的一些粗浅的轮廓。

---

① 《论语·为政》。
② 《史记·孔子世家》。
③ 《墨子·鲁问》。

三

春秋战国时期的私学不仅在中国古代史和中国教育史上占有重要的地位，同时对中国古代文化学术的发展以及教育思想的发展也做出了重大的贡献。

(1) 在当时的社会大变革中，各家私学及其代表人物，从不同的阶级和集团利益出发，展开了思想上的斗争，形成了"百家争鸣"的局面。这对当时的社会变革及文化学术的发展，起了促进的作用。

从春秋末年儒、墨两派开百家争鸣的先声，到战国中期百家争鸣达到了高峰。在教育思想方面的争论，表现为"复先王之教"和"废先王之教"之争；以"礼"为教和以"法"为教之争；"性善"与"性恶"之争；等等。

儒家学派极力主张"祖述尧舜、宪章文武"，认为凡是"生乎今之世，反古之道"[①]的，必定要受到惩罚。它们极力歌颂和维护"先王"时代的文化，同时以传授奴隶制的文化典籍"诗、书、礼、乐"为己任。

法家相反，主张与传统的文化一刀两断。商鞅"燔（烧）诗书而明法令"[②]，打击讲习《诗》《书》《礼》《乐》的知识分子。韩非把那些称颂"先王"、宣扬"仁义"的儒生列为"五蠹"之首，并进一步主张"禁私学"，要求由政府统一实施法治教育。商鞅、韩非的这些思想后来都为秦王朝所执行，成为秦统一中国后的文教政策。

各家各派在思想、学术上除了对立、斗争的一面外，还有互相影响、吸收的一面。例如：荀子一方面继承了老子及其后学坚持的天道自然无为的唯物主义的传统，另一方面又避免了他们忽视人的主观能力的缺点，批判了孟子等人的唯心主义的观点，又批判地吸收了他们重视人的主观能动作用的积极因素。

在教育目的上，儒家主张培养"君子"，墨家主张培养"兼士"，二者是对立的，但是在教育原则、方法上，二者却都注意"因材施教"，重视社会环境的影响作用等，观点又是相同的。

(2) 各家各派私学，大师辈出。孔子、墨子、孟子、荀子都是其中的佼佼者。他们长期从事教育活动，并著书立说，为后世留下了十分深刻和丰富的教育思想和教育经验。不仅《论语》《墨子》《孟子》《荀子》《管子》《吕氏春秋》等典籍中保存了大量的教育资料，而且还出现了像《大学》《劝学》《弟子职》

---

① 《礼记·中庸》。
② 《韩非子·和氏》。

《学记》等这样的教育专著。

他们提出了反映教育历史发展潮流的"有教无类"的教育方针，提出了"教学相长""启发诱导""循序渐进"等反映教学客观规律的教学原则和方法，抓住认识上的笃信，感情上的陶冶，意志上的锻炼和行为上的践履这几个环节，提出"笃信好学，守死善道""杀身以成仁""舍生而取义""富贵不能淫，贫贱不能移，威武不能屈"等道德格言和要求，从德育的经验来看，在一定程度上是符合德育的客观规律的。他们还提出了"克己""内省""慎独""存心""养性"等道德修养方法，这个也是我们应该重视的。

总之，春秋战国时期各家私学的教育理论和经验在中国古代教育史上占有十分重要的地位，为中国古代的文化教育事业做出了重大的贡献。

（原载《东岳论丛》1983年第4期）

严复教育思想述评

严复(1854—1921),福建侯官县(今闽侯县)人。他在青少年时代,曾考入福州船政学堂,后又被保送到英国留学。在那里,他亲身接触到西方资本主义社会,研究了西方资产阶级社会政治学说和近代的自然科学技术。回国后,曾任北洋水师学堂总教习等职。他是中国近代向西方寻找真理的著名的资产阶级启蒙思想家和教育家。

严复在中国近代思想史上占有比康有为、谭嗣同等人更为特殊的地位,他是中国最早系统地介绍西方资本主义经济、政治理论和学术思想,宣传资本主义"西学""新学"以与封建主义的"中学""旧学"相抗衡的首要代表人物。他先后翻译了赫胥黎的《天演论》,亚当·斯密的《原富》,约翰·穆勒的《名学》,孟德斯鸠的《法意》,斯宾塞的《群学肄言》等。特别是他所宣传的"物竞天择,适者生存"的进化论思想,在当时的旧中国得到了广泛的传播,影响和教育了好几代的知识分子。

一

中日甲午战争失败后,民族危亡迫在眉睫。当时,举国激愤,万民沸腾，资产阶级为了挽救民族的危亡，发动了一个改良主义的变法运动，严复充当了这个运动的号手。1897年严复为了提倡维新变法和宣传西学，与夏曾佑等人在天津创刊了《国闻报》，先后在报上发表了许多译著和论文，抨击封建统治者的顽固守旧，批判旧学的"无实""无用"，大力地介绍了西方资本主义国家的社会政治制度，而且极力提倡西方资产阶级的社会政治学说、自然科学和哲学观点。这样，《国闻报》与《时务报》，一北一南，成为当时资产阶级改良派宣传维新思想的喉舌。

像其他资产阶级改良派的领导人物一样，严复也是把文化教育作为"救亡图存"，使国家富强的重要手段。首先，他根据英国斯宾塞（H. Spencer）的学说，认为判定任何国家民族强弱存亡的标准是民力的强弱、民智的高下和民德的好坏。他在《原强》一文中说：

"一种之所以强，一群之所以立，本斯而谈，断可识矣。盖生民之大要三，而强弱存亡莫不视此：一曰血气体力之强，二曰聪明智虑之强，三曰德行仁义之强。是以西洋观化言治之家，莫不以民力、民智、民德三者断民种之高下，未有三者备而民生不优，亦未有三者备而国威不奋者也。"

因此，他认为要拯救垂危的中国，既不能依靠旧的法制，也不能单依靠兴办洋务的治标办法，他认为富强中国最根本的办法是应该从文化教育入手，正如他所说的"是以今日要政、统于三端：一曰鼓民力，二曰开民智，三曰新民德"。

"鼓民力"的实质就是增强人民的体质；就是要注意操练、饮食，提倡医学，尤其是应当严禁鸦片和禁止缠足。

"开民智"的实质就是提高人民的文化教育水平；主张学习西方的自然科学和社会科学，学习西方科学家研究学问的方法。

"新民德"的实质就是提高人民的道德，极力主张采用西方资产阶级"自由""平等"的社会道德和政治制度。

简而言之，严复企图通过文化教育的改革来挽救国家的危亡，使它走独立富强的道路。这种主张实质就是"教育救国论"的观点。

为了鼓吹变法维新和宣传西学，1895年起，严复在天津开始他的"开民智"的宣传教育活动。他发表了几篇非常重要的政治论文：《论世变之亟》《原强》《救亡决论》及《辟韩》等。通过这些论文，严复积极鼓吹变法，主张废除八股，批判封建专制制度和封建主义思想。

严复的这些论文发表后，给予当时的思想界、教育界以很大的震动和影响；但同时也引起了封建顽固势力的惊慌和仇视，他们攻击严复是"溺于异学，蔑古拂经"。洋务派的反动头目张之洞还特别授意他的爪牙屠仁守，写一篇《辩辟韩》的文章向严复进行反扑。

1896年严复还帮助张元济在北京创办了"通艺学堂"。这个学堂是专门提倡西学，培养维新变法人才的，学生大约有四五十人，其中有一部分还是北京的官吏。严复在"通艺学堂"中曾为学生登台"宣讲西学源流旨趣，并中西政教之大原"。许多听讲的人，从来不了解西方资产阶级学术思想的情况，接触之后，顿时感到大开眼界。所以有些人听了以后，就对人说："西人之精义妙道，乃至如此，此真吾辈闻所未闻，或者严君别有心得，托之西人，亦未可知。"① 从这番话中，就可以看到严复当时传播西学所起的作用和影响了。

随着时代的前进，资产阶级革命派登上历史舞台，但是严复的思想依然蜷在改良主义的蜗牛壳里。所以1905年孙中山自美国到达英国，听说严复在伦敦，特地前往拜访，谈话之间，他们就争论起来了。严复始终认为："中国民品之劣，民智之卑，即有改革，害之除于甲者将见于乙，泯于丙者将发之于丁。为今之计，惟急从教育上着手，庶几逐渐更新乎"。② 可见，严复的"教育救国论"的思想丝毫没有改变，他的主张与孙中山的革命民主主义的观点是有分歧的。

辛亥革命后，严复在思想上更加保守、落后，甚至趋于复古。1913年，孔教公会成立，严复列名参加。1914年，他看到卫西琴所著的《中国教育议》一书中有赞美孔丘的话，就引为同道，将全书翻译出来。接后，他更加倒退，笃信孔学是挽救中国的灵丹妙药。他说："鄙人行年将近古稀，窃尝究观哲理，以为耐久无弊，尚是孔子之书，四书五经，固是最富矿藏，惟须改用新式机器，发掘淘炼而已！"③

1919年，五四运动爆发了，严复更加看不顺眼，他说："从古学生干预国政，自东汉太学，南宋陈东，皆无良好效果。"④ 可见，当时的严复是站在五四运动的对立面的，对学生的救国热情是不支持的。

1921年，严复逝世。在他留下给子女的遗嘱中，有这样的一句话："须知中国不灭，旧法可损益，必不可叛。"盖棺论定，他在晚年的思想，保守、陈旧、复古，也就可见一斑了。

---

① 参考张元济《戊戌政变的回忆》。
② 严璩：《侯官严先生年谱》。
③④ 《严几道与熊纯如书札节钞》。

二

毛主席指出："在'五四'以前，中国文化战线上的斗争，是资产阶级的新文化和封建阶级的旧文化的斗争。在'五四'以前，学校与科举之争，新学与旧学之争，西学与中学之争，都带着这种性质。"① 资产阶级为了实现自己的政治要求，就必然要提倡资本主义的新文化，批判封建主义的旧文化。而封建阶级为了保持其反动统治，也必然要维护为封建制度经济基础服务的旧文化，企图扼杀一切新文化的诞生，所以，当时双方的斗争是十分尖锐和激烈的。

封建顽固派是坚持维护中学、反对西学的。他们认为："中学所以为教，人皆知之，无待别求门径。"② 他们"恶西学如仇"和视之为"奇技淫巧"。洋务派则提出"中学为体，西学为用"的口号，同样地以孔孟之道为根本，两派的基本态度是一致的，那就是说，以尊孔读经为主要内容的封建主义教育是不能改变的。

当时站在资产阶级改良派先进立场的严复与他们展开了针锋相对的斗争。他指出统治阶级所提倡的"中学"，是败坏民力、民智、民德的祸根，如果不加革除，就会造成民弱国贫。他认识到资本主义国家之所以富强，并不仅仅因为它们船坚炮利，而首先是它们的科学、文化教育先进和发达。而中国之所以贫穷，尽受人欺侮，原因在于腐朽的封建主义文化禁锢了人们的头脑，阻碍了社会的进步。因此，他大声疾呼：

要救亡，要富强，"则不容不通知外国事，欲通知外国事，自不容不以西学为要图，此理不明，丧心而已，救亡之道在此，自强之谋亦在此"③。

所以，严复认为：只有用"西学"代替"中学"，认真地向西方资本主义学习，才是"救亡图存"的唯一正确途径。

在上述的观点指导下，严复以横扫千军的气概严厉地指责和批判中国传统的"旧学"——"汉学"、"宋学"、科举词章、金石书法等种种封建主义文化，不但是"无实""无用"，而且是"谬种流传，羌无一是"，"徇高论而远事情，尚气矜而忘实祸"的高谈阔论和脱离实际的主观主义的东西。他认为这些"旧学"不能拯救国家的危亡，是"学术末流之大患"，"皆宜且束高阁"。④ 严复这种激

---

① 毛泽东：《新民主主义论》，载《毛泽东选集：第二卷》，人民出版社，1991，第696页。——编者注

② 宾凤阳等：《上王益吾院长书》。

③④ 严复：《救亡决论》。

烈的主张，无异于宣布了封建地主阶级文化的破产。

至于洋务派标榜的"中学为体，西学为用"的教育纲领不仅在理论上是荒谬的，而且在实际上也是行不通的。他说："中学有中学之体用，西学有西学之体用，分之则两立，合之则两亡。"① 这就是说，中学与西学是两种学问，这两种不同的学问各有其体和用；把这两种学问拼凑在一起，以前者为体后者为用，结果一定是中学学不到手，西学也学不了。他打一个比喻说：有牛的体就发挥负荷重量之用，有马的体就发挥马跑远路之用，说以牛为体，以马为用，那是办不到。就当时的士大夫来说，满脑子都是四书五经的封建教条和迷信，要吸收西方进步的资本主义的科学技术，确实存在着不可解决的矛盾。

在批判中国传统的封建主义"中学"的同时，严复在介绍西方资产阶级的社会政治学说、自然科学和哲学观点——资产阶级的世界观和方法论，是一个更为积极的倡导者。严复在这一方面的贡献，使其在中国思想史上和教育史上占有特殊的地位。他翻译介绍的西方资产阶级理论著作，客观上向当时要求进步和倾向于资本主义改革的广大知识分子提供了重要的第一手思想资料。这些资产阶级的思想理论在旧中国得到传播，影响和教育了好几代的知识分子。

严复特别指出科学的发达是西方资本主义国家富强的重要原因。他认为中国要想变法自强是不能脱离科学的，尤其是不能脱离自然科学。因此他大声疾呼，鼓励人们学习资本主义国家的科学技术。他说：

"中国地大民众，谁曰不然，然地大在外国乃所以强，在中国正所以弱，民众在外国乃所以富，在中国正所以贫，救之之道，非造铁道用机器不为功，而造铁道用机器，又非明西学格致必不可，是则一言富国阜民，则先后始终之间必皆有事于西学。"②

他接着又说：一切"练军实"，"裕财赋"，"制船炮开矿产"，"讲通商务树畜"，"开民智正人心"等革新措施，"一涉其流，则又非西学格致皆不可"。

从上面的观点看来，严复这套理论的实质就是"西学救国"的观点或"科学救国"的观点。他的这种理论曾在中国近代教育史上起过重大的影响。对于他的这种影响我们应给予历史唯物主义的分析：一方面他把传播西方的资本主义科学技术、学术思想，作为"救亡图存"运动的思想武器，在当时的历史条件下对反对封建主义的文化起了积极的作用；但是另一方面他的通过"科学技术"可以使中国富强的论调，只能是一个幻想，把那些要求改变旧中国现状的人们引

---

① 严复：《与外交报主人论教育书》。
② 严复：《救亡决论》。

导到一条错误的道路上去。

我们在这里要特别着重指出的是：严复之所以和康有为一样成为当时的先进中国人之一，关键就在于他认真地、有系统地翻译介绍了西方资产阶级的一些政治理论和社会学说。他的这种介绍工作，对当时中国的思想界、教育界来说是一个很大的震动，起了耳目一新的启蒙作用。正如鲁迅先生所说的，严复之所以出名，"就在他先前认真地译过好几部鬼子书"。这些"鬼子书"都是西方资本主义的哲学、政治著作，是当时所谓的"西学"，是宣传天赋人权和自由平等博爱的，与中国固有的纲常名教——"中学"是相抵触的。严复把这些"西学"和"中学"做了鲜明的对比，认为：

"中国最重三纲，而西人首明平等；中国亲亲，而西人尚贤；中国以孝治天下，而西人以公治天下；中国尊主，而西人隆民。"①

严复对西方资产阶级政治社会学说的系统介绍，及时满足了当时人们进一步寻找真理，学习西方的迫切要求，使中国广大的知识分子真正打开了眼界，启蒙和教育了大批的中国人，特别是爱国青年，拿起这些思想武器进行了反帝反封建的斗争。尤其是他所翻译的《天演论》，曾经风靡一时，从戊戌变法时期一直到五四运动前，在思想界、教育界留下了极为深刻的影响。鲁迅先生在回忆他青年时代的学习情况时曾说："一有闲空，就照例地吃侉饼、花生米、辣椒，看《天演论》。"②

三

资产阶级改良派是反对八股取士的科举制度的，他们认为它是为维护腐朽的封建专制制度服务的，这种考试制度培养和选拔出来的封建知识分子，实际都是一些"谬妄胡涂"的废物。正如严复所指出的，这些人都不过是"消磨岁月于无用之地，堕坏志节于冥昧之中"③。因此，严复对八股取士的科举制度进行了严厉的批判，并指出它所造成的祸害。

"如今日中国不变法，则必亡是已。然则变将何先？曰，莫亟于废八股，夫八股非自能害国也，害在使天下无人才。"④

接着他揭露了八股的三大祸害："锢智慧""坏心术""滋游手"。严复认为

---

① 严复：《论世变之亟》。
② 鲁迅：《朝花夕拾·琐记》。
③④ 严复：《救亡决论》。

其中的任何一害都足以灭亡中国。

所谓"锢智慧"就是指思想上的束缚;"坏心术"就是指思想上的败坏和堕落;而"滋游手"则是指滋养了一批不学无术的高等游民。

所以,严复断然指出:欲使国家富强,多出胸有实学的人才,则非"废八股,试帖,策论诸制科不可。"① 他还深信不疑地宣称:"救之之道当何如;曰:痛除八股而大讲西学,则庶乎其有鸠耳。东海可以迴流,吾言必不可易也。"② 由此可见,严复对八股取士的科举制度是十分痛恨的,迫切要求废除八股。

与其他的资产阶级改良派的代表一样,严复认为要想使中国富强,只有向西方资本主义国家学习,设立新式学堂,建立资本主义的教育制度,把资本主义国家的自然科学、工程技术和社会政治学说引入学校的课程中来。所以,他明确地指出:

"约而论之,西洋今日,业无论兵、农、工、商,治无论家、国、天下,蔑一事焉不资于学。"③

接着他举例说:"各国皆知此理,故民不读书,罪其父母。"④ 意思是说,各资本主义国家都懂得要想使国家富强,没有不实施强迫义务教育的。他又把当时的清王朝与日本做比较:"日本年来立格致学校数千所,以教其民,而中国忍此终古,二十年以往,民之愚智,益复相悬。"就是说日本积极地设立以自然科学、工程技术为主要内容的新式学校,而中国却仍然死抱着旧的封建主义教育制度不放,如此下去,人民的文化教育水平的差距自然愈来愈大了。

因而,他强烈地呼吁:"求才为学二者,皆必以有用为宗。而有用之效,征之富强;富强之基,本诸格致。"⑤ 简而言之,就是要做学问、出人才,关键在于是否"实用",它的基础必须建立在近代的自然科学之上。那么,把自然科学和工程技术之类的教学内容引入学校的课程中来就是刻不容缓的了。

"不知曲线力学之理,则无以尽炮准来复之用;不知化学涨率之理,则无由审火棉火药之宜;不讲载力、重学,又乌识桥梁营造?不讲光、电、气、水,又何能为伏桩旱雷与通语探敌诸事也哉。"⑥

在这里严复把向西方学习自然科学、工程技术和设立新式学堂的重要性和迫切性说得再也清楚不过了。

为此,在1902年,严复在《与外交报主人论教育书》中,提出了一个比较详细的学校教育制度的蓝图,并指出:"故中国此后教育,在在宜著意科学,使

---

① 严复:《原强》。
②③④⑤⑥ 严复:《救亡决论》。

学者之心虑沈潜浸渍于因果实证之间，庶他日学成，有疗病起弱之实力，能破旧学之拘挛，而其于图新也审，则真中国之幸福矣。""沈潜浸渍"是形容深入钻研的意思，好像长久浸在一种液体中的样子；"拘挛"就是束缚的意思。在这封信里，严复提倡今后中国的教育应该注重自然科学，并把它视为是解除"旧学"的束缚，解救中国危亡的唯一药方，这是严复的"教育救国论"和"科学救国论"思想的再一次流露。

在这封信中，严复对各级学校的教学内容和教学方法提出了下列的主张和要求：

初等教育："学生未进中学之先，旧学功课，十当处九。"学习的目的是执笔能为"条达妥适之文"，"而于经义史事亦粗通晓"。但也应该用明白易懂的文字翻译一些西学方面"最浅最实之普通学"作为辅助读物。对旧的教学方法也应有改革，"减其记诵之功"即减少死记硬背的方法，而"益以讲解之业"即多用讲述解释的方法。

中学教育：中学堂的功课，应以"西学"为重点，"洋文功课居十之七，中文功课居十之三"，并且还规定"一切皆用洋文授课"。

高等教育：中学堂学习四五年后，"便可升入高等学堂为预备科，三四年后，即可分治专门之业"，即学习各种专门的学科。高等教育的教学内容主要是"西学"，至于"中文"则是"有考校，无功课，有书籍，无讲席，听学者以余力自治之"，即让学生在课余时间通过自学来解决。

我们必须指出的是，严复在写这封信的时候，他的思想已经开始倒退了。他把争取"自由""民权"的资产阶级民主政治要求放弃了，而强调只有"教育"才是当务之急。在他的学校教育制度的蓝图中，"旧学"在课程中仍占有相当大的比重，尤其是在初等教育阶段。从这里可以看出严复思想的不彻底性和软弱性。尽管如此，但是从总的倾向来说，他坚持在学校教育的课程设置中学习"西学"的方向是没有改变的。

及至辛亥革命以后，严复作为一个时代的落伍者，竟在政治上赞成帝制，思想上转向尊孔读经，说什么："中国目前危难，全由人心之非，而异日一线命根，仍是数千年来先王教化之泽……回观孔孟之道，真量同天地，泽被寰区。"[1] 他越来越赞扬和推崇"先王之教""孔孟之道"。一个早年曾热情相信过、宣传介绍过资本主义科学文化和社会政治学说等"新学"的先进启蒙思想家，这时已完全投身到封建主义文化的怀抱中去了。由于严复是民族资产阶级上层的思想代表人物，他

---

[1] 严复：《与熊纯如书》。

的这种转变具有其阶级和历史的必然性，这是毫不奇怪的。

四

严复不仅提倡学习西方的科学知识，而且还重视西方科学家研究学问的方法。他指出西方科学家研究学问的根本精神不外"实"和"用"两个方面，就是根据客观事实探求真理的态度和学以致用的研究精神。他在《原强》一文中引用了赫胥黎的话"以宇宙为我简编，民物为我文字"来说明研究学问必须以客观的自然现象和社会现象为研究对象。只有从客观现象中研究得来的知识，才是真正的知识——"真学"，他还赞美西方科学家研究自然科学都是以实验方法为基础的，通过客观事实的普遍证明，然后建立公理或原则。他说：

"西学格致……一理之明，一法之立，必验之物物事事而皆然，而后定之为不易，其所验也贵多，故博大。"①

严复当时所传播的这种初步具有科学观点研究学问的思想方法启发了当时中国的学术界、教育界和不少的知识分子，使其耳目为之一新。

以这种观点为指导，严复驳斥了那种认为中国的聪明才智"运于虚"，西方则"寄于实"的肤浅说法，他指出问题不在虚实，"中国虚矣，彼西洋尤虚"，西方近代以来讲求"致思穷理"的理论科学看来很"虚"，但"学问之士，倡其新理，事功之士，窃之为术，而大有功焉"②，那就是说，以新的科学的方法论为指导，它对于自然科学理论和工程技术的研究是有促进作用的，它对近代资本主义的发展是有功劳的。

所以，严复高度评价了培根在科学史上的功绩，说近代"二百年学运昌明，则又不得不以柏庚氏之摧陷廓清之功为称首"③。严复这里所推崇的是培根的归纳法，即从具体的实验材料归纳上升为理论，这种唯物主义的科学方法，对摧毁清除唯心主义的认识论起了很大的作用。

那么"旧学"，尤其是当时支配学术界、教育界的程朱理学到底是什么呢？严复深有感慨地说：

"回观中国则何如？夫朱子以即物穷理释格物致知，是也；至以读书穷理言之，风斯在下矣。"④

"即物穷理"是朱熹理学的一个术语，严复认为朱熹以"即物穷理"来解释

---

① 严复：《救亡决论》。
②③④ 严复：《原强》。

"格物致知"是对的。在这里严复没有认清朱熹所谓的"物",并不是指客观世界的物质,而是指封建主义的礼仪法度。"即物穷理"就是要人们从这些封建礼法中认识"天理",即封建主义"三纲五常"的道理。这完全是陈腐的唯心主义的一套。从上述的下半句来看,严复对于程朱"读书穷理"的主张只能给予适当的批判。他认为:不通过对客观事物的研究来探索其规律,而只在书本中讨生活,那是卑下不足道的,那就和"格物致知"的原意不符了。在这里严复戳穿了程朱理学的唯心主义实质。

接着严复又揭露了"旧学"以及它的治学方法是摧残人才,禁锢人们智慧的麻醉剂。他说:

"中土之学,必求古训。……记诵词章既已误,训诂注疏又甚拘,江河日下,以致于今日之经义八股,则适足以破坏人材,复何民智之开之与有耶?"①

"古训"就是古人的教训,就是说"旧学"的理论基础都是"先王之道""孔孟之教"这一类陈腐的东西。无论是汉学的考据,宋学的义理,以及词章、八股等都是一些"无用""无实"脱离实际的东西。严复认为:这些所谓的"学问"怎么能够起启发人民智慧,开阔人们知识眼界的作用呢?其后果只能是摧残人才和埋没人才。

严复又将"中学"与"西学"做了一番比较。他认为中国封建主义的文化学术的根本弊病是"不实验于事物,而师心自用,抑笃信其古人之说者"②。简而言之,就是不从客观事实的观察、归纳出发,也不用客观事实去验证,完全靠主观臆测或迷信古人的说法。严复这个分析和批判是很有见地和深刻的。

而"西学"则是"其为学术也,一一皆本于即物实测"③。就是说一切科学认识必须从实际观察客观事物的第一手材料出发。严复认为,这是近代科学方法的根本。他还举例说,哥白尼、牛顿等人的科学真理,就是通过事实来验证的。

在科学的方法论方面,严复特别重视归纳法。他认为西学讲"格物致知",有归纳和演绎两种方法。他把归纳法称为"内籀",这个方法是从个别事物的研究中得出一般规律的。他把演绎法则称为"外籀",这个方法则是根据普遍的公例或定理,推断出个别事例。在这两种方法中,他认为归纳法是科学方法的精髓,"格致真术,存乎内籀"④。他把近代资本主义自然科学的发展,归功于培根等人"倡为实测内籀之学(即归纳法)",而牛顿、伽利略、哈维则"踵用其术,

---

①③　严复:《原强》。
②　严复:《穆勒名学》部甲按语。
④　严复:《名学浅说》。

因之大有所明"①。

严复积极地把西方的经验论和归纳法介绍到中国来，对清除"旧学"中唯心主义的治学方法的影响，是起了积极作用的，表现了中国新兴资产阶级的唯物主义认识论的进步倾向。

但是，严复的经验论和他所提倡的归纳法，也是带有极大的局限性的。他片面地强调感觉经验，轻视理论思辨，迷信归纳万能。严复和他的西方资产阶级老师斯宾塞、穆勒等人一样，由于认为超出感觉之外是不可思议、不可认识的，最后终于由不可知论走到主观唯心主义。

作为资产阶级启蒙思想家、教育家的严复，他把自己的一生（尤其是他的早期、中期）献身于译著、教育事业，介绍和宣传了一些西方的资本主义思想学说，是中国近代向西方寻找真理的先进代表人物。但是，正如毛主席所指出的："因为中国资产阶级的无力和世界已经进到帝国主义时代，这种资产阶级思想只能上阵打几个回合，就被外国帝国主义的奴化思想和中国封建主义的复古思想的反动同盟所打退了"。② 严复自己后来也变成了封建主义复古思想的俘虏，甚至后悔他当年翻译《天演论》时立论过于偏激，由一个"向西方学习"的先进分子变成了封建主义"旧学"的拥护者。资产阶级改良派中的不少人，不能随着时代的潮流前进，不愿意改变自己的改良派立场，终于从先进走向它的反面，严复不过是其中的一个典型例子而已。

（原载《教育论丛》1983 年第 1 期）

---

① 严复：《天演论》按语。
② 毛泽东：《新民主主义论》，载《毛泽东选集：第二卷》，人民出版社，1991，第 697 页。——编者注

孟子教育思想探微

孟子是我国战国时期一位著名的思想家、教育家，他是孔子的孙子子思学生的学生。他自称学习孔子是他毕生的愿望，"乃所愿，则学孔子也"①。所以他以孔子思想的继承人自居。在当时他的思想是代表了比较保守的由奴隶主世袭贵族转化过来的那一部分地主阶级的经济利益和政治要求的。因此，他虽然游历各国，游说诸侯，但是他的政治学说和主张，被认为是"迂远而阔于事情"②，而不被采纳，晚年回到故乡从事教育和著述。孟子是重视和热爱教育事业的，他把"得天下英才而教育之"③列为"君子三乐"之一。他的学生虽然没有孔子那么多，但也是"后车数十乘，从者数百人"④，规模还是不小的。他的教育思想和教育活动，不仅在当时曾起了一定的作用，并且对后世也有重大和深远的影响。他在儒家的地位仅次于孔子，被称为"亚圣"。他在教育理论和教育实践上提出了不少新鲜的见解（自然其中也有不少是糟粕）和可以借鉴的经验，不愧为中国古代著名的教育家。

---

① 《孟子·公孙丑上》。
② 《史记·孟子荀卿列传》。
③ 《孟子·尽心上》。
④ 《孟子·滕文公下》。

一

孟子是十分重视教育的作用的,他认为:"善教民爱之","善教得民心"。①实质就是说,以教育为手段,把统治阶级的政治信仰和道德规范灌输到人们的意识中去,人们自然会心悦诚服。如果再施点"仁政",由统治者给予劳动者一些小恩小惠,"五亩之宅,树之以桑""百亩之田,勿夺其时"②的最低物质生活条件,尖锐的阶级矛盾就可以得到调和。孟子为此描绘了一幅美妙的社会理想图。他说:

"谨庠序之教,申以孝悌之义,颁白者不负戴于道路矣。七十者衣帛食肉,黎民不饥不寒。"③

意思是说,好好地办些学校,反复地用孝顺父母尊敬兄长的大道理训导人们,那么大家就会敬老尊长,鬓发花白的人就不会顶着、背负着重物在路上行走了。七十岁以上的人有丝帛穿,有肉吃,一般百姓饿不着,冻不着。其实孟子的这些设想在阶级尖锐对立的社会不过是一张不可能兑现的支票。

但是,在当时来说,孟子这种重视"教化"的主张,比其他一些地主阶级思想家是看得更远一些的,因为他是从维护封建地主阶级的长远利益出发的。在保证人们最低限度的物质生活的基础上,他把教育的任务确定为"明人伦"("夏曰校,殷曰序,周曰庠,学则三代共之:皆所以明人伦也"④),他认为这是自古以来统治阶级的历史经验。所谓"明人伦",实质就是对人们实施"父子有亲,君臣有义,夫妇有别,长幼有序,朋友有信"⑤的封建主义伦常教育,并要求人们必须严格地恪守这些道德规范。"人伦明于上,小民亲于下"⑥,只要在上的统治者能够躬行人伦,在下的被统治者自然就受到他们的感化而拥护他们,那么封建社会的统治秩序就能够长久稳定。所以他说:"人人亲其亲,长其长,而天下平。"⑦孟子把这些道德准则视为维护统治阶级利益的命根子。谁破坏了君臣父子这些伦常关系,那就是犯了最大的罪过,"人莫大焉,亡亲戚君臣上下"⑧。孟学后来之所以在封建社会长期地受到尊崇,正是由于这个学说合乎封建地主阶级的政治需要。

---

①⑧ 《孟子·尽心上》。
②③ 《孟子·梁惠王上》。
④⑤⑥ 《孟子·滕文公上》。
⑦ 《孟子·离娄上》。

孟子又承袭了儒家的一贯主张，把社会上的人分成"君子"和"野人"两种。"君子"是统治"野人"的，是"劳心"的；而"野人"是供养"君子"的，是"劳力"的。他还把所谓"劳心"的剥削者依靠"劳力"的生产者养活，劳动人民供养剥削者这种不合理的现象，称之为"天下之通义"①。可见孟子这个观点完全是站在统治阶级、剥削阶级的立场讲话的。

而在教育上，孟子要培养的也正是这种为统治阶级服务的"君子"——"劳心"的精神贵族。

那么孟子要培养的"劳心者"的君子到底是怎样的一种人呢？有一次孟子的门徒公孙丑引用《诗经》中的一句话："不素餐兮！君子之不耕而食，何也？"要求他解答。意思是说：不白吃饭呀！可是君子不种庄稼却吃饭，为什么呢？

孟子回答说："君子居住在一个国家，国君信用他，那么（国家）就会太平，富足；（国君）就会尊贵而有声望。年青人跟从他，就会孝顺父母，尊敬兄长，尽忠心而守信用。什么不白吃饭，还有比这样更重要的吗？"（"君子居是国也，其君用之，则安富尊荣，其子弟从之，则孝悌忠信。'不素餐兮，孰大于是'？"②）

孟子和他的门徒的这段对话很形象地勾画了孟子所培养的"君子"就是一些专门靠劳动人民供养的剥削分子。他们学习和依靠的就是那一套封建地主阶级的所谓"治国安民"之术，并以宣扬"孝、悌、忠、信"这些道德规范来束缚人们的思想和行为。这就是"劳心者""君子"的阶级实质。

二

孟子的道德观是以他的具有唯心主义先验论色彩的"性善"说为基础的，他说："人无有不善。"③ 对于善和恶，不同阶级有不同的标准。孟子所谓的"善性"，是指人性中符合地主阶级利益的道德品质，具体地说，就是"恻隐之心""羞恶之心""辞让之心""是非之心"等"仁、义、礼、智"这些道德本性。他认为这些"善性"是先天就具有的。"仁、义、礼、智，非由外铄我也，我固有之也。"④ 它是"人皆有之"的一种"良知""良能"。这种观点自然是唯心主义的。

因为孟子认为人性生来就是"善"的，所以在教育上主张"学问之道无他，

---

① 《孟子·滕文公上》。
② 《孟子·尽心上》。
③④ 《孟子·告子上》。

求其放心而已矣"①。就是说，学习修养没有别的什么途径，不过是把丧失掉的，人所固有的"善心"寻找回来就是了。

所以，为了保存和发展这种"善性"，孟子不断地要求人们和他的门徒要注意"存其心，养其性"，加强自我修养，努力地去探求和补充内心所固有的"善端"。虽然在口头上孟子说"性善"是"人皆有之"的。但在实际上，他是把"君子"和"小人"严格区分开来的，说什么"庶人去之，君子存之"②，只有"君子"能保存、能恢复善性，而"小人"是不会保存，也不可能恢复的。这样，劳动人民就被排除在"性善"之外，它充分地暴露了孟子"性善"论的鲜明阶级性。

然而，有一点是值得注意的，孟子认为这些"善端"只不过是处于萌芽的状态，能否"扩而充之"得到良好的发展，却是受到客观条件和能否得到后天的教育所制约的。

他曾举了很多例子，例如：农业收成的好坏也可以影响着人们的道德品质，"富岁，子弟多懒；凶岁，子弟多暴。非天之降才尔殊也，其所以陷溺其心者然也"③。甚至人们的职业不同，对善恶的心情也就不一样，"矢人唯恐不伤人，函人唯恐伤人"④。孟子注意到客观条件对人们道德修养的影响，他这个认识应该是宝贵的、合理的。

他又以栽培农作物来作比喻："苟得其养，无物不长；苟失其养，无物不消。"⑤所谓"得其养"与"失其养"，对人来说，就是能否受到教育，或所受教育够不够的问题。可见孟子也承认后天的教育对于人的个性的形成和道德品质的提高是起着重大作用的。在教育工作中，外在因素与内在因素的结合和辩证统一这个客观的事实，使唯心主义的思想家也不能不重视环境和教育的作用。

由于孟子的教育指导思想是主观唯心主义的，因而他设计了花样繁多的"存心养性"的具体德育途径，什么"不动心"，"养心寡欲"呀！什么"存夜气"，"养浩然之气"呀！不一而足。其目的不外要人们不要为外物所引诱，只要努力把心中固有的仁、义、礼、智这些主观的道德精神自我扩充起来，人们的道德修养就能达到完善的境界。

怎样才能扩充"善端"和进行道德修养呢？孟子提出下列几种主要的德育方法。

（1）"寡欲"。寡欲就是要摈除外物的引诱，尽量减少自己的各种欲望，拿

---

①③⑤ 《孟子·告子上》。

② 《孟子·离娄下》。

④ 《孟子·公孙丑上》。

孟子自己的话讲就是"养心莫善于寡欲"①。这样才能使内心的善端得到保存和发展。孟子的这个观点后来被南宋的朱熹发展为"存天理、灭人欲"的道德说教。朱熹把一切符合封建制度和封建伦理纲常的东西都说成是"天理",必须保存和维护,而把一切农民革命及其为生存而提出的最低物质利益的要求统统视之为"人欲",要加以消灭。由此可见,从孟子到朱熹所宣扬的这种德育理论和方法,它的消极甚至反动的因素是十分明显的。

(2)"集义"。集义就是培养一种由"义"的道德观念和行为集合(积累)起来的,充塞天地之间、有巨大力量的,神秘的"浩然之气"。孟子说:"其为气也,至大至刚,……是集义所生者。"② 他认为有了这种气,人的每一个念头、每一种行为就都能理直气壮,符合封建道德标准的要求。但是他说的"浩然之气"不是物质性的"气",而是一种神秘的精神力量,孟子认为有了它就可以无坚不摧,无往而不胜。孟子在这里无限夸大精神、意志的作用,这无疑是错误的。

(3)"自反"。孟子要求人们要有严格的律己精神,要多注意检点自己的思想和行为。他说:"反身而诚,乐莫大焉。"③ 意思是说,能够反省自己,一切都合乎封建道德观念,那就是最大的快乐。他还倡导"闻善言,则拜","有过则喜","过则改之"。④就是说在道德修养上要人们注意改正自己的过失,勇于抛弃自己不正确的东西和乐意接受别人的批评,他认为在处理人与人的关系上,应该遵循对自己多"反求诸己",对别人则应"与人为善"⑤。上述孟子的这些德育观点和方法,后来都成为我国古代德育思想中的著名格言,被认为是一种美德。

(4)意志锻炼。孟子认为一个人如果想成大事负重任,必须在艰难困苦的环境中,经过多方面的磨炼、挫折和深刻的教育,才能成长为百折不挠的、经得起考验的人才。他说:

"故天将降大任于是人也,必先苦其心志,劳其筋骨,饿其体肤,空乏其身,行拂乱其所为,所以动心忍性,曾益其所不能。"⑥

孟子认为只有这样的刻苦锻炼,才能培养人们的坚强意志,成为一个"富贵不能淫,贫贱不能移,威武不能屈"的大丈夫。除了关于"天"的说法外,孟子关于意志锻炼的精神是积极的,特别是他指出"逆境"或"艰苦的环境"对

---

① 《孟子·尽心下》。
②④⑤ 《孟子·公孙丑上》。
③ 《孟子·尽心上》。
⑥ 《孟子·告子下》。

于人的考验和人能否"自寻苦吃"、自我磨炼的观点是发人深思的，直到今天仍有借鉴的意义。

最后，孟子提出道德修养的最高境界。他认为作为一个封建主义的卫道者，必须坚定不移地笃信封建地主阶级的政治信仰和道德规范，要有为"正义"而献身的高尚气节。他说："生，亦我所欲也；义，亦我所欲也。二者不可得兼，舍生而取义者也。"① 孟子的"舍生而取义"和孔子的"杀身以成仁"一样，后来都成为中国长期封建社会统治阶级要求人们必须遵守的最高道德气节，它也是统治阶级实施德育企求达到的理想目标。

三

在教学思想和教学经验方面，孟子的见解由于受到主观唯心主义的影响，自然不可避免地夹杂着一些糟粕。但是事物总是一分为二的，因为孟子具有丰富的教学实际经验，所以他从中又概括出来不少有益的见解。

在教学或学习过程的理论上，他主张："君子深造之以道，欲其自得之也。自得之则居之安，居之安则资之深，资之深则取之左右逢其源。故君子欲其自得之也。"② 孟子这个教学或学习过程的公式，强调了人们必须刻苦思虑，才能深切体会，融会贯通，在这个基础上知识才能巩固，贮积深厚，从而达到取之不尽、运用自如的地步，这些观点无疑是十分深刻的。

问题在于孟子所主张的"自得""思则得之"是脱离客观实际，排斥感性认识的。他说："耳目之官不思，而蔽于物。"③ 这就是说，耳目的感觉器官是认识客观事物的障碍，认识不开始于感觉经验，排斥了感性经验在认识中的作用，这样一来，孟子的"思"就成为无本之木、无源之水，完全把感性认识和理性认识割裂开来，变成了一种脱离实际的苦思冥想。

但是对于处理教学过程中教与学的关系，孟子却提出了一些发人深思的见解。他说："羿之教人射，必志于彀，学者亦必志于彀。大匠诲人，必以规矩，学者亦必以规矩。"④ 这就是说，教师教人必须确立一个准则，正如学射箭必须先学会把弓张满，学工必须先学会运用画方圆工具的技巧。这是教与学两方面都必须遵循的共同的学习准则，这个准则是不能因学的方面笨拙而任意改变的（"大

---

①③④ 《孟子·告子上》。
② 《孟子·离娄下》。

匠不为拙工改废绳墨，羿不为拙射变其彀率"①。孟子又指出教的方面只能指导学者掌握如何运用工具的法则，但却不能使学者灵巧（"梓匠轮舆，能与人规矩，不能使人巧"②）。

孟子还进一步把教与学两方面的任务很形象地用下列的比喻表述出来，这个比喻深刻而概括地揭示了"教"与"学"这两个方面活动的实质。"君子引而不发，跃如也；中道而立，能者从之。"③教者虽然张满弓，却没有发箭，但是怎样瞄准靶子，保证必然命中的巧妙而生动的思想活动和动作，已经活跃地充分表现出来。教者之所以"不发"，就是因为不能包办代替学者的思想活动和实际操作，掌握它的要领就需要学者在自己的实际操作中灵活体会。而教者只要"中道而立"，既不偏高，也不偏低，来指导学习者，那么凡是具有学习能力的人，都是能够努力跟得上的。

孟子关于教与学的观点是与他的教学认识过程，强调"自求""自得"即要求学生自己探索和领会的观点密切联系的。他强调学生的独立钻研这一点是好的，但他却提倡教师只能当一个引路人，不大主张教师在教学过程中积极起主导作用。所以，他说："人之患在好为人师。"④ 意思是说，人的毛病在于喜欢做别人的老师。这句话，虽有批评那些自以为是、"好为人师"的人的意思，但是，它包含了孟子忽视教师主导作用的一方面，这个看法无疑是片面的。

在教学原则方面，孟子是中国古代比较早主张学习必须"循序渐进"的教育家。他说："流水之为物也，不盈科不行；君子之志于道也，不成章不达。"⑤他以流水作为比喻，说明学习必须循序渐进。好像流水一样，若不逐渐地积满了洼地，就不会向前流行。有志于做学问的人，亦必须日积月累，力求充实，达到一定的成就，然后才能通晓。

他还反复强调人们如果不肯按照一定的程序去学习，就急于一步登天，其后果必然是"其进锐者其退速"⑥，就是冒进得太猛的人，后退也最快，反而一无成就，所以，他又举了一个"揠苗助长"的故事，说宋国有一个人嫌禾苗长得慢，就一棵棵给拔起一点，结果禾苗都枯死了。孟子以此来说明急于求成的学习方法是"非徒无益而又害之"⑦ 的。

在教学方法上孟子继承了孔子的因材施教的传统并加以发展。他说："君子之所以教者五：有如时雨化之者；有成德者；有达财者；有答问者；有私淑艾

---

①③⑤⑥ 《孟子·尽心上》。
② 《孟子·尽心下》。
④ 《孟子·离娄上》。
⑦ 《孟子·公孙丑上》。

者。此五者，君子之所以教也。"①

就是说，有些比较优秀的学生，只要稍加引导，就会像及时的雨水滋润草木一样，很好地成长起来。有些学生是在德行方面或才能方面表现得较好的，如果再加以教育，就会成为在道德修养或知识才能上的优秀分子。对一般的学生，则可用问答的方式来解决学习上产生的疑难问题。至于一些不能直接上门受业的学生，则用"闻道以善其身"的方法进行教育。可见，为了适应不同程度和才资的学生，孟子的教育、教学方法是多种多样的。

在学习态度和学习方法方面，孟子则主张持之以恒和专心致志。他认为：学习应该像"源泉混混，不舍昼夜"②，就是说学习必须像有源的泉水一样日夜喷涌不止。他反对在学习上采取"一暴十寒"的态度，还打了一个比喻：像掘井一样，如果"掘井九仞而不及泉"③就停止进行，则无异于全功尽弃。孟子又强调学习必须专心致志，集中精力，全神贯注，然后才能有所成就。他举了两个人学下棋做例子："今夫弈之为数，小数也。不专心致志，则不得也。弈秋，通国之善弈者也。使弈秋诲二人弈，其一人专心致志，惟弈秋之为听；一人虽听之，一心以为有鸿鹄将至，思援弓缴而射之。虽与之俱学，弗若之矣。为是其智弗若与？曰，非然也。"④ 这个例子是十分生动而又具有说服力的，充分阐明了专心致志对学习的重要性。

在教学内容方面，孟子还给他的学生传授"诗""书"等古代的文化典籍。但是他又提醒学生不要过分迷信书本。他说："尽信《书》则不如无《书》。"⑤可见，孟子是鼓励和提倡学生对事物采取存疑和分析的态度的。

在治学方法上，孟子明确地提出了"由博反约"的思想。他说："博学而详说之，将以反说约也。"⑥ "博"就是宽广，"约"就是简要。他认为读书求学，要在广泛学习知识，详尽细致地研究的基础上，加以融会贯通，然后归纳起来，得其要领，取其精粹，做到"由博反约"。

孟子上述的教学思想和教学方法包含有很多的合理因素，它对于我们今天的教学工作仍是有所启发和借鉴的。我们应该把孟子教育思想中的唯心主义糟粕和值得吸取的精华区别开来。

（原载《华南师范大学学报》1983年第4期）

---

①③ 《孟子·尽心上》。
②⑥ 《孟子·离娄下》。
④ 《孟子·告子上》。
⑤ 《孟子·尽心下》。

论康有为、梁启超在中国近代教育史上的贡献

在维新变法运动时期，资产阶级维新派在文化教育领域里也提出了一系列与他们的政治主张相适应的思想主张。他们把教育改革作为实现他们政治理想，挽救民族危亡的重要手段。他们的教育思想和活动，集中地反映了他们改革腐朽的封建主义文化教育的迫切要求和建立先进的资本主义教育制度的强烈愿望。

康有为和梁启超是维新变法的领导人物。他们创办万木草堂、时务学堂，在"百日维新"期间提倡一系列的文化教育改革，在传播新的教育思想和教育理论等方面都做出了重大的贡献，我们应该给予他们实事求是的评价。

万木草堂和时务学堂

万木草堂，1891年创设于广州长兴里，是康有为讲学的场所。当时的学生陈千秋、梁启超、麦孟华、徐勤等人，后来都成为戊戌变法运动的重要人物。万木草堂实际上就是康有为培养维新变法助手和创建维新理论的基地。

康有为一反当时的传统，对教学的内容和形式进行了许多大胆

的改革，使万木草堂成为当时教育界不同流俗的生气勃勃的教育团体。他开设了下面四种课程：

（1）义理之学——孔学、佛学、周秦诸子学、宋明理学、泰西哲学。

（2）考据之学——中国经学、史学、万国史学、地理学、数学、格致学。

（3）经世之学——政治原理学、中国政治沿革得失、万国政治沿革得失、政治应用学、群学。

（4）文字之学——中国词章学、外国语言文字学。

在万木草堂，康有为与学生一起研究中国几千年来的学术源流和历代政治的沿革得失以及有关西方资本主义世界的各种知识。他讲课时"每论一学，论一事必上下古今，以究其沿革得失，又引欧美以比较证明之"①。

康有为还让一部分造诣较深的学生协助他著书。他的两部著作《孔子改制考》和《新学伪经考》就是用这种方法集体编撰出来的。

万木草堂学生的学习方法，除了听讲外，主要靠自己读书，写笔记，记功课簿。学生们在听讲、读书有心得和疑问时，都记在自己的功课簿上，每半月呈交一次。康有为就根据功课簿所反映的问题，或做批示，或做讲解，循循善诱地引导学生进行生动活泼的学习。

在教学组织方面，康有为任总教授，另从学生中选出若干名高才生作为"学长"，领导学生读书。又委任一人专管图书室，一切教学工作，井井有条。此外，康有为还要求学生练习演说，做体操和假期"游历"，这些做法在当时教育界算是新鲜的。

总而言之，万木草堂是一所由旧式书院向新式学堂过渡的学校形式。它在四年的教学过程中，培养了一批维新志士，为维新变法运动做出了一定的贡献。

1897年冬天，在谭嗣同的积极推动下，加上当时湖南巡抚陈宝箴，按察使黄遵宪和学政江标都是倾向维新的官吏，他们聘请梁启超从上海来长沙担任湖南时务学堂的总教习。梁启超运用康有为当年办万木草堂的经验，把湖南时务学堂办成当时最负盛名的一所学校。

梁启超在《湖南时务学堂学约》中提出使学者"于中国经史大义悉已通彻，根柢既植，然后以其余日肆力于西籍，夫如是而乃可谓之学"。简而言之，就是一种中学、西学兼习的教学方针。根据这个方针，他把时务学堂的课程分为"普通学"和"专门学"两大类。"普通学"设有诸子学、经学、公理学和中外史志及格算诸学，"专门学"则设有公法学、掌故学等。

---

① 梁启超：《康有为传》。

他所制定的《学约》总纲十条，即：

（1）"立志"——学者应以"立志"为尚。

（2）"养心"——养心的功课有二，即静坐和阅历，学者每日当静坐一小时或半小时。

（3）"治身"——每日就寝时，应以曾参"吾日三省吾身"的方法来检查自己。

（4）"读书"——读书则应中西兼习，专精和涉猎相结合，也就是要正确处理专精与博学的关系。

（5）"穷理"——"诸生在堂上读书，功课毕，由教习举目前事理、西书格致浅理数条以问之，使精思以对。"

（6）"学文"——学者每月应交作文一篇。

（7）"乐群"——同学之间互相观摩、学习，"上下议论，各出心得，其益无穷"。

（8）"摄生"——起居饮食要定时，注意体育锻炼。

（9）"经世"——"教习随举各报所记近事一二条问诸生以办法，使各抒所见。"

（10）"传教"——"堂中一切，皆以昌明圣教为主义。"

从这十条中可以看出梁启超的教育思想是深受儒学、佛学和西学的影响的，是比较复杂和多样的。

梁启超对学生作业的批改也十分认真，"每条或至千言，往往彻夜不寐"。他通过批改作业，对学生在作业中所表现出的某些进步观点，极力予以热情鼓励。通过时务学堂，他为维新变法培养了一批出色的人才。当时蔡锷、范源濂等人都是他的学生。唐才常则担任助教。

维新派在湖南虽然搞得有声有色，但是当时湖南的封建顽固势力也很嚣张，以大劣绅王先谦、叶德辉为首的顽固派，运用各种卑鄙的手段向维新派疯狂进攻，他们污蔑梁启超"专以无父无君之邪说教人"，使学生"误入歧途"，要把他驱逐出境，在顽固派的压力下，梁启超不能坚持，不久就离开长沙回到上海。

"百日维新" 的教育改革

在维新变法运动期间，维新派与顽固派在文化教育领域里展开了激烈的论战；论战的中心就是科举与学校之争，中学与西学之争。

"变科举"的目的在于反对封建主义的文化教育制度；而"兴学校"的目的

则在于发展资本主义的教育制度。这是资产阶级维新派在文化教育领域里实现变法的两个基本的和互相联系的思想和政策。

资产阶级维新派清楚地知道，要实行维新变法，要发展资本主义的经济和文化，依靠那些从八股取士中培养选拔出来的"摇头顿足，高吟低咏，惟腐烂文数篇"的封建知识分子是决不能成事的。因此，他们迫切要求培养和选拔一批新的人才。创新必先除旧，所以破除以八股文为支柱的科举考试制度和封建主义教育，使广大的知识分子从中解放出来，这就是摆在资产阶级维新派面前的重要任务。康有为在上书光绪帝《请废八股试帖楷法试士改用策论折》里指出："今变法之道万千，而莫急于得才；得才之道多端，而莫先于改科举。"

在批判科举制度的同时，康有为提出"兴学校"的主张。他在《请开学校折》中认为：废八股，比如治病，是"以吐下而去其宿疴"，是消极的；而"兴学校"则被比喻为"宜急补养，以培其中气"，是积极的。并且在这个奏稿中康有为对普及教育，采用资本主义国家的学制，由国家设立各级各类学校等提出了一系列的建议。

梁启超同康有为一样，也曾向光绪皇帝建议："将下科乡会试，及此后岁科试，停止八股试帖，推行经济六科，以育人才而御外侮。"[①] 梁启超又认为："变法之本，在育人才；人才之兴，在开学校。"[②] 这就是说，中国欲求富强，进行资本主义的改革，它的根本之途必须从实行资本主义的教育制度入手。

资产阶级维新派对科举制度的揭露批判，使人们目八股取士为腐朽的东西。虽然在变法失败后，顽固派曾一度恢复八股，但由于社会风气已开，大势所趋，后来科举终于废止了，正如维新派人士欧榘甲所描绘的："斯时智慧骤开，为万流滷沸，不可遏抑也。及政变而八股复矣，然不独聪明英锐之士，不屑再腐心焦脑，以问津于此亡国之物，即于高头讲章，舌耕口穑数十年，号为时艺正宗者，亦谓诵之无味，不如多阅报之为愈矣。"[③] 这种风气的改变确是康有为、梁启超等资产阶级维新派在中国近代教育史上不可泯没的一件功劳。

中学与西学之争也是十分激烈的。封建顽固派激烈地反对西学，他们"恶西学如仇"和视之为"奇技淫巧"，谁提倡西学，就给谁扣上"乱臣贼子"或"离经叛道"的帽子。他们维护中学，鼓吹"明教正学"，所谓"明教正学"，就是"明"封建纲常之"教"，"正"孔、孟儒家之"学"。

---

① 梁启超：《公车上书请变通科举折》。
② 梁启超：《论变法不知本原之害》。
③ 欧榘甲：《论政变为中国不亡之关系》。

资产阶级维新派则认为：要维新，只有学习西方。他们宣称：处在"列国竞争之世"的中国，除了学习资本主义国家的社会政治学说和自然科学技术外，是没法富强起来的。他们要求通过各种途径把西学引进到中国来。

康有为在《上清帝第二书》中说："凡天文、地矿、医、律、光、重、化、电、机器、武备、驾驶，分立学堂，而测量、图绘、语言、文字皆学之。"同时，在《请开学校折》中他更具体地建议把上述的科学技术列入各级各类学校作为教学内容，并要求增设"书图仪器、以博见其闻"，聘请"鸿博硕学专门名家，以得其指导"，这样一定能达到"诸学并立，大学岿然，人才不可胜用"的目的。康有为的上述主张，对当时和后来学校教学内容的革新起了重大的影响。

除了在国内兴办学校以外，康有为还建议派人到先进的资本主义国家考察、留学和翻译外国书籍，把资本主义国家的科学技术介绍到中国来，以便培养一批高级的政治、科学技术专家。

资产阶级维新派批判"中学"，提倡"西学"，给久处在闭塞发霉气氛中的中国知识界吹送过来一股新鲜的气息，使一部分知识分子的头脑清醒过来，重新认识世界。这可以说是中国近代史上一次重大的思想启蒙运动。在这一点上，以康有为、梁启超为首的维新派是有功劳的。

"百日维新"是维新变法运动的高峰。在"百日维新"期间，资产阶级维新派通过当时的光绪帝颁布了大批维新变法的诏令，除去政治、经济、军事等方面的改革外，属于文化教育方面的主要有下列各项：

（1）废除八股，改革科举制度。凡国家的会试，省级的乡试及府县的生童岁科（考秀才），旧用的八股文，一律改试策论。各级考试仍定为三场：一试历史政治；二试时务；三试四书五经。以后一切考试，取士均以讲求实学实政为主，不凭楷法（写字）好坏为取舍标准。在规定的考试外，又开设经世致用学问的"经济特科"考试，选拔新政人才。

（2）在北京设立京师大学堂（北京大学前身），将原设的官书局和译书局并入大学堂。大学堂在课程方面采取中西并重的方针，并把课程规定为普通学和专门学两类。京师大学堂的任务规定为：不仅是各省学堂的表率，而且还有统辖各省学堂的大权。

（3）筹办高、中、小各级学堂。各地旧有的大小书院，一律改为兼习中学和西学的学堂：省会的书院改为高等学堂，府城的书院改为中等学堂，州县的书院改为小学堂。地方捐办的义学、社学，亦令中西兼习，奖励绅民兴学。中学应读之书由官书局颁发，民间祠庙不在祠典者，由地方官晓谕，一律改为学堂。

（4）筹备设立铁路、矿务、农务、茶务、蚕桑、医学等专门学堂。

（5）建立译书局，编译学堂，编译外国书籍。

（6）改《时务报》为官办，鼓励自由创立报馆、学会。各省士民著作新书，创行新法，制成新器，合于实用的，均给奖赏，或量才授予实职。

（7）派人出国游学。由各省督抚就学堂中挑选聪颖学生有志深造者，派赴日本游学。

这些改革体现了新兴的资本主义要求发展的愿望，深受当时的民族资产阶级和开明地主的拥护，对广大的青年知识分子也起了很大的鼓舞作用。这些改革随着维新变法的失败，也都备受摧残，除京师大学堂外全部新法被顽固派所推翻。但是顽固派却取消不了新旧斗争而产生的思想影响。正如梁启超在《戊戌政变记》中所说的："政变以后，下诏废各省学校，然民间私立者尚纷纷出现，亦由民习已开，不可抑遏。"可见，历史发展的潮流是无法阻挠的。后来在1901—1905年，清政府的统治力量受到了严重的打击，为了欺骗人民和取得民族资产阶级对它的支持，不得不陆续采取了废科举、令各省设立学堂等措施，这也是与前一个阶段资产阶级维新派的努力分不开的。因此，维新派在文化教育领域里勇于改革的精神和在中国近代教育史上所起的进步作用是应该肯定的。

先进的、新颖的教育理论和方法

康有为在《大同书》中构造了一个"大同"社会理想的蓝图，并提出了一套新颖和理想的教育思想，这些思想也很能反映维新派的教育主张。

"大同"社会设有"育婴院"，对儿童实施学前教育，儿童入院后，皆由公家抚养。"育婴院"的地址应设在"楼居少而草地多"空气清新的地方，并且应"多植花木，多畜鱼鸟"，以便培养和陶冶儿童的"仁心"。在"育婴院"阶段，教育的重点是"务令得宜以壮儿体"即保证儿童的身体得到健壮的发展。

在"小学院"阶段，儿童身心正处于发展时期，"童幼之性尤好跳动，易有失误，盖未至自立自由之时，故嫩稚也"。所以，对儿童的起居、饮食、衣服、游戏等都要妥善安排，应做到"固不可多束缚以苦其魂，亦不可全纵肆以陷于恶"。这个时期的教育重点放在"养体为主"，即把体育、健康放在第一位，"而开智次之"，即把智育放在第二位，"令功课稍少而游嬉较多，以动荡其血气，发扬其身体"。

"中学院"阶段，对于人的一生是至关重要的。"人生学问之通否，德性之成否，皆视此学龄"。"中学院"的校舍应该宽广，清爽，设备齐全，应设有食堂、图书馆、体育场、实验室等，使学生能够有一个学习、运动、休息和实习、实验研究的良好场所。这个时期的教育，根据学生"脑气未充，身体尚弱"的年龄特点，教育除"养体开智以外，又以育德为重"，就是说除陆续进行体育、智育外，重点应该放在加强德育上。

"大学院"阶段，由于"大学皆专门之学，实验之学"，所以高等教育的目标在于对学生实施专业知识的教育并培养各行各业的专业人才。大学阶段，除对学生实施德育、体育外，应"专以开智为主"即把智育放在第一位。这个时期的智育就在"人人各从其志，各认专门之学以就专科之师"，由学生按照自己的志愿，选择自己的专业，由各门各类学科的教授、专家传授专业知识。

康有为的这些教育理想，实质是以资本主义的教育制度为蓝本而加以理想化，使它带上空想的社会主义色彩。这个教育理想在当时的中国社会历史条件下自然是不能实现的。但是它在中国近代教育史上却是光辉夺目的。

第一，他设计了一套从学前教育、小学教育、中学教育直至高等教育的学校教育制度，这个制度前后衔接一贯，并且人人都得到普遍的受教育的机会，男女也都平等地享受受教育的权利。康有为这种对学制设计得如此系统和完整的教育思想以及他的教育民主化的观点在当时的中国应该说是最先进的。

第二，他十分重视青少年的身心协调发展，认为在德、智、体诸方面都应该得到兼顾。他主张在不同的学龄阶段必须重点地突出某一个方面。这个观点是否恰当，是可以讨论的。而他提出的实施多方面教育的思想在中国近代教育史上不仅是新颖的，而且是开风气之先的。

第三，他主张实施教育、教学要注意学生的年龄特点，尤其是他对学前教育的注重，从幼儿的穿衣、吃饭、游戏、唱歌到看图识字都有详细的规定，使一切都能做到与幼儿的身心发展相适应。康有为这个思想是符合教育、教学的客观规律的。

第四，康有为对校舍的设置及环境的美化，对注重实学、实验等都提出了许多卓越的见解，这些意见在当时来说都是令人耳目一新的。

提倡女子教育和师范教育，康有为和梁启超在中国近代教育史上也是居于先进的行列的。康有为早年就主张女子放足以重健康。1898年他在《请禁妇女裹足折》中痛陈裹足恶俗的弊端，为妇女放足而呐喊："女子何罪，而自童幼加以刖刑，终身痛楚，一成不变，此真万国所无。"他强烈主张："其已裹者，一律宽解"；如有违者"重罚其父母"。

后在《大同书》中他则提倡男女平等自由。他说，"女子有独立权，一切与男子无异"，"宜先设女学，章程皆与男子学校同"，"学问有成，许选举、应考、为官、为师；但问才能，不加禁限"。

在选择师资问题上康有为也很重视妇女的地位。他认为"育婴院"的教师应该全部由妇女担任，因为"男子心粗性动而少有耐性，不若女子之静细慈和而有耐性也"。"小学院"的领导和教师也应该全部是妇女。最好选择"德性仁慈，威仪端正，学问通达，诲诱不倦者"来担任。在"中学院"则"不论男女皆得为师，惟才德是视"。而"大学院"的教师则"不论男女，择其专学精深奥妙实验有得者为之"。在当时封建主义"男尊女卑"，"女子无才便是德"的思想还占统治地位的条件下，康有为这样重视妇女地位的思想，不仅是先进的，而且是十分有胆识的。

和康有为一样，梁启超从主张男女平权，解放妇女的立场出发，积极提倡女子教育。他说："男女平权，美国斯盛；女学布濩，日本以强。"①

为了实现他对女子教育的主张，他曾计划先在上海创办一所女子学堂，然后逐步推广到各省府州县。为此，他写了一篇《倡设女学堂启》，并附有《女学堂试办略章》于后，他对"女学堂"的办学宗旨、课程设置、管理制度等方面都有明确的规定。

为了改革和发展教育事业，必须有足够数量和质量的各级各类学校的师资。他曾有"师范学堂不立，教习非人"②的感慨，为此，梁启超极力提倡师范教育，并把它当作是"群学之基"，即各类学校的基础，并且说："欲革旧习兴智学，必以立师范学堂为第一义。"③ 在他设计的《教育制度表》里就包括有从"寻常师范学校"到"高等师范学校"，直到"师范大学"的比较完整的师范教育系统。梁启超视师范教育为学校教育的"母机"，这个观点不仅是宝贵的，而且表现了他对发展教育事业必须抓住关键环节具有长远的眼光。

梁启超在中国近代教育史上另一个重要的贡献，就是他重视教学法的改革，在介绍西方资本主义的教学法方面他可以说是一个创导者。他曾对两种不同的教学法进行了比较，对中国传统的教学法深为不满，他认为旧的教学法是"导之不以其道，抚之不以其术"。简而言之，就是不甚得法，尤其是对旧学校采取体罚更为深恶痛绝。他指出："今之教者，毁齿执业，鞭笞觥挞，或破头颅，或溃血肉。……何物小子，受此苦刑。"结果使学生视学校如囚牢，畏教师如狱吏。因此，他大声疾呼："非尽取天下之学究而再教之不可。"强烈要求对这种残酷的教学法进行彻底的改革。

---

① 梁启超：《倡设女学堂启》。
② 梁启超：《学校总论》。
③ 梁启超：《论师范》。

他又对西方资本主义国家优秀的教学法做了比较详尽的介绍：西洋学校的教学是"先识字，次辨训，次造句，次成文，不躐等也。识字之始，必从眼前名物指点，不好难也。必教以天文、地学浅理，如演戏法，童子所乐知也。必教以古今杂事，如说鼓词，童子所乐闻也。必教以数国语言，童子舌本未强，易于学也。必教以算，百业所必用也。……必习音乐，使无厌苦，且和其血气也。必习体操，强其筋骨，且使人人可为兵也"[①]。

梁启超所介绍的先进的教学法，与旧的教学法相比较不仅具有很大的优越性，更重要的是它在某种程度上符合了教学的客观规律。以下几点是值得我们批判地吸收的。

（1）教学要由浅到深、由易到难，循序渐进，不可躐等。
（2）要重视实物教学、直观教学，使学生容易接受知识。
（3）要从小及早给学生传授自然科学和社会科学的初步知识，以扩大学生的知识眼界。
（4）要从小学起教儿童学习外国语，效果较好，容易上手。
（5）要授以音乐、体育课程，使儿童的身心获得和谐的发展。

梁启超所介绍的先进教学法，好像一股新鲜的空气，使一些久受封建主义旧教育传统思想束缚的人，头脑为之清醒一新。仅就这一点来说，梁启超不愧是中国近代教育史上最早系统提倡教学法的教育家。

康有为和梁启超在教育理论和教育实践上确实做出了重要贡献，起了"陈其利害，广其见识，发其神思，开其风气"的启蒙宣传作用，对当时的思想界、教育界产生了重大的影响。现在我们应该以马克思主义历史唯物主义的观点为指导，正确地评价其在中国教育史上的地位。

（原载《教育研究》1983年第10期）

---

① 梁启超：《论幼学》。

1984

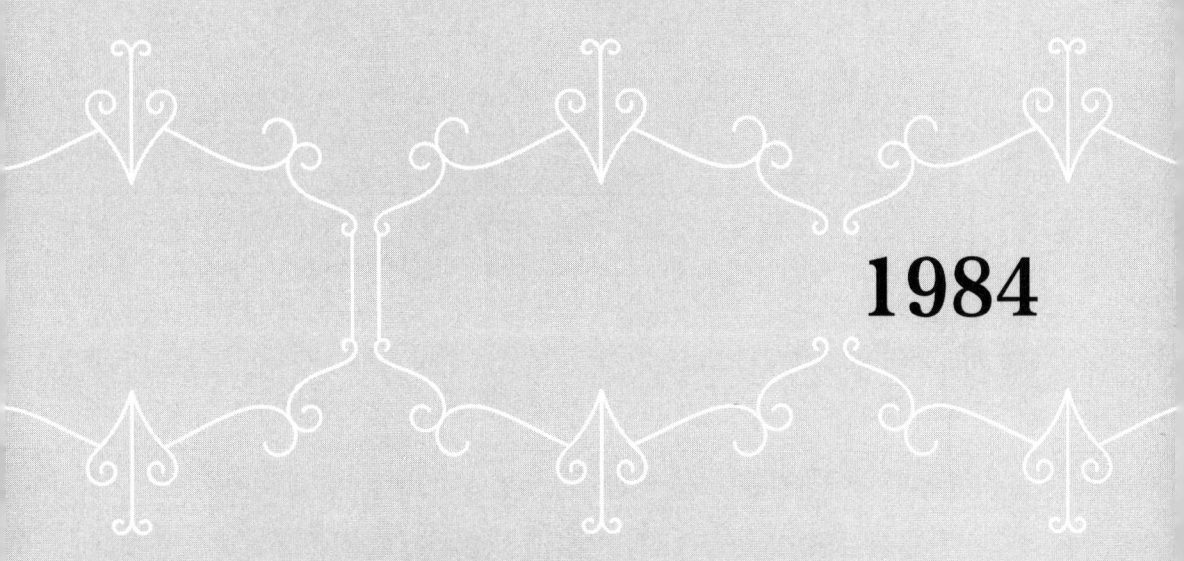

重营旧馆喜初成　要共群贤听鹿鸣
　　——朱熹的学术渊源和教育活动述略

朱熹，字元晦，号晦庵，生于公元1130年（高宗建炎四年），死于公元1200年（宁宗庆元六年），祖籍婺源（古属安徽徽州，今属江西婺源县）。朱熹是宋代理学的集大成者，他是中国古代最大的唯心主义哲学家之一，同时也是中国古代教育史上极有影响的著名教育家。

一

朱熹哲学思想和教育思想的形成是与他的家庭教育和社会关系相联系的。

朱熹幼年时期，父亲朱松对朱熹的教育是非常严格的。朱松是二程的再传弟子罗从彦的学生，和二程的三传弟子李侗为同学。朱松用正统的二程思想教育朱熹，这对朱熹的思想发展有重要的影响。朱熹从小就埋头诵读儒家经典。八岁时读《孝经》，在书上写道："不若是，非人也。"十岁左右读《孟子》，当读到"圣人与我同类者"一句时，高兴至极，从此决意学做圣人。可见在幼年时期朱熹接受的是正统的儒学教育。

当朱熹十四岁时，朱松病死，少年丧父。朱松死前把家事托付给刘子羽，并对朱熹说：

"籍溪胡原仲、白水刘致中、屏山刘彦冲，此三人者，吾友也。其学皆有渊源，吾所敬畏。吾即死，汝往父事之，而惟其言之听，则吾死不恨矣。"①

父亲去世，朱熹遵从遗嘱，从学于胡原仲、刘致中、刘彦冲三人。二刘、胡三人都是信仰程学的理学家。所以，他们对朱熹的教育，主要是儒家的重要经典。朱熹在这方面的回忆是很多的，如"某年十五、六，读《中庸》"，"某年十七、八岁，读《孟子》"，"初看子夏先传后卷一章，凡三、四夜，穷究到明"。②

但是，二刘、胡三人除热衷于程学外，他们对佛学唯心主义也有强烈的兴趣，因而朱熹也受到佛老的影响。朱熹在回忆他年轻时的学习经历时也曾提到这一点。"某旧时，亦要无所不学，禅、道文章，楚词、诗、兵法，事事要学，出入时无数文字。"③"禅"指的是佛学，"老"指的是老、庄。可见年轻时代的朱熹所涉猎的知识领域是很广阔的，有一股强烈的求知欲望和好学精神。

公元1153年（绍兴二十三年），朱熹二十四岁，在赴任同安主簿时，至福建延平（今南平）见李侗。李侗曾和朱松一起受教于杨时的弟子罗从彦，也是程颐的再传弟子。这次见面，李侗不赞成朱熹学佛学，对李侗的这种批评，开始朱熹是不愿接受的。朱熹说：

"心疑而不服。同安官余，以延平（李侗）之言，反复思之，始知其不我欺矣！"④

朱熹在同安做官四年期间，反复思考李侗的言论，最后觉得有道理。公元1158年（绍兴二十八年），朱熹二十九岁，同安任满回崇安时，再次去延平见李侗，对李侗的一套学问逐渐感兴趣。

公元1160年（绍兴三十年），朱熹决心向李侗求学。为了表示诚敬，他步行几百里，从崇安到延平。从此，他们经常在一起研究学问，李侗要朱熹只看"圣贤言语"，专心致志于儒学的学习和钻研。

朱熹对这段时期的学习情况是这样记载的：

"李先生为人简重，却是不甚会说，只教看圣贤言语。某遂将那禅来权倚阁起。意中道，禅亦自在，且将圣人书来读。读来读去，一日复一日，觉得圣贤言

---

① 《朱文公文集》卷九十。
②③ 《朱子语类》卷一〇四。
④ 《延平答问》卷上《赵师夏跋》。

语渐渐有味。却回头看释氏之说，渐渐破绽，罅漏百出。"①

"某少时未有知，亦曾学禅，只李先生极言其不是，后来考究，却是这边（指儒学）味长，才这边长得一寸，那边便缩了一寸，到今销铄无余矣，毕竟佛学无是处。"②

此后，朱熹就着力于以儒学为主体来构造他的唯心主义体系。但是，他并没有抛弃佛学，而是将它熔铸进去了。

李侗非常满意朱熹这个学生，他称赞朱熹"进学甚力，乐善畏义，吾党鲜有。晚得此人商量所疑，甚慰"③。后来的事实证明，朱熹不仅继承了他的学说，而且大大地超过了他。

朱熹的唯心主义理学思想体系是以儒学为主体，并吸取佛、道思想建立起来的新儒学。朱熹新儒学理论体系的形成，既适应了南宋统治集团强化思想统治的需要，也集中地体现了魏晋以来儒佛道这些唯心主义思想体系在被封建统治阶级利用的历史过程中相互渗透和相互补充的结果。

朱熹恪守他的老师李侗的教诲，认为："当今之世，欲成大事，只有恪守孔孟教义，守道循理，专精至诚，舍三纲五常，不能治国平天下，非正心诚意，不能成大器。"④

朱熹又自称他的学术思想是继承了程颢、程颐的，并通过二程继承孔、孟道统的正传。他说："于是河南程氏两夫子出，而有以接乎孟氏之传……虽以熹之不敏，亦幸私淑而与有闻焉。"⑤ 因而可以说，朱熹的理学思想不但直接继承了二程的理学思想（后代称之为程朱理学），而且也继承、吸收和综合了中国先秦以来各种唯心主义思想的重要观点，包括他所批评的佛教唯心主义在内。所以，他是中国古代唯心主义思想集大成的人物。

首先，他的思想与孔丘的思想有直接的渊源关系。他对孔丘是极为崇拜的。他说："天不生仲尼，万古如长夜。"⑥ 例如：在社会思想上，他强调孔丘学说中严格等级制度的正名主义，极力宣扬自汉代开始流行的加强封建权力的三纲思想。他说：

"君尊于上，臣恭于下，尊卑大小，截然不可犯。"⑦

---

①② 《朱子语类》卷一〇四。
③ 《李延平文集》卷一。
④ 《朱子年谱考略》。
⑤ 《大学章句序》。
⑥ 《朱子语类》卷九十三。
⑦ 《朱子语类》卷六十八。

"三纲五常，终变不得，君臣依旧是君臣，父子依旧是父子。"①

这就是说，君臣、父子等的尊卑关系或等级关系是永远不能改变的，所以，凡是"以下犯上，以卑凌尊"，朱熹认为是绝对不能容许的。朱熹这个思想实际上就是孔丘的"君君、臣臣、父父、子子"思想的继承和发展。

朱熹又综合和发展了儒家典籍《大学》《中庸》所代表的唯心主义思想体系、道德观和教育观。朱熹对这两篇著作是极为推崇的。他说：

"孔子之所谓'克己复礼'。《中庸》所谓'致中和，尊德性，道问学'。《大学》所谓'明明德'。《书》曰：'人心惟危，道心惟微，惟精惟一。'允执厥中，圣贤千言万语，只是教人明天理，灭人欲。"②

朱熹为了继承和发扬孔儒之学，把孔孟学说的经典性著作集中编为《四书》（即《论语》《孟子》《大学》《中庸》）并精心加以注释，为此，他是花费了一番心血的。朱熹用了四十多年的时间反复修改《论语集注》和《孟子集注》，临死前还在修改《大学章句》。他说：

"熹于《论》《孟》《大学》《中庸》，一生用功，粗有成说。然近日读之，一、二大节目处，犹有谬误，不住修削。"③

朱熹的《四书集注》，抛开了汉儒注经的传统，重在义理，不重训诂，将孔孟的思想纳入理学的轨道。所以他的《四书集注》实际上是在孔孟儒学的基础上宣扬他的理学体系——新儒学。

从朱熹的教育观来看也是这样。他亲手制订的《白鹿洞书院学规》，对教育目的、训练纲目、为学之序、修身处事、接物之要，一一详为列出，揭示给学生。从《学规》中就可以看出朱熹的教育思想与孔孟儒学的密切关系。

兹录《学规》原文如下：

"父子有亲，君臣有义，夫妇有别，长幼有序，朋友有信。

右五教之目。尧舜使契为司徒，敬敷五教，即此是也。学者学此而已。而其所以学之之序，亦有五焉，其别如左：

博学之，审问之，慎思之，明辨之，笃行之。

右为学之序。学、问、思、辨四者，所以穷理也。若夫笃行之事，则自修身以至处事、接物，亦各有要，其别如左：

言忠信，行笃敬，惩忿窒欲，迁善改过。

---

① 《朱子语类》卷二十四。
② 《朱子语类》卷十二。
③ 《朱文公文集》卷五十三。

右修身之要。

正其谊不谋其利，明其道不计其功。

右处事之要。

己所不欲，勿施于人。行有不得，反求诸己。

右接物之要。

朱熹所制的"学规"中所列的教育条目，条条都是出自儒家经典或儒家大师的语录。有些是来自《尚书》《易经》《中庸》；有些就是孔丘、孟轲、董仲舒的言论和思想。由此可见，朱熹理学（包括他的哲学思想、教育思想等）的基础和本质是孔孟儒学，他的学说是孔孟思想的继承和发展。

在朱熹的理学中也可以清楚地看到道学和佛学的影响。

朱熹本人以及他师仰的北宋二程都曾自述："出于老释者几十岁"，"虽释老之学必究其归趣"。他们所指的"老"即老庄的道学，"释"即佛学。朱熹在哲学思想上吸收了道家"有生于无"的观点，发展成了系统的唯心主义思想。朱熹在表面上不遗余力地攻击佛教，但他又吸取了佛教教义中某些思想来补充自己。例如：他在阐明他的基本命题"理一分殊"时，就引用佛教禅宗的"一月普现一切月，一切水月一月摄"来说明"理"与万事万物的关系。从朱熹的教育观来看，他的"豁然贯通"说，虽然其前提是"积习既多"，但是仍然可以看出它受到佛教"顿悟"说的影响。他极力宣扬的"存天理、灭人欲"的教育宗旨，虽然是渊源于孔丘的"克己复礼"，"非礼勿视，非礼勿听，非礼勿言，非礼勿动"的礼教绳索，但他也吸收了佛教的禁欲主义精神。在道德修养方法上，朱熹主张"主敬"，朱熹说"主一无适之谓敬"，它与佛教的"一心""住念""无慢怠"的意思是相通的。

朱熹理学最主要的特点是把儒学进一步哲理化，为巩固封建专制制度提供新的理论根据。他又吸取了道教、佛教的思想资料，使之更加精致和细密。

二

朱熹十九岁时考取了进士，取得了最高的学衔，但是他并不满足于自己的学问，进一步把精力用在钻研"义理"上面，直到他通晓透彻为止。他曾说："某从十七八岁读至二十岁，只逐句去理会，更不通透。二十岁已后，方知不可恁地读，元来许多长段都自首尾相照管，脉络相贯串，只恁地熟读，自见得意思。从此看《孟子》，觉得意思极通快。"①

朱熹总结了他以前学习贪多嚼不烂的经验教训。在二十岁以后，朱熹的学习态度和方法有了很大的转变，要求自己做学问务求融会贯通，有时为了搞透一段文字的"义理"，往往彻夜不寐。

嗣后五十年中，朱熹曾任福建同安主簿，知江西南康军，又任提举浙东常平茶盐，并知福建漳州，湖南潭州，先后凡五任，约计十四年。后又做过南宋宁宗（赵扩）的侍讲，计四十日，其余大部分时期，都是私人著述、讲学、从事教育活动。就算是从政做官期间，他每到一处，除了处理政事以外，经常提倡设立书院和州县地方学校，自己还参加讲学，同时对一般民众做些宣传"教化"的工作。可见他对封建主义的教育事业是十分热心的。

公元1153年（绍兴二十三年），朱熹二十四岁，出任福建同安县主簿。在宋代，主簿是协助县令管理簿书、赋税、教育等事务的官吏。朱熹对这一职务很尽责，经常查对赋税的出入簿册。每到税收时，先期贴出榜文，限期完纳，如果过期不交，就要严厉处罚，可见他是一个效力于宋王朝的忠实官吏。在这期间，他对同安县学进行了整顿。王懋竑编著的《朱子年谱考异》记载：

朱熹"秋七月至同安。……职兼学事，选邑之秀民充弟子员，访求名士以为表率。日与讲说圣贤修己治人之道。年方逾冠，闻其风者，已知学之有师而尊慕之"。

朱熹的所谓"修己"，指的是个人的道德修养；所谓"治人"，指的是统治人民。他要生员学习的是"正心诚意"等一套儒学。

与此同时，他整理和搜集藏书，成立"经史阁"，解决师生缺乏图书的困难；并取《周礼》《仪礼》《唐开元礼》《绍兴祀令》，相互参考，绘成礼仪器用衣服等图，要学生"朝夕观览"，以备祭礼时使用。②

朱熹为了维护封建礼教，对于同安县人民由于"贫不能聘"而沿袭下来的"引伴为妻"的风俗习惯，认为是"乖违礼典，渎乱国章"，要严加禁止。朱熹认为婚姻之礼，关系到"别男女，经夫妇，正风俗而防祸乱之原"③。从上面几件事可以见到朱熹是如此的热衷于提倡儒学，维护封建礼教和纲常，以巩固封建统治秩序。

尽管是从政做官和在学术上有了一些基础，但是朱熹对自己要求比较严格，

---

① 《朱子语类》卷一〇五。
② 参见《朱子年谱》卷一上。
③ 《朱文公文集》卷二十。

他一方面孜孜不倦地读书，一方面进行著述，务求在学问上有更多的长进。他在追忆他的老师李侗对他的教导时，感到当时有些学理似懂非懂，自己学习得不够深入透彻，十分羞愧。他说：

"李先生教人，大抵令于静中体认大本未发时气象分明，即处事应物，自然中节。此乃龟山门下相传指诀。然当时亲炙之时，贪听讲论，又方窃好章句训诂之习，不得尽心于此，至今若存若亡，无一的实见处，辜负教育之意。每一念此，未尝不愧汗沾衣也。"①

此后，他多次研读《论语》《孟子》和理学家周敦颐、二程和张载等人的著作。他曾说：

"某所解《语》《孟》和训诂注在下面，要人精粗本末，字字为咀嚼过。此书某自三十岁便下工夫，到今改犹未了，不是草草看者。"②

"伊川'性即理也'，横渠'心统性情'，二句颠扑不破。"③

可见朱熹对儒家典籍和宋代理学家的著作确是用功很勤的。

朱熹在这个期间（1159—1177年）又编写了不少的著作，主要有下面几种：

《程氏遗书》（公元1168年）。朱熹将二程门人所记见闻答问等审订整理而成。朱熹自称："读是书者，诚能主敬以立其本，穷理以进其知，使本立而知益明，知精而本益固，则日用之间，且将有以得乎先生之心。"④

《资治通鉴纲目》（公元1172年），是司马光所编的《资治通鉴》的节本。

《八朝名臣言行录》（公元1172年）。朱熹在《序》中说："所载国朝（宋朝）名臣言行之迹，多有补于世教。"

《太极图说解》《通书解》（公元1173年）。它们是对周敦颐《太极图说》《通书》的解释。

《伊洛渊源录》（公元1173年）。书中把从周敦颐、邵雍、张载、二程以来的理学家，按照传授关系，排了一个理学的谱系。

《近思录》（公元1175年）。吕祖谦从浙江来到福建朱熹的"寒泉精舍"，和朱熹共同研究周敦颐、二程和张载的著作，选取语录六百二十二条，编为《近思录》，作为理学的入门书。

《论语集注》《孟子集注》《论语或问》《孟子或问》（1177年）。他先编辑

---

① 《朱文公文集》卷四〇。
② 《朱子年谱》卷二上。
③ 《朱子语类》卷五。
④ 《朱文公文集》卷七十五。

《论语集义》和《孟子集义》，按他的理学观点，取其"精粹"为《集注》，又把为什么这样取舍的道理及给学生的答问编为《论语或问》《孟子或问》。朱熹自称他编著的《论语集注》《孟子集注》是"添一字不得，减一字不得"，每个字都好像在秤上称过似的，"不高些，不低些"，"不教偏些子"。①

从上面的事实可以看到，这个时期朱熹不仅读书和著述十分勤奋，也标志着他的理学思想的逐步形成和成熟。

公元1178年（淳熙五年），朱熹被任命为知南康军（今江西星子县），军是宋代的一种地方行政单位。1179年3月朱熹到任。从任同安县主簿至此，朱熹已家居著书、讲学二十余年。他一到南康就抓紧封建主义的道德教化，提倡儒学和修复白鹿洞书院。他要求士人、乡邻父老每年集会，教诫子弟，使"修其孝悌忠信之行，入以事其父兄，出以事其长上，敦厚亲族，和睦乡邻，有无相通，患难相恤"②。他还要求乡党父老推选子弟送往学宫研读经书。为了扩大理学的影响，朱熹在学宫内设立周敦颐祠，配以程颢、程颐。

在中国古代教育史上，朱熹修复白鹿洞书院、讲课和制定一整套制度章程，对后世的教育，特别是对书院的教学产生重大的影响。

在宋代初，白鹿洞书院是全国著名的四大书院之一，来就学的常有数十百人。但到朱熹知南康军时，由于长期失修，已荒为邱墟。"学馆余废址，鸣琴息遗歌。"③ 为了振兴教育事业，培养人才，宣传理学，朱熹对修复白鹿洞书院做了周详的考虑和全面的安排。王懋竑编著的《朱子年谱》记载：

"淳熙六年（1179），五十岁。（知南康）冬十月，复建白鹿洞书院。明年三月讫功，率宾佐合师生修释菜之礼。……又奏乞赐书院敕额及《九经》注疏，并遍求江西诸郡文字藏之。又置田以赡学者。每休沐辄一至，诸生质疑问难，诲诱不倦。退则相与徜徉泉石间，竟日乃返。（订有）《白鹿洞书院学规》。"

朱熹认为书院设置的自然环境对于学生的潜心读书、思想以至品德修养都有一定影响。白鹿洞坐落在五老峰南二十多里的地方，山峰至此汇成环状，别具一种格局，是一个"无市井之喧，有泉石之胜"，适合于群居讲学、著书立说的好地方。再经过朱熹一番规划、整理，广植花木，增建亭榭，勒石题字，使这间沉寂多年的书院，再度成为名胜之区和著名的教育场所并誉满天下，"遂为海内书

---

① 《朱子语类》卷十九。
② 《朱文公文集》卷九十九。
③ 朱熹：《寻白鹿洞故址爱其幽邃议复兴建感叹有作》。

院第一"①。

他在白鹿洞书院修复完工时，曾赋诗一首，表达他的喜悦心情。

<blockquote>
重营旧馆喜初成，要共群贤听鹿鸣。
三爵何妨奠苹藻，一编讵敢议明诚。
深源定自闲中得，妙用元从乐处生。
莫问无穷庵外事，此心聊与此山盟。②
</blockquote>

朱熹的这种积极办学的精神，讲学时"诲诱不倦"，师生间互相探讨，休息时与学生徜徉在书院所特有的青山秀水之中，领略大自然美好的风光，所有这些都体现了朱熹作为一个封建社会教育家应具有的品德和风度。

朱熹与我国另一个著名的哲学家、教育家陆九渊是同时代人。朱熹是客观唯心论者，陆九渊是主观唯心论者，两人学术观点不同。公元1175年（淳熙二年），他们与吕祖谦、陆九龄等一起在信州鹅湖寺，进行了一场辩论。在辩论中，显露了朱学和陆学的分歧，朱以陆教人太简，陆以朱教人支离，意见相左、争论不休，但是学术上的争端并没有妨碍他们之间的交往。

公元1181年（淳熙八年），陆九渊至南康，请朱熹为陆九龄写墓志铭。朱熹邀陆九渊到白鹿洞书院讲学。陆九渊的讲题是《论语》中的"君子喻于义，小人喻于利"两句。陆九渊讲述敷畅，恳切明白，据说学生中有感动得流泪的。朱熹对陆九渊的演说非常满意，认为"切中学者隐微深痼之病"③，朱熹请陆九渊把讲稿留下来刻石为记，使诸生得以经常反省深察。

朱熹对不同学派、不同观点的人，非但不排斥、拒绝，还主动请他讲学，承认人之所长，己之所短。这种虚怀若谷的精神，应该说是难能可贵的，它对书院的学风和学术文化的发展、繁荣起了一定的影响。

朱熹任知南康军的时间虽然不长，但是他对书院的修复、规划，以及《学规》的制订和教育内容的安排，对后来书院发展的影响是巨大的，他的功绩在中国古代教育史上也是值得称道的。

公元1183年（淳熙十年），朱熹回到福建，"主管台州崇道观……武夷精舍成……始来居之，四方士友来者甚众"④。他在武夷山修建武夷精舍，广收门徒，传播理学，跟随他学习的人不少。

---

① 潘耒：《游庐山记》。
② 《朱文公文集》卷七。
③ 《朱文公文集》卷八十一。
④ 《朱子年谱》卷三上。

这个期间朱熹与陈亮在学术思想和教育观点上掀起了一场激烈的论战，这场论战标志着南宋唯心主义学派与唯物主义学派的斗争。陈亮注重"事功"，反对空谈"义理"。他与当时朱熹等唯心主义理学家的脱离实际的学风相反，他提出了"务实"的口号。陈亮指出"孔孟之学真迂阔矣"①，就是说儒学是不切实际到了极点的。

陈亮又斥责朱熹等理学家那套"尽心知性"的修养方法，结果是"尽废天下之实"②，使人办事的实际能力全部荒废了。他揭露了宋代理学教育给予社会和知识分子的深重危害。

朱熹反对陈亮的这些看法，认为"后生辈未知三纲五常之正道，遽闻此说，其害将有不可胜救者"③。

对于陈亮的思想，朱熹既敌视、又恐惧。他说：

"陈同父学已行到江西，浙人信向已多。家家谈王伯（霸），不说萧何、张良，只说王猛，不说孔、孟，只说文中子，可畏！可畏！"④

在讲学中，朱熹对陈亮多次进行攻击，说他"议论却乖"，"心地不清和"，甚至说他掉到"利欲胶漆盆中"去了。⑤ 朱熹对唯物主义者陈亮的攻击反映了他作为一个唯心主义者的保守立场，暴露了他是一个儒学卫道者的面目。

朱熹在这个期间（1177—1190 年）又编写了不少著作：

《诗集传》（公元 1177 年）。

《周易本义》（公元 1177 年）。

《易学启蒙》（公元 1186 年）。

《小学》（公元 1187 年）。教育儿童以"爱亲敬长隆师亲友之道"。

《大学章句》《中庸章句》（公元 1189 年改定）。

公元 1190 年（绍熙元年），朱熹 61 岁，知福建漳州，"时诣学校，训诱诸生，如南康时"。这一年，他首次刊刻四经［《书》、《易》（本义）、《诗》（集传）、《春秋》］以及《大学章句》《中庸章句》《论语集注》《孟子集注》，是为《四书章句集注》。这本书的出版对后世产生了重大的影响。

公元 1194 年（绍熙五年），朱熹知湖南潭州，他以 65 岁的高龄任安抚使，镇压少数民族的起义，这说明朱熹在政治上是站在劳动人民的对立面的。

---

① 《勉强行大道大有功论》。
② 《送吴允成运干序》。
③ 《朱文公文集》卷三十六。
④⑤ 《朱子语类》卷一二三。

朱熹在湖南任职期间，仍十分注意教育事业，提倡州学、县学，修复岳麓书院。他在《潭州委教授措置岳麓书院牒》中写道：

"本州州学之外，复置岳麓书院，本为有志之士不远千里求师取友至于是邦者无所栖泊，以为优游肄业之地。故前帅枢密忠肃刘公特因旧基，复创新馆，延请故本司侍讲张公先生往来其间，使四方来学之士，得以传道授业解惑焉。此意甚远，非世俗常见所到也。而比年以来，师道陵夷，讲论废息，士气不振，议者惜之。当职叨冒假守，蒙被训词，深以讲学教人之务为寄。"

早在公元 1167 年（乾道三年），朱熹曾从福建来长沙，在岳麓书院讲学，时间虽然不长，但是听讲者很多，留下很深刻的印象和影响。

这次他亲自领导修复了岳麓书院，又在繁忙的政务之余，教诲诸生。《朱子年谱》记载了当时朱熹教学的情况：

"先生（指朱熹）穷日之力，治郡事甚劳，夜则与诸生讲论，随问而答，略无倦色，多训以切己务实，毋厌卑近，而慕高远，恳恻至到，闻者感动。"来求学的人"座不能容"。

岳麓书院与白鹿洞书院一样，成为朱熹讲学授徒，传播理学的场所。

公元 1194 年八月，经宰相赵汝愚推荐，任朱熹为焕章阁待制兼侍讲。初见宁宗，便上《行宫便殿奏札》，大讲"君臣父子，定位不易，事之常也；君令臣行，父传子继，道之经也"。可见朱熹对维护封建主义的"三纲五常"的伦理道德是费尽心力的。

朱熹任侍讲后，进讲《大学》，每逢双日，早晚进讲。朱熹每讲一章必编成讲义，首列经文，次附小注。即对行事，苟有所见，亦必编册呈献。但为期仅四十天即被罢免。

这样，朱熹便在十一月回到福建考亭，十二月"竹林精舍成。……学者益众，后精舍更名沧州"，继续从事教学和著述。

这个时期（公元 1191—1199 年）朱熹的主要著作有：

《孟子要略》（公元 1192 年）。

《楚辞集注》（始作于公元 1193 年，约完成于公元 1195 年左右）。

《仪礼经传通解》（公元 1196 年）。

《韩文考异》（公元 1197 年）。

《书集传》（公元 1198 年）。

公元 1198 年（庆元四年），朱熹在身体和精神上都已极为衰惫，自知活不长了。但是他还是撑着病躯，念念不忘编写《礼书》，他表示必须把《礼书》编好之后才能"瞑目"。

公元 1200 年（庆元六年），朱熹病得更加厉害了。他写信给他的学生黄干、范念德二人，要他们收集《礼书》底稿，补辑抄写完成。同年三月初九日，朱熹逝世，终年七十一岁。

朱熹死后，他的著作合编为《朱文公文集》，他的讲学语录被编辑为《朱子语类》。

作为一个政治家，朱熹的思想是比较保守的，他参与镇压农民起义，则是反动的。作为一个哲学家，他是客观唯心主义者。作为一个教育家，他的教育思想和活动有利用教育来维护封建统治秩序的一面，但是朱熹是一个重视躬行实践，热心办学、讲学的教育家。他在一生五十年的教育实践中，积累了许多经验，并且在理论上进行了一些概括，其中有不少是十分宝贵和可取的，值得借鉴。

他的学生黄干所撰的《朱子行状》对朱熹一生诲人不倦精神的记述，可窥见一斑：

"先生教人，以《大学》《语》《孟》《中庸》为入道之序，而后及诸经，以为不先乎《大学》，则无以提纲挈领，而尽《论》《孟》之精微；不参之以《论》《孟》，则无以融会贯通，而极《中庸》之旨趣。然不会其极于《中庸》，则又何以建立大本，经纶大经，而读天下之书，论天下之事哉？其于读书也，又必使之辩其音释，正其章句，玩其辞，求其义，研精覃思，以究其所难知，平心易气，以听其所自得。然为己务实，辩别义利，毋自欺，谨其独之戒，未尝不三致意焉。盖亦欲学者穷理反身而持之以敬也。从游之士，迭诵所习，以质其疑。意有未谕，则委曲告之，而未尝倦。问有未切，则反复戒之，而未尝隐。务学笃则喜见于言，进道难则忧形于色。讲论经典，商略古今，率至夜半。虽疾病支离，至诸生问辨，则脱然沉疴之去体。一日不讲学，则惕然常以为忧。"

弟子为老师写《行状》，其中自然有不少是溢美之词。但作为一个学者，朱熹确是一个相当博学的封建地主阶级知识分子，于经学、史学、文学、乐律、佛学、道学以至自然科学，都有涉及或有著作，并向学生传授了这些知识，他的弟子很多，形成了自己的学派。朱熹不愧是孔丘之后在我国封建时代影响最深远的著名教育家。

（原载《岳麓书院通讯》1984 年第 1 期）

1985

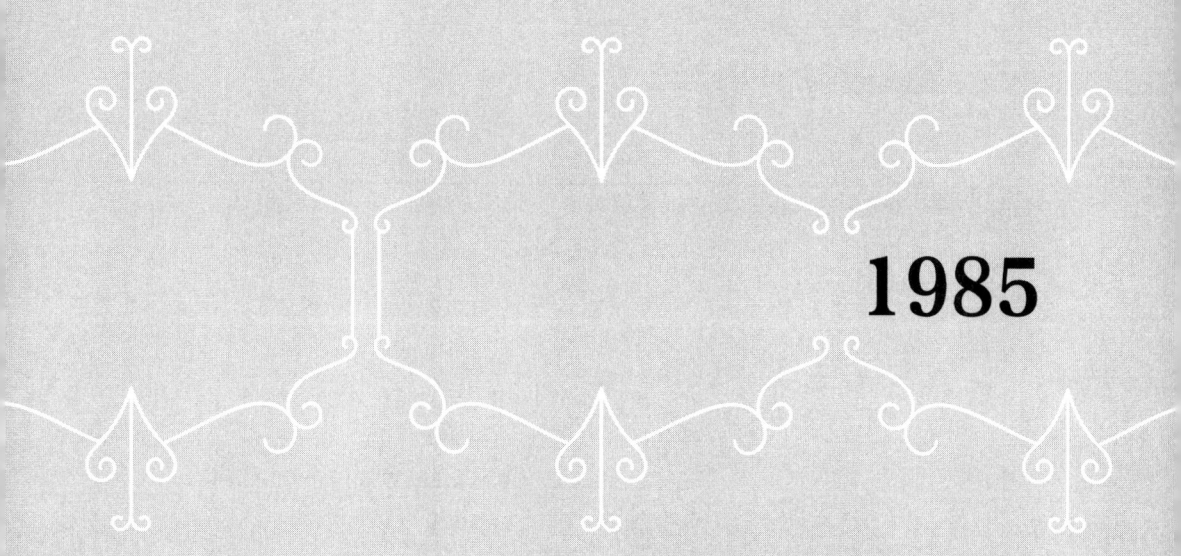

研究孔子教育思想的方法论问题

孔子是我国古代著名的教育家，他的教育思想在中国教育史上有极其重要的地位和深远的影响。

对孔子教育思想的评价存在不同的看法，这本来是学术研究过程中合乎规律的现象。除了孔子是哪一个阶级的思想代表存在分歧外，如孔子的政治立场、观点与教育观点、经验的关系，教育目标、教育内容与教育原则、方法的关系，孔子教育实践的主观愿望与他的客观影响的关系等，由于研究者的观点、方法差异而往往得出不同的结论。那么在马克思主义的观点指导下，对这些问题进行研究，各人提出自己的看法，这对于如何正确评价孔子的教育思想一定是有所帮助的。在这里我个人提出一些粗浅的看法，名之曰：研究孔子教育思想的方法论问题，请教于学术界。

一

一个教育家的政治立场和政治观点与他的教育观点、教育经验是密切联系的。因为在阶级社会里，任何的教育家办教育总是代表一定的阶级利益并为一定的政治服务的。孔子到底是哪一个阶级的教育家，学术界至今尚未取得统一的意见，我个人是倾向于孔子是奴隶主阶级的教育家论者。他在政治上是保守的，所以在教育上他主张为奴隶主贵族培养"君子"，鼓吹以奴隶主阶级的思想意识"孝""悌""忠""信"等灌输学生，提倡"克己"，所有这些都反映了孔子办教育为奴隶主阶级利益服务的本质和保守的政治立场。

但是教育是一个复杂的社会现象，它既有属于上层建筑的部分，也有非上层建筑的部分。至于不属于上层建筑部分的教育理论和经验，如某些教学原则、方法和技术，各种教学制度（如班级授课制，个别授课制等），对教育对象进行调查研究的某些方法和成果等，这些教育经验虽然可能沾上一些阶级偏见，应当给以分析和鉴别，但总的说来，这些经验不少是值得借鉴和参考的。决不能因为某一个教育家的政治立场是保守的，甚至是反动的而一概加以排斥或全盘否定。

孔子作为一个教育家，办了数十年的私学，积累了丰富的教育经验。这些经验往往反映在他的教育、教学思想和方法上面。例如，"循循善诱""举一反三""因材施教""学而时习""温故知新"，学思结合，等等。此外，在教学态度和治学方法上他也有许多宝贵的精神和见解是值得我们批判地继承的，"学而不厌""诲人不倦""不耻下问""毋意、毋必、毋固、毋我""发奋忘食，乐而忘忧"等无疑都是很有价值的教育遗产。

但是，过去曾经流行过这种论点，由于孔子的政治立场是保守的、反动的，结果把"孔子教人，各因其材"的教学原则和方法都给否定了，把它说成为奴隶主阶级"选优拔尖"的措施而加以批判。这种做法实质是把教育思想的复杂性简单化了，构成了一个僵化的公式：政治上反动或保守的教育家在教育上必然一切都是反动的或一无可取的。这个论断是不符合客观实际的。

第一，"因材施教"这个教学原则方法，在一定程度上反映了教学的规律性。在教学过程中学生的学业发展往往是不平衡的。有些比较"拔尖"，有些比较良好，有些比较一般，这是正常的现象，同时学生在学习上所表现出来的兴趣、特点等方面也是有所差异的。教师根据学生的实际情况和个性特点出发，进行"因材施教"，实践证明，它是提高教学质量的一个较好方法。与之相反，反对"因材施教"，在教学上搞"一刀切"，那是难以收到良好的效果的。

第二，自然，培养人才是有阶级内容的，孔子主要是为奴隶主阶级培养接班人，但是在中国教育史上人们重视孔子这个教学经验，着眼点并不在于看孔子是为哪一个阶级培养人才，而是看重他善于根据学生的不同才能，分别加以培养，充分发挥学生的专长这个特点，这才是后代的教育工作者重视"因材施教"这个教学原则方法的原因所在。因为它是克服教学上的平均主义，更快出人才的良好途径之一。"选优拔尖"是可以为任何的阶级所利用的，作为中国古代的教育遗产，我们要批判地继承的主要也是这个方面。

那么，我们再从另一方面来研究，是不是具有进步政治立场、观点的教育家，他们的教育观点都是进步和可取的呢？其实也不尽然，需要我们进行具体的分析。就以荀况和韩非为例来说，他们都是代表新兴地主阶级的思想家、教育家，这在学术界是没有分歧意见的。与他们的进步的政治立场、观点相联系的，还有不少进步的、可以批判地继承的教育观点和合理的教学方法，在这里暂不叙述。但是在另一些方面，他们有一些观点并不都是进步的、合理的，甚至比孔子还要落后。

例如：荀况关于"教师"的论述，他把教师的地位作用发展到了绝对化的程度。师的地位是神圣不可侵犯的，师是一切的准则；学生只能绝对地服从，否则就是离师叛道，要遭受到君子们的鄙弃。"言而不称师谓之畔，教而不称师谓之倍（背），倍畔之人明君不内（纳），朝士大夫遇诸涂不与言。"[①] 这里荀况把封建社会所要求的尊君卑民和绝对服从的精神灌注到师生关系中去了，而抛弃了孔子所提倡的"当仁不让于师""后生可畏"的积极思想，在师生关系上荀况比起孔子来落后一步。虽然这一点反映了荀况这个教育思想是适应新兴地主阶级建立专制主义的中央集权国家所需要的。

又如，韩非的"以法为教""以吏为师"的教育思想，虽然他的目的是消除一切"愚诬之学"，以巩固封建主义的中央集权，但是从办教育这个角度来看，一个国家的教育内容仅仅限于学习法令条文，而把其他的文化知识都排斥了，这样的教育也未免太贫乏、太狭隘了。它不利于一个国家、民族的文化科学的发展，在实际上也难以行得通。由此看来，我们对于一个教育家思想的分析评价，必须实事求是，分别从不同的情况进行具体分析，切忌照套一个固定的公式，那是不合乎科学研究的求实精神的。

二

教学方法或教学组织形式也是比较复杂的教育现象，在阶级社会里，一方面，在一定的历史发展阶段，教学方法是贯彻统治阶级的教育方针、教育目标及教学内容的途径，随着教育方针、教育目标和教学内容的改变而改变。但是，另一方面，教学方法又是教师教学经验的积累，是对年青一代传授知识的手段，它有很大的继承性和延续性。

[①] 《荀子·大略》。

在中国封建社会，统治阶级奉行的是"独尊儒术"的教育方针，培养的是"忠臣""孝子"，《五经》《四书》被规定为主要的教学内容，封建主义学校的教育基本上就是经学教育；与这种教育方针、培养目标、教学内容相适应的是呆读死记的、烦琐的、空疏的、"死守章句"的形式主义的教学方法。随着资本主义的兴起，科学技术的飞速发展，自然科学的课程逐步被列入学校的教学内容，与之相适应地出现了直观演示法、实验法等新的教学方法、方式，这是在奴隶社会、封建社会的学校里所没有的。这些教学组织形式也是这样，为了适应资本主义普及教育的要求，班级授课制度代替了奴隶社会、封建社会的个别教学制度，成为学校中的基本的教学组织形式。可见，教学方法和教学组织形式是随着教育方针、培养目标和教学内容的改变而相应变化着的。

但是教学方法、教学组织形式作为教师传授知识的手段，又有很大的继承性。它们是学校和教师教学经验的积累，是一个由不完善到完善，由简单到复杂的发展过程。众所周知的谈话教学法，就是通过教师与学生一问一答来传授知识的，它存在的历史已经十分古老。在古希腊时代，奴隶主阶级的学校里就采用了。奴隶主阶级的教育家苏格拉底就是利用这个方法教学，启发学生在教师的帮助之下寻找问题的答案；在中国春秋战国时期的私学也曾经广泛地为教师所采用。孔子的教学主要也是通过这个途径进行的。例如：

子贡曰："贫而无谄，富而无骄，何如？"子曰："可也，未若贫而乐，富而好礼者也。"子贡曰："《诗》云，'如切如磋，如琢如磨'，其斯之谓与？"子曰："赐也，始可与言《诗》已矣，告诸往而知来者。"[①] 就是其中一个例子。

在我们的社会主义学校里，根据不同的教学内容、教学的特点和学生的年龄特征，教学方法是多种多样的，不像奴隶社会、封建社会的教学方法那么单调。但谈话法作为一种教学方法并没有被抛弃，而是保存继承下来，不断加以改进，在小学的教学中还是用得不少的。

又如，在奴隶社会、封建社会盛行着的个别传授知识的教学组织形式，到了资本主义阶段已为班级授课制所代替。但是个别教学制作为一种教学组织形式也并没有完全被取消和抛弃，现在我们的学校中对学生进行的个别辅导实际就是这种教学组织形式的继承和发展，不过它只能作为班级授课制的一种辅助形式了。

孔子的启发诱导教学经验，是在通过谈话法传授知识和进行思想教育的基础上逐步形成起来的。颜渊曾经称赞孔子说："夫子循循然善诱人。"这虽然是出自颜渊赞美孔子之词，但在中国教育史上人们便把孔子的这个方法概括为"循循

[①] 《论语·学而》。

善诱"。从颜渊的赞语中可以看到孔子是善于有次序地引导学生逐步深入地去掌握知识和使学生自己能够在他的帮助下找寻到问题的答案的。

孔子在表述这个教学方法的特点时也说："不愤不启，不悱不发，举一隅不以三隅反，则不复也。"① 在中国教育史上孔子的这个教学方法被概括为"启发法"或"举一反三"，可见启发诱导是孔子在教学过程中经常采用的一种教学方法，是他传授知识获得良好教学效果的一个重要的教学手段。

但是过去曾经有过这么一种观点，认为孔子的启发法并不是启发学生思考，而是一种把学生的思想禁锢在礼教囚笼中的手段。还有这么一种看法，说抛开孔子的世界观而谈他的方法论，离开孔子的教育方针、教育内容而谈他的教学方法是抽象的，形而上学的，只能得出错误的结论，等等。结果，孔子启发诱导的教学经验被一笔抹杀了。

上述这些观点和看法无疑是片面和形而上学的。自然，在启发诱导学生的过程中，谈话所包括的内容是多方面的、复杂的。例如：

颜渊问仁，孔子回答："克己复礼为仁。"颜渊又问：请问实行仁德的具体条目。孔子又回答说："非礼勿视，非礼勿听，非礼勿言，非礼勿动。"颜渊听了之后说，我虽然笨，但一定照您的话去做。

从孔子与颜渊的这段对话中可以看出，孔子教导学生，要他们的一举一动、一言一行都必须遵循周礼，不能违背，就其谈话的内容来说，无疑都是一些糟粕，是必须批判的，但是我们在这里必须注意一条界线，就是要把孔子传授的教学内容与他所采用的教学方法适当区别开来，不能因为他所传授的教学内容是错误的，而连带把他所采取的教学方法也一起否定了。

孔子和学生的谈话中还有这样的内容。例如孔子问子贡："你和颜渊两个人相比谁更好一些？"子贡回答说："我怎么敢和颜渊相比呢？回也闻一以知十，赐也闻一以知二。"孔子说："是不如他，我同意你说的，是不如他。"

孔子在这里主要是教导学生在学习的过程中要善于思索，主张掌握知识不要只是教一样懂一样，务必"闻一知十"、触类旁通，像孔子这一类的启发诱导的谈话，无论是从内容上来说或是从方法上来说都是可取的。

又有一次孔子教导子路说："由！诲女知之乎？知之为知之，不知为不知，是知也。"② 这次谈话主要是启发子路对待学习必须采取老老实实的态度，不要强不知以为知，这话说来还是有些发人深思的地方。

---

① 《论语·述而》。
② 《论语·为政》。

总的来说，孔子在教学过程中比较注意诱导、鼓励、启发和激发学生学习的积极性，这样的教学观点和教学方法应该说是比较有价值的。那种只看到教育方针、培养目标和教学内容对教学方法制约的一面，而忽视了教学方法的继承性、延续性和相对独立性的一面的看法无疑是违背教育学的基本原理的。

三

孔子为了培养"君子"，在给学生灌输奴隶主阶级的道德意识的同时，还传授给他的学生以"礼、乐、诗、书"这一套维护奴隶制的精神武器，"不学礼，无以立"，"不学《诗》，无以言"，"立于礼，成于乐"，可见它是培养"君子"的必修课程。

然而，事物是十分复杂的，孔子主观上企图通过"礼、乐、诗、书"的传授对学生灌输奴隶制的政治思想、道德准则，让学生掌握一些古代奴隶制文化知识来为奴隶主贵族政治服务；为此他整理了古代的文献典籍并把它作为教材，这些教材后来又经过儒家后学继续加工、补充定型，终于流传了下来。这些古代的文献典籍记录有大量文学、史学、哲学、政治、宗教、道德乃至科学的材料，直到今天它们还是我们研究上古历史的重要依据，这些古代的文献典籍也是我们祖国宝贵文化遗产的一部分。所以，客观来说，作为古典文献专家的孔子，他对中国文化遗产的保存和传播所起的历史作用是不能低估的。

又如：孔子在办学过程中提出"有教无类"的口号，过去有不少人做过种种不同的注解和阐释。有人认为孔子办教育不分阶级，对于各阶级的人都一律看待，甚至有些人说孔子实行"有教无类"，使奴隶也有了学文化的机会。而与这相反的却是有些人认为孔子的"有教无类"，不过是主张按地域编制，不分氏族，对奴隶进行强制教练罢了，真可谓众说纷纭，莫衷一是。

那么，对孔子提出的"有教无类"的思想应该怎样理解和评价呢？我个人的看法是："类"字指的是族类，即氏族的区别。西周的奴隶主贵族是按氏族来划分的，氏族上的差别，往往也是阶级或等级上的差别。那就是说，在奴隶制社会里，教育是"有类"的，不仅奴隶与奴隶主有严格的阶级界限，奴隶完全被剥夺了享受教育的权利，即使是奴隶主贵族内部也是等级森严的。但是到了春秋时代，由于奴隶暴动和新兴地主阶级的夺权斗争，有些奴隶主贵族没落了，丧失了原来享受"官学"教育的特权。历史发展的趋势，要求突破以前"类"的限制，使教育的对象有所扩大，"私学"的出现，也使更多的人接受文化教育成为可能。

孔子的"有教无类"口号的提出，反映了教育发展要突破"类"的限制的这一趋势。《荀子·法行》编中有一段记载，比较切近孔子"有教无类"的原意。这一段是这样写的，南郭惠子问子贡："夫子之门何其杂也？"子贡回答说："良医之门多病人，隐括之侧多枉木，是以杂也。"所谓"杂"，就是混杂，各种各样的人都有的意思。

事实上也是这样，孔子招收的学生除了奴隶主贵族和没落奴隶主贵族的子弟外，也招收了不少其他成分的人，如商人、新兴地主阶级的子弟和一些平民等。

但是，在阶级社会里，教育是有阶级性的，它不仅表现在招收什么人，在根本上还要看它是为哪一个阶级的利益服务，培养什么样的接班人。春秋战国时期各家各派的"私学"都是按照自己的阶级意志来办教育的，孔子办学的目的也不例外，他招收其他成分的学生，是以奴隶主阶级的思想意识来影响他们，主观上力求把他的学生培养成为维护奴隶制的卫道士。

其中子路就是一个典型的例子。子路本来不是贵族出身，在他没有踏进孔家"私学"之前，根本不把孔子放在眼里，还曾经"陵暴孔子"[①]。后来被孔子收为学生，经过了孔子一番奴隶制思想意识的灌输，终于成为孔子的忠实门徒。子路不仅是孔子周游列国时的保镖，而且是孔子维护奴隶制政治路线的忠诚信奉者和执行者，甚至他在卫国被杀，为奴隶制殉命的时候，临死前还牢记孔子平日"君子死，冠不免"的教诲，即君子死的时候帽子不能不戴正，终于去系帽缨，被别人砍成肉酱。鲁迅先生说得好，子路的死，"实在是上了仲尼先生的当"。

当然，孔子的学生也并不都是铁板一块的，由于受到当时激烈而复杂的阶级斗争的影响，他们是有所分化的。其中有些人帮助新兴封建势力搞了一些进步性的改革，冉求就是其中的一个。这是违背孔子的主观意愿的，孔子就是因为这类学生的所作所为不符合他的政治主张，对他们是不满意的，所以才指斥说："求非吾徒也！小子鸣鼓而攻之可也。"[②] 可见，在阶级社会里，根本没有什么超阶级的教育或对各个阶级都"一视同仁"的教育。反过来说，也不能因为孔子是为维护奴隶制办教育而闭目不认他的"私学"确实是招收了其他成分的学生，更不能把"有教无类"的原意随心所欲地曲解为不过是对奴隶进行强制的教练，这些都是违背历史事实的。

所以，从历史唯物主义观点看来，"有教无类"这个口号还是具有反映当时教育发展趋势的因素的。孔子开办了一个庞大的"私学"，"孔子以诗、书、礼、

[①] 《史记·仲尼弟子列传》。
[②] 《论语·先进》。

乐教弟子，盖三千焉。身通六艺者七十二人。"① 在扩大教育对象这一点上，他打破了奴隶制社会原来"类"的限制，主要在剥削阶级内部扩大了教育面，使更多的人接受了文化教育；他的"私学"传授了一些古代的文化典籍，对于促进春秋战国的文化繁荣和"百家争鸣"也起了一定的作用，所有这些我们应给予恰如其分的历史地位和实事求是的分析评价。

  教育的现象是复杂的，那么怎样总结历史上的教育遗产呢？我们只能以马克思主义的方法为指导，透过复杂的历史现象和教育现象给予认真的研究和分析，分清精华和糟粕、正确和错误，既不能一概排斥，也不能无批判地吸收，对待具体不同的教育遗产要具体分析，切忌"一刀切"的公式主义。研究孔子的教育思想也应采取这种态度。

（原载《孔子教育思想论文集》，湖南教育出版社1985年版）

---

① 《史记·孔子世家》。

1986

近代中国与日本的文化教育交流

在中日文化教育交流史上，曾出现过两次高潮。第一次是隋唐时代，第二次是在清末时期（约公元 1896—1911 年）。第二次文化交流，主要表现为中国大量地向日本派遣留学生，大规模地译介近代日本著作，传入教育思想、教学内容，等等。

近代西方资本主义侵入东方以后，中日关系起了剧烈的变化。鸦片战争后，中国陷入了半殖民地半封建的深渊，日本则学习西方较早较快，在十九世纪的后三十年中，迅速地发展为近代的资本主义国家。日本明治维新使国家富强起来的政策和经验，引起了当时中国人的注意。中日甲午战争，中国被打败了，这给予中国人更大的刺激。为了挽救国家和民族于危亡，必须发愤图强，"变法维新"，"日本人向西方学习有成效，中国人也想向日本人学"[①]。

当时中国的资产阶级维新派康有为、梁启超等人，在鼓吹向西方学习的同时，又积极提倡学习日本的经验，认为这是一条捷径，可以找到拯救中国的道路。1898 年，康有为在进呈给光绪皇帝的《日本明治变政考》一稿中说：

---

① 毛泽东：《论人民民主专政》，载《毛泽东选集：第四卷》，人民出版社，1991，第 1 470 页。—编者注

"日本极小国，更新变用之则骤强。此其明效大验，公理正则，无可遁逃者矣。"

"尝考日本变法之始，至难矣！……然二十年间，遂能政法大备，尽摄欧美之文学艺术，而熔之于国民，岁养数十万之兵，与其数十之舰，而胜吾大国。以蕞尔三岛之地，治定功成，豹变龙腾，化为霸国。"

"诚以臣考日本之事，至久且详，睹前车之覆，至险可鉴，若采法其成效，治强又至易也。大抵欧美以三百年而造成治体，日本效法欧美，以三十年而摹成治体，若以中国之广土众民，近采日本，三年而宏规成，五年而条理备，八年而成效举，十年而霸图定矣。"

可见，在中日甲午战争的中国知识分子当中，向日本人学习，变法维新，已经成为人们一致的呼声，而且，他们已经把日本的明治维新作为最理想的学习榜样。

日本的明治维新推动了日本近代化，促进了日本资本主义经济的迅速发展，很快把日本从封建落后的农业国转变为近代史上后进赶超先进国家的典型。

明治时期，这样高速度的工业化过程，是很多因素促成的。但是它与明治政府狠抓文化教育的普及和改革是分不开的。

明治政府开国伊始，即颁布新学制，开始有计划的教育改革工作。这一学制的公布被看作是"日本近代教育的黎明"。他们把教育改革作为日本奔向资本主义近代化道路上的"先遣部队"。战后六十年代日本政府发表教育白皮书，回顾日本的成长和教育发展的历史经验时，更明确地阐述了这个经验。"明治初期，我国（日本）近代化一开始就创立了近代教育制度，并首先发展了作为国民基础教育的初等教育和培养干部的高等教育。从而促进了社会经济的近代化。"[①]日本明治维新的教育改革，就是沿着这条道路，按着这个步骤，以普及初等教育为起点，抓紧创建高等教育，带动各级各类学校迅速全面的发展。

维新派的人士也多少察觉到了这一点。胡燏棻指出："日本自维新以来，不过一二十年，而国富民强，为泰西所推服，是广兴学校，力行西法之明验。今日中国关键全系乎此。"[②]

关于明治维新时期日本学习西方及教育改革的情况，清代的黄遵宪在他所撰写的《日本国志》中曾有详细的介绍：

"明治元年，海外留学者五十人；二年至百五十人；至五年，大抵千余人"，

[①] 指原安三：《明治政史：上版》，日本评论社，1982。
[②] 胡燏棻：《上变法自强条陈疏》。

"今之当路诸公，大率从外国学校归来者也"。这些"当路诸公"，也就是明治维新的核心领导人物，大都是到欧美留学、考察归来的青年和壮年，如岩仓具视、大久保利通等当时只有四十岁，木户孝允、山县有朋等只有三十来岁，伊藤博文刚刚三十岁。

"明治四年，设立文部省，寻颁学制，于各大学区分设诸校。有外国语学校，以英语为则（先是习外国语者，多从传教士习学，通计全国教士书塾不下数百。及是官立外语学校，民间闻风慕效，争习英语，故英语最为盛行）。有小学校，其学科曰读书、曰算术、曰地理、曰历史、曰修身，兼及物理学、生理学、博物学之浅者。益以图画、唱歌、体操诸事。有中学校，其学科亦如小学，而习其等级之高者，术艺之精者。有师范学校，则所以养成教员，以期广益者也。有专门学校，则所以研究学术，以期专精者也。有东京大学校，……其东京医学校并隶于本校焉。此外有工部大学校，以教电信、铁道、矿山之术。有海陆军兵学校，以教练兵、制器、造船之术。有农学校以教种植，商学校以教贸易，工学校以教技巧，女学校以教妇职。凡学校，无论官立、公立、私立，皆受辖于文部。学规教则，命文部卿监督之。朝廷既崇重西学，争延西人为之教师。明治六七年间，各官省所聘、府县所招统计不下五六百人。"

黄遵宪第一个把明治维新时期日本人学习西方及进行改革的情况和经验介绍到中国。后来的事实证明，这在中国近代史上和近代教育史上都产生了很大的影响。

近代中国和日本两国的文化教育交流，也是通过多种渠道的。留学生则充当了中日文化教育交流的桥梁和纽带。

一、派遣留学生

明治维新以来，日本的成功是学习西方的结果，所以，中国要改变现状，必须效法日本。这是一条快捷的途径。维新派人士认为：学习日本的具体办法首要的是派遣留学生。

最早提议派学生留学日本的是维新派官员杨深秀，他在1898年5月的奏折中提出："日本变法立学，确有成效，中华欲游学易成。必自日本始，政俗文字同则学之易，舟车饮食贱则费无多。"[①] 意思是说，日本与中国政体、风俗、文字相近，学习容易上手，同时，留学日本，衣、食、住、行比较便宜，可以节省

---

① 《戊戌变法档案史料》。

费用。

康有为1898年5月在《请广译日本书派游学折》中也提出："惟日本道近而费省，广历东游，速成尤易。听人士负笈，自往游学，但优其奖导，东游自众，不必多烦官费。但师范及速成之学，今急于须才，则不得已，妙选成学之士，就学于东，则收新学之益，而无异说之害。昔日本变法之始，派游学生于欧美，至于万数千人，归而执一国之政，为百业之师。其成效也，此臣所以请派游学也。"

康有为明确地指出，日本明治维新时期派遣了大批的学生到欧美留学，他们学成归国后，成为了日本政府各部门的领导人和各行各业的专门家，对日本的迅速资本主义化做出了贡献。所以他极力倡导人们到日本留学，并认为这是一条"速成"的途径。

中国前往日本的留学生，最早的是1896年清朝驻日使馆招募的十三名学生。二十世纪以前，虽然陆续有学生赴日留学，但人数都在百人左右。后来随着革命形势的高涨，清朝政府已经不能像戊戌变法前后那样统治下去了。它被迫在教育领域里陆续采取了废科举、设学校、派留学生等措施。到了二十世纪初期，不仅国内学堂纷纷成立，知识分子人数急剧增加，而且出国留学成为一种风气。当时不但清王朝中央政府派，地方官僚军阀也派；不但有官费留学生，也有自费留学生，特别是1904年以后，科举停止，出国留学就成为知识分子寻求政治出路和职业出路的重要途径之一。但更为重要的是他们痛感民族危亡，愤恨清政府的腐败，为了寻求救国救民的真理，才离乡背井，漂洋过海。"东亚风云大陆沉，浮槎东渡起雄心。为求富国强兵策，强忍抛妻别子情"，这是当时革命的知识分子出洋留学心情的真实写照。据粗略统计，当时留学生的人数已达二万人以上，仅日本一国，在1906年就有中国留学生一万三千余人（也有说只有八千人的）。可见当时赴日本留学风气之盛。

清政府无论是兴办学校或是派遣留学生，学习的无论是政治、军事或工程技术，目的不过是为了维护其摇摇欲坠的封建专制政权。但是，与清朝统治阶级的主观愿望相反，这些青年学生到了日本之后，大量地接触到日本学者介绍的西方思想、文化和明治维新以后在日本风行一时的新思潮、新理论，耳目为之一新。他们感受着当时民族危难的刺激和群众斗争的影响，纷纷走向清王朝的对立面。在辛亥革命的准备时期，这些年轻的资产阶级、小资产阶级知识分子，不少成了勇敢的革命闯将，邹容、陈天华、秋瑾就是他们中的杰出代表。

正如毛泽东同志所指出的："数十年来，中国已出现了一个很大的知识分子群和青年学生群。在这一群人中间，除去一部分接近帝国主义和大资产阶级并为其服务而反对民众的知识分子外，一般地是受帝国主义、封建主义和大资产阶级的压迫，遭受着失业和失学的威胁。因此，他们有很大的革命性，他们或多或少地有了资本主义的科学知识，富于政治感觉，他们在现阶段的中国革命中常常起着先锋的和桥梁的作用。辛亥革命前的留学生运动，……就是显明的例证。"①

清末的留学生教育与欧美留学生比较起来有一个显著的特点就是以"速成"的教育为主、短期的居多。因为当时的中国知识分子深感自己国家在政治、经济、文化教育诸方面都十分落后，近代化的过程十分缓慢，心情是极为焦急的。不少人之所以不到欧美的资本主义国家去留学而到日本学习，除了路途近省费用的原因外，乃是认为日本学习西方经过消化，已掌握其要领和精华，加之中日两国国情和文字又比较接近，那么向日本学习就可以缩短时间，少走一些弯路。所以，大家都抱着迫切的心情，希望日本提供速成教育。

当时的日本文部大臣菊池大麓也有同样的看法：

"贵国今日欲兴专门教育，不在精求学理，在实际应用。……今欲造就应用人材，当思速成之法。……故一面宜用速成之法，造就应用人材，一面即宜用循序渐进之法，以造就专门人才。"②

近代中国的留日学生，数量是很多的，他们归国之后，在中国的政治界、教育界、学术界都非常活跃。他们中的大多数对祖国的民主革命、教育事业、学术研究以及中日的文化教育交流等方面都做出了不同程度的贡献。邹容、陈天华、鲁迅、李大钊、郭沫若等，则是其中的佼佼者。自然也有一些人沦为背叛国家民族利益的败类，如章宗祥、周佛海等，那只是极少数。

二、 翻译日文书籍

由于大批青年学生留学日本，又进一步推动了日文书籍的翻译，大量地介绍了日本近代思想及文化著作。

维新派人士则是这项活动的积极鼓吹者之一。康有为在《请广译日本书派游学折》中提出："不费国帑而日本群书可二三年而毕译于中国，吾人士各因其性之所近而研究之，以成通才，何可量数。故臣之请译日本书便也。"

梁启超则大声疾呼："译书真今日之急图哉！天下识时之士日日论变法。……虽欲变之，孰从而变之？无已，则举一国之才智，而尽出于此一途也。

---

① 毛泽东：《中国革命和中国共产党》，载《毛泽东选集：第二卷》，人民出版社，1991，第641页。——编者注

② 吴汝纶：《函札笔谈》，载《东游丛录》，1902，第37—38页。

故乃今不速译书，则所谓变法者尽成空言，而国家将不能收一法之效。"

开始人们最注意的是明治维新和有关维新问题的日本人著作。这类的译书在二十世纪初约有十八九种之多，其中有《日本维新三十年史》（博文馆编，罗普译，广智书局1902年版），《日本维新政治汇编》（刘庆汾译，1902年版），《日本维新人物志》（4卷，冈本监辅编，金港堂1903年版），《明治维新四十年政党史》（太阳杂志社编，胡源汇、张恩绶译，保定官书局1907年版）。可见在二十世纪初的日文著作的中译本中，一度出现过"维新热"。

据谭汝谦主编的《中国译日本书综合目录》的统计资料，1896—1911年，日文著作的中译本共约958种，细目如下：

总类8、哲学32、宗教6、政法194、军事45、经济44、社会7、教育76、史地238、语文133、艺术3、科学249、技术243，合计958。①

从这个统计中可见日本书籍的中译本，以科学技术的数量最多，占第一位；其次是政法史地居第二位；第三位则是语文、教育类。从译书的门类来看，它涉及的范围是相当广泛的。这反映了当时先进的中国人和留日学生欲救祖国于危亡而勤奋向日本学习的爱国倾向，正如郭沫若在《中日文化的交流》一文中所说的：

"中国就是这样地倾力向日本学习，更通过日本学西洋的文化。由于当时受到某种客观的条件的限制，中国的资本主义阶段的革命并未成功。但向日本学习的结果，却有巨大的收获，这个收获既有助于打破中国古代的封建因袭，同时又有促进中国近代化过程的作用，换言之，近代中国的文化，是在很多方面受了日本的影响的。"

留日学生的翻译团体，主要有译书汇编社、教科书译辑社、普通百科全书、湖南编译社、闽学会等。

仅就教育方面的著作来说，这几个翻译团体出版了下列的一些译书：

《教育论》（英·斯宾塞）、《教育论》（法·卢梭）、《教育论》（美·如安诺）、《东西洋教育史》（日·中野礼四郎）、《女子教育论》、《学校建筑模范图》、《教育学》（日·熊谷五郎）、《教育学新书》《教育学问答》《教授学问答》《学校管理法问答》（日·富山房）、《欧洲教育史要》（日·谷本富）。

其中一些欧美的教育著作是由日文重译的。此外还有一些其他单位和个人的译书，如：《德国学校制度》（日·加藤驹二），《心理教育学》（日·高岛平三

---

① 陈应年：《近代日本思想家著作在清末中国的介绍和传播》，载北京市中日文化交流史研究室编《中日文化交流史记文集》，1982。

郎），《读书法》（日·泽柳政太郎），《日本学校章程汇编》等。

通过这些日文的中译书，把欧美和日本有关教育方面的新理论、新思想介绍到近代中国来，这对于当时中国的教育界和知识分子，无疑是起了启蒙的作用的。它对近代中国的教育改革也同样达到了促进和借鉴的目的。

教科书译辑社的任务则是"编译东西教科新书，备各省学堂采用"。其重点是专译中学教科书为国内新办的学校提供教材。

教科书译辑社最早的出版计划，包括有下列书籍：

《伦理学》、《东洋史》、《中国地理》、《中（等）地文学》（日·矢津昌永）、《初等几何学教科书》（日·长泽龟之助）、《平面三角学》（日·菊池大麓）、《中等化学教科书》、《中等植物学》（日·三好学）、《新式矿物学》（日·胁水铁五郎著）、《体操教范》、《法制教科书》、《中等管理教授法》、《中国历史》、《西洋史》、《中等万国地理》（日·矢津昌永）、《算术小教科书》（日·藤泽利喜太郎）、《代数学》（日·上野清）、《中等物理教科书》（日·水岛久太郎）、《普通生理教科书》（日·片山正义）、《中等动物学》（日·石川千代松）、《图画术》、《国民新读本（英文）》、《经济教科书》。①

郭沫若在回顾他青少年时代在四川读中学时的情景时说道："中国为了向日本学习，在派遣留学生去日本的同时，又从日本招聘了很多教师到中国来。我们当时又翻译了大量的日本中学用的教科书。我个人来日本以前，在中国的中学所学的几何学，就是菊池大麓先生所编纂的。"②

这些教科书的翻译、出版和传入中国，对于"西学""新学"输入到近代学校，教学内容的改革和更新起了很大的促进作用，同时也是中日两国文化教育交流的重要内容之一。

三、 官员的教育考察

为了解日本的教育状况，清末政府也曾派出一些官员到日本考察教育。姚锡光曾奉张之洞的命令赴日考察，1898年他写了《东瀛学校举概》一书。这本书就是一部教育考察报告，内容分普通学校、陆军学校、专门学校、特殊学校等章节，分门别类介绍日本学校。该书在1899年及1900年再版，可见颇受欢迎。

安徽省也曾派按察使李宗棠专程考察日本教育。归国后，他除撰写《考察学

---

① 参见实藤惠秀：《中国人留学日本史》，谭汝谦、林启彦译，生活·读书·新知三联书店，1983。

② 参见郭沫若：《中日文化的交流》，载《东洋》1935年12月号。

务日记》外，又出版《考察日本学校记》16册。

1902年，吴汝纶赴日本视察教育，前后居留了三个月。他一方面考察各种文化设施，另一方面参加文部省主办的有关学制的讲座，并且访问日本朝野知名人士。他在他的《东游丛录》一书中曾留下了详细的记载。下面摘引有关日本人士谈话的片段：

大学总长山川健次郎指出："大学校宜先设速成科，请他国教师开讲，别设译人译之。或有谓译人不能通各种学问者，此语诚然，然除文学以外，各种学科，大都不外谈理。谈理之事，无有不可明者。且此本为一时之急，非久计也。……速成科外，宜特设正科。"

帝国教育会会长辻新次说："招募贵国年少有为之士，既通贵国学问者，授以浅近普通学互换智识，两途并进，务期速成。限以一年，往复无已，递传递广，或足济贵国教育一时之急乎。"

日本人士的这些意见和建议，皆主张中国宜以推行速成教育为主，但亦要发展正式的教育，它后来为清末政府所接受。所以在留日学生中，"速成教育"一时蔚成风气。"速成教育"虽然对促进中国发展新文化曾起过一定的积极作用，但是由于时间短促，在学业水平上未能达到真正"留学"的要求，这无疑是一个重大的缺陷。

日本的教育家当中，也有希望中国的女子能接受到新式教育的。日本山阳女子学校前校长望月兴三郎与吴汝纶谈话时就向吴氏极力陈说女子教育的重要：

"固国础之道，在于育英，育英之方法不一，大设学堂，虽谓良法，抑亦末也。欲获人才，须造良家庭。欲得良家庭，须造贤母。贤母养成之道，在教育女子而已。故曰：国家百年之大计，在女子教育。无他，是教育之根本，而实巩固国础之法。……贤若孟母，而后有亚圣。无华盛顿之母，焉有开辟美国之伟功耶。女子教育之要，如斯明明也，世之顽冥者，以之为迂远，徒盛男学堂，以欲养成人才。而入学堂者，其心不纯，其知不明，屈于朽木。何以得为栋梁也。先生明敏，既看破此理，画贵国百年之长策，可不以女子教育为急务也哉。"

吴汝纶的《东游丛录》中的一些日本人士的建议和意见，对中国近代的教育改革和女子教育产生了新的刺激。所以在二十世纪初期中国开始有女子到日本留学。到了1907年，仅在东京一地，便有近一百名中国女留学生。

当时日本的一些人士对中国的女留学生留下美好的印象："此等留学生，举止娴雅，志趣高尚，对日本人亦不畏惧，彬彬有礼，为日本妇女所不能及。"①

1907年，清政府正式规定公布了《女子师范学堂章程》和《女子小学章程》。从此中国算是有了正式规定的女子教育制度，这也应说是中国教育制度上

---

① 参见《中国女学生留学于日本者之声价》，《大陆》1902年12月。

一个重大的改革。

四、聘请日本教员

在1900年以前，虽然也有日本教员来到中国，但是成为一种风尚则是在二十世纪初期。应中国招聘的日本教员人数，最多时达到600名左右。

日本中岛半次郎在他所写的《日清间之教育关系》一书中，对中国各省市聘请日本教员的学校名称有明确记载。仅北京、南京、成都三处，就有三十余所学校。当时日本教员讲授的科目主要有日本语、工业、博物、数学、理化、农业、音乐、手工、政法、经济、教育、哲学、地理、历史、医学、商业、警务、电话事务、兵科、图画等。日本教员讲课的时候，几乎全部用日语讲授，故须由曾经留日或在日本人所办的学校读过书的中国人传译。讲中国话流利的日本教员固然可以不用传译，但为数不多。

从国际文化教育交流的角度来看，聘请外国教员，是一种合乎客观规律的现象。这是仅次于派遣留学生的一条重要途径（不仅教育领域是这样，其他经济、医学、文化、科技部门也是如此）。这个办法有它的一些优点和特点：一是使本国急需和空白的学科，由于有了外国教员的讲授而得到建立和发展（有时只依靠输入某种新学科、新教材是不够的，还需要有能够传授这门学科的较高水平的师资）。二是它能够使更多的本国学生在自己的国土上较快得到新的文化科学知识，比派遣留学生节省更多的费用。三是它加强和促进了各务学术界、教育界人士的来往，有利于促进国际文化教育交流。

近代中国和日本之间的文化交流，是二千多年来中日人民友好关系历史上非常有意义的篇章，值得我们珍视。

（1）清朝末年，中国面临瓜分危亡的局面，先进的中国人为了使国家复兴，艰苦奋斗，寻找革命真理。因为日本人学习西方有效，中国人也想向日本人学，辛亥革命前后所学的西方资产阶级民主主义的文化，即所谓"西学""新学"，不少是通过日本学到的。这使封建主义的"旧学"发生了一定的动摇和冲击。辛亥革命前夕，在日本的中国留学生结社集会，出版刊物，翻译西方资产阶级政治社会学说的著作，为反对帝国主义，推翻清朝封建统治革命，制造了舆论。这些活动的影响传到了国内，配合国内的革命活动，起了先锋和桥梁的作用。

中国民主主义革命的伟大先行者孙中山先生就曾以日本为革命运动的根据地，并且得到了日本人民的同情和支持。中国人民开始学习马克思主义，也同日本思想界、学术界对马克思主义学说的介绍有很大的关系。早在二十世纪初，中国的资产阶级民主主义革命者已经从日本书籍中学习了马克思、恩格斯的生平及《共产党宣言》的要点。中国早期译述的马克思主义经典著作，有许多是从日文转译而来的。这些译著对于五四运动前后马克思主义在中国的传播，是有帮助的。

（2）在教育领域里，通过派遣留学生，翻译日文书籍，派官员赴日考察，聘请日本教员等途径和措施，把资本主义比较先进的教育制度、教学内容、教育理论和方法陆续地介绍和移植过来，对清末和民初中国的教育改革是起了重大影响的。

（3）大量的自然科学、工程技术、哲学社会科学译著的传入，对繁荣近代中国的学术风气，打开中国学术界、教育界的眼界，起了启迪的作用。这个时期，《西洋哲学史》《法律泛论》《国际公法》《万国地理学新书》《地质学》《有机化学》《植物学新书》《农艺化学》《船舶论》《应用机械学》《商业经济学》《森林保护学》等日文中译书籍像潮水一般涌进中国，中国的知识分子真是"若行山阴道上，应接不暇"，耳目为之一新。

辛亥革命前后，由于新学的传入，新名词、新术语风行一时，连小学生也能说上几个新名词来，当时这些新的词汇多是从日本输入的。它涉及的范围很广，包括哲学、社会科学、自然科学、工程技术和一般日常用语等方面，诸如：政党（政治）、民主（政治）、运动（政治）、景气（经济）、分配（经济）、资本（经济）、范畴（哲学）、扬弃（哲学）、理性（哲学）、权利（法律）、义务（法律）、仲裁（法律）、导师（教育）、讲座（教育）、学位（教育）、原子（物理）、固体（物理）、放射（物理）、细胞（生理）、神经（生理）、静脉（生理）、机械（工程）、建筑（工程）、下水道（工程）、印刷品（文化）、出版物（文化）、展览会（文化）、手续（一般用语）、场合（一般用语）、小型（一般用语），等等。这些词汇的输入和流行，不仅使汉语的词汇更加丰富，同时也给我们学习近代科学文化知识带来很大的便利。所以新词汇、新术语的输入也是中日两国文化教育交流的重要内容之一。

回顾近代中国与日本文化教育交流的一段历史，对于加强中日人民之间的友谊是有重要意义的。

（原载《华南师范大学学报》1986年第1期）

南宋书院的教学与教育流派的发展

南宋是我国古代书院发展的极盛时期。南宋书院在规模、地位、作用和影响上都大大地超过当时的官学，成为南宋重要的教育机构。这时以朱熹、张栻、吕祖谦、陆九渊等主持或兴办的白鹿洞书院、岳麓书院、丽泽书院、象山精舍等为代表，它们积累了丰富的办学、教学经验，开创和传播了一代学风，继承和发展了古代的教育思想，促进了当时学术流派的发展，并对其后七百多年的封建社会教育产生了深刻的影响，做出了重大的贡献。

一

南宋著名的书院，差不多都是当时教育的中心和著名学者进行学术研究的场所。因而可以这样说，南宋的书院是实行教育、教学与学术研究相结合的。例如，吕祖谦创办和主持丽泽书院，他学问渊博，治学态度严谨，不论对前人还是对同时代人的学说见解，不以门户相待，而是"兼总众说，巨细不遗，挈领提纲，首尾该贯……浑然若出一家之言"①。他的讲学深受学生欢迎，因而"四方

---

① 《朱文公文集》卷七十六。

之士争趋之"①，在当时思想界、学术界影响很大，与朱熹、张栻齐名，自成一派，称为"婺学"。

他的主要著作是《东莱左氏博议》。全书以《左传》所写的史实为题，用议论文的体裁，叙述吕祖谦的政治、哲学、伦理等观点，文字淳朴精练，为当时读者所喜爱，曾作为书院学生习作时的范文而广为流传。

第一，当时许多南宋学者的著述往往都是书院讲学时的讲义或教材。例如，朱熹的《四书章句集注》《朱子语录类编》，吕祖谦的《丽泽讲义》。有些是先成书而后成为教材的，有些是先讲授而后成书的，有些则是由学生听讲的笔记汇集而成的。

这样一来，学术研究成为书院教学的基础，学者们潜心研究的学术成果为书院教学提供了新鲜而丰富的内容，而书院的教学又是使学者们的研究成果得以传播和进一步发展的必要条件。二者互相依赖，互相促进，这是南宋书院制度第一个突出的特点。

第二，南宋的书院允许不同的学派进行会讲，开展争辩，在一定程度上体现了"百家争鸣"的精神。在南宋虽然是理学占统治地位，但是由于学派林立，自成流派，所以不仅理学内部存在着论争，理学与其他学派也展开了激烈的斗争。例如，朱熹和陆九渊的分歧是理学家的内部分歧，朱为客观唯心主义者，陆为主观唯心主义者。两者都肯定"理"是永恒不变的封建道德。他们都力图利用教育和封建道德作为加强和巩固封建地主阶级统治的工具。但是由于支持的是不同的学派，两者在哲学观点，教育、教学观点以及道德修养方法和治学方法等方面都存在着分歧并展开过激烈的论争。

朱熹与陈亮的分歧则是理学与功利之学的争论，也是唯心主义者与唯物主义者之间的分歧。两者不仅在哲学思想、政治思想上展开了激烈的论争，同时在教育观点上也有很大的分歧。陈亮提倡功利，反对空谈性命，是一个热情的爱国主义者，"复仇自是平生志，勿谓儒臣鬓发苍"，他十分注意现实，重视改革，他的思想在不少地方与朱熹是对立的。

历史上传诵一时的"鹅湖之会"就是在公元1175年（淳熙二年），朱熹与陆九渊、陆九龄、吕祖谦等一起在信州鹅湖寺，进行了一场辩论。在辩论中，显露了朱学和陆学的分歧，朱以陆教人太简，陆以朱教人支离，意见相左，争论不休。

"鹅湖之会"规模不算很小，虽然直接参与辩论的是朱熹和陆九渊兄弟，但

---

① 《宋史·儒林传》。

列席旁听者不少，如刘子澄、赵景昭、赵景明、潘叔度，还有朱熹、陆九渊、吕祖谦的若干门人。鹅湖寺处闽、浙、赣交界，有关学者闻风而来，估计不会少于二十来人，相当于现代的学术讨论会。"鹅湖之会"在中国古代学术史、教育史上应该说是一个典型，它对当时和后来的学术发展都起了良好的作用。

但是学术上的争端并没有妨碍他们之间的交往。公元1181年（淳熙八年），陆九渊至南康，请朱熹为陆九龄写墓志铭。朱熹邀陆九渊到白鹿洞书院讲学。陆九渊的讲题是《论语》中的"君子喻于义，小人喻于利"两句。陆九渊讲述敷畅，恳切明白，据说学生中有感动得流泪的。朱熹对陆九渊的演说非常满意，认为"切中学者深微隐痼之病"[1]。朱熹请陆九渊把讲稿留下来刻石为记，使诸生得以经常反省深察。

朱熹对不同学派、不同观点的人，非但不排斥、拒绝，还主动请他们讲学，承认人之所长、己之所短。这种虚怀若谷的精神，应该说是难能可贵的，它对书院的学风和学术文化的发展、繁荣起了一定的影响。

第三，南宋书院往往聘请学识渊博、德高望重的名师、学者主持院务。这是保证和提高书院的教学质量和学术水平的关键。同时由于某一著名学者在某一个书院讲学，传播他的学说和观点，因而使书院名噪一时，使四方学子闻风而聚，并形成了具有特色的学术流派和教育流派。南宋书院的兴盛和学术的繁荣与此是有密切关系的。

第四，南宋的书院教学一般提倡以学生的自学为主、教师的讲授为辅。强调学生自己读书钻研，"自求自得"，目的在于培养学生独立学习的能力，发展学生的兴趣。教师的讲授则是启发式、引导式的，并重视对学生读书的指导。教师在教学过程中还注重反复质疑问难、解答问题、讨论争辩等。这种教师与学生之间、学生与学生之间的互相切磋，有利于学生的学习和思维的不断升华。这比一般官学的只是教师讲、学生听的呆板生硬的教学优越得多。

朱熹在这方面积累了丰富的经验。他要求学生自己要下苦功夫，自己勤学苦钻，教师的任务只是"做得个引路人"，"师友之功，但能示于始而正于终耳。若中间三十分工夫，自用吃力去做"[2]。就是说教师只是在开始时引导指点，在一个阶段学习终结时给予正确的裁断和帮助，而学习主要还是依靠学生自己刻苦钻研。

朱熹死后，他的学生们将朱熹的意见归纳为"朱子读书法"六条。程端礼

---

[1] 《朱文公文集》卷八十一。
[2] 《朱子语类辑略》。

的《程氏家塾读书分年日程》记载：朱熹"门人与私淑之徒，会萃朱子平日之训，而节取其要，定为读书法六条：曰循序渐进，曰熟读精思，曰虚心涵泳，曰切己体察，曰著紧用力，曰居敬持志"。这六条无疑贯穿着学生要刻苦自学、虚心体会、专心致志的精神和态度。

南宋书院的这些教学特点，给我们留下了十分丰富而宝贵的遗产，是值得我们去研究的。南宋的理学分为许多流派，它们之间虽然具有不少共同的、基本一致的特点，但是也存在着不少分歧。因此体现在学术上、教育上也出现了不少不同的流派，正如百花争艳，各呈异彩，不仅促进了当时教育理论和方法的发展，同时对后期中国封建社会教育产生了巨大的影响。

二

南宋是教育名师辈出的时代，朱熹、张栻、吕祖谦、陆九渊、陈亮等是其中的佼佼者。他们不仅在学术上树立自己的学派，在教育上也形成了不同的教育流派，他们讲学所在的书院也因而闻名于当世和后代。

朱熹一生在白鹿洞书院、岳麓书院、武夷精舍和沧州精舍等处讲学，长达五十年左右，著述甚多，涉及哲学、经学、史学、文学、教育以至自然科学等各个领域，他是宋代理学的集大成者。他创立的学派被称为"闽学"或"朱学"。

王懋竑编著的《朱子年谱》记载了朱熹在白鹿洞书院办学、教学的简况："淳熙六年（1179），五十岁。（知南康）冬十月，复建白鹿洞书院。明年三月讫功，率宾佐合师生脩释菜之礼。……又奏乞赐书院敕额及《九经》注疏，并遍求江西诸郡文字藏之。又置田以赡学者。每休沐辄一至，诸生质疑问难，诲诱不倦。退则相与徜徉泉石间，竟日乃返。（订有）《白鹿洞书院学规》。"

朱熹在教育上提出了"存天理、灭人欲"的教育宗旨，在教学理论方面提倡"解疑"（解决疑难）、"精思"（精心思考）以及强调做学问要注意融会贯通等。他说："读书始读，未知有疑。其次则渐渐有疑。中则节节是疑。过了这一番后，疑渐渐释，以至融会贯通，都无所疑，方始是学。"①

朱熹把学习知识必须反复钻研、精心思考、逐步消化才能有所收益比喻为"譬如饮食，从容咀嚼，其味必长，大嚼大咽，终不知味也"②。他还主张学习或

---

① 《晦翁学案》。
② 《学规类编》。

做学问要打好基础，好像"人要起屋，须是先筑教基址坚牢，上面方可架屋"①。

朱熹又强调读书或学习要从易到难，从浅到深，从近到远。他说："如攻坚木，先其易者而后其节目，如解乱绳，有所不通，则姑置而徐理之，此读书之法也。"②"读书须是遍布周满，某尝以宁详毋略，宁下毋高，宁拙毋巧，宁近毋远。"③

朱熹的上述教学理论实际上是他自己教学和治学经验的总结，它在一定程度上是反映了教学的客观规律的。

在南宋的教育诸流派中，朱熹在教学理论方面做出的贡献是杰出的，也是中国古代教学遗产中的珍宝。

在中国古代德育理论发展史上朱熹也发表了许多深刻的见解，他第一个比较系统、完整地提出了"读书穷理"的德育原理——"为学之道，莫先于穷理，穷理之要，必在于读书"。所以他要求人们和他的学生，要从儒家经典教条中去学习，以穷其理，他认为"理"（即封建主义的"三纲五常"）都蕴藏在这些儒家经典之中，知识分子必须熟读研究。而读经书的目的并不在于学得一些知识，而主要在于领会经书中的立场、观点、方法，并用读经书所体察到的封建道德教条指导自己的道德行为。朱熹这个观点自然是为巩固封建地主阶级统治服务的。但是在这里朱熹看到了智育与德育之间的联系，寓德育于智育之中，以现代的术语来说，就是通过文化知识的传授这个渠道，对学生进行封建主义的政治思想、道德品质教育。从研究德育原理的普遍规律这个角度来看，朱熹这个观点是可以批判地吸收的。

在实施德育的过程中，朱熹是特别强调"践履躬行"的教育家。所以，他特别注意道德行为的训练，并主张从儿童幼小的时候就抓起，并且要抓紧、抓好。他为儿童编写的《童蒙须知》（类似《小学生守则》），对儿童日常生活中必须遵守的道德规范、礼仪规范、行为细节都详细地做了规定，教导和训练儿童按照这些规定去行动，以便使儿童从小就形成封建主义的道德行为和习惯。

朱熹还把古人所谓的"嘉言善行"，记录汇集成为小册子，称为《小学》，作为对儿童进行道德教育的材料。书中所举的"嘉言"和"善行"都被视为在封建主义道德、思想、行为上应该学习的楷模。例如，"晋西河人王延，事亲色养，夏则扇枕席，冬则以身温被，隆冬盛寒，体常无全衣，而亲极滋味"，这可

---

① 《朱子语类辑略》。
② 《朱子大全·读书之要》。
③ 《朱子语类》卷十。

谓是封建主义孝子的典型，也是封建地主阶级经过精心选择的、赖以进行封建主义道德教育的材料。朱熹所挑选的这些材料，虽然有一些是封建主义的糟粕，但其中也有一些可取的因素，如劝告人们"当惜分阴"，应怀有"先天下之忧而忧，后天下之乐而乐"的抱负，应该勤俭持家，等等，这些在封建社会和人民群众中一直被认为是一种美德。

朱熹又是德育方法的集大成者，他提出了像"主敬""存养""省察""窒欲"等道德教育的方法和途径。例如，他说：一个人如果要搞好自身的道德修养，他自己应该"无时不省察"。就是说朱熹要求人们和他的学生要时时对自己的思想和行为严格地加以反省和检查，防止一切违背封建主义道德规范的思想和行为的萌芽和发生。

朱熹的教育思想体系是具有自己的特色的。他形成的独特的学术流派和教育流派，不仅在中国古代教育史上占有重要的地位和影响，在国外，特别是在朝鲜和日本也颇为流行。

陆九渊是南宋另一位著名的思想家和教育家，他中年以后曾在贵溪象山居住讲学，自号象山居士，也被称为象山先生。

《象山全集·卷三十六》曾记载陆九渊当时讲学的情况："先生常居方丈。每旦精舍鸣鼓，则乘山筜至，会揖，升讲坐，容色粹然，精神炯然。学者又以一小牌书姓名年甲，以序揭之，观此以坐，少亦不下数十百，斋肃无哗。首诲以收敛精神，涵养德性，虚心听讲，诸生皆俯首拱听。非徒讲经，每启发人之本心也。间举经语为证。音吐清响，听声无不感动兴起。初见者或欲质疑，或欲致辩，或以学自负，或有立崖岸自高者，闻诲之后，多自屈服，不敢复发。其有欲言而不能自达者，则代为之说，宛如其所欲言，乃从而开发之。至有片言半辞可取，必奖进之，故人皆感激奋砺。平居或观书，或抚琴。佳天气，则徐步观瀑，至高诵经训，歌楚词及古诗文，雍容自适。虽盛暑，衣冠必整肃，望之如神。"

陆九渊的思想体系也是具有鲜明的个性特色的，其理论宗旨是"发明本心"。这与当时朱熹一派的"格物穷理"有所区别，在南宋理学阵营中树立了新的学术流派和教育流派，被后人称为"陆学"或"心学"。

因而陆九渊与朱熹之间无论在学习方法和治学方法，还是在道德修养的观点和途径等方面都存在着争论和分歧。

朱熹无论自己治学还是指导学生学习，走的都是读书博览的途径。他强调"穷理之要，必在于读书"，而且主张读书时要在"求其义"上狠下功夫。例如，穷究孝之理时就要去研讨《论语》中许多论"孝"的章节和内容，要在文字和注解上"格"一番。

陆九渊则不那么强调读书，不赞成"苦思力索"，孜孜于章句、传注之间。他认为一个人不识一字，如能自存本心，也可成为圣贤。

所以，在治学方法上，他提出"学苟知本，六经皆我注脚"①。陆九渊平生一贯反对对儒家经典做注释工作，他认为郑玄、朱熹注经都是徒劳无益的。因为人只要"明心"（他认为：一切知识和真理，包括伦理道德的知识，先知先觉者的知识以及是非的标准，都具在我"本心"之中），自己的心与六经就可以互为佐证，何必去注经呢？故有人问他，先生何不著书？他回答："六经注我，我注六经。"②

他批评朱熹的治学和学习方法是一种支离破碎的方法，舍本逐末。他曾自负地把自己与朱熹比较："易简功夫终久大，支离事业竟浮沉。"③自然陆九渊这个观点同样遭到朱熹的反驳。朱熹说："子寿兄弟气象甚好，其病却在尽废讲学。"④ 对此，陆九渊极力加以争辩："何尝不读书来，只是比他人读得别些子。"⑤

陆九渊自诩"比别人读得别些子"，主要是指读书要以精熟为贵，以意旨为目的。他认为读书不必求快，而应选择切己有用者少而精读之。他说：

"书亦改不必遽而多读，读书最以精熟为贵。"⑥

"读书固不可不晓文义，然只以晓文义为是，只是儿童之学须看意旨所在。"⑦

陆九渊曾援引一学者的诗来概括他的读书经验和主张：

"读书切戒在荒忙，涵泳工夫兴味长。未晓莫妨权放过，切身须要急思量。自家主宰常精健，逐外精神徒损伤。寄语同游二三子，莫将言语坏天常。"⑧

陆九渊的这些读书经验和主张，表明他把读书看作是陶冶性情、涵养道德的过程，而不是扩展知识、增强智慧的过程。这是他的见解独到之处，但也是他的缺陷所在。因为人类的道德完善和知识积累是相辅相成的，两者缺一不可。

在道德修养上，朱熹要求人们和他的学生多诵读一些儒家经典的封建主义教条，而陆九渊则认为只要"立本""立心"的基本功夫搞好了，即把封建地主阶级的立场站稳了，封建主义的信念树牢了，书读少一些也没有关系，甚至认为

---

① 《语录》。
②③⑧ 《象山先生全集》卷三十四。
④ 《朱文公文集》卷三十一《答张南轩》之十八。
⑤⑦ 《象山先生全集》卷三十五。
⑥ 《象山先生全集》卷十四。

"不识一个字，亦须还堂堂地做个人"①。所以他和朱熹辩论时曾提出"尧舜读何书来"，但并不妨碍他们成为"圣人"。

在体认封建伦理的方法上，朱熹主张今日格一物，明日格一物，今日穷一理，明日穷一理，一步步地逐渐积累，最后，"一旦豁然贯通"。从学习过程和德育过程的角度来说，就是人的认识有一个过程，由小到大，由部分到全体，在渐变的基础上产生"豁然贯通"的飞跃，从而完成学习认识和道德修养。

陆九渊则主张"先立乎其大者"②，即首先体认人心中固有之理，明确地在思想上确立封建伦理的基本原则，不必在细微之处"零零碎碎下功夫"。

在陆九渊看来，如果思想上还没有确立封建伦理的基本原则（即"先立其大者"），就像朱熹主张的那样去"泛观博览""读书穷理"，结果反而书读得愈多，知识学问愈丰富，犯的错误就愈大。因为什么书都读，就会接受各色各样思想意识的影响，如果没有一个坚定的封建主义立场、信念，书读多了反倒会读出个异端思想来。那就等于给贼寇以兵力和粮食的援助，这是多么可怕啊！（"然田地不净洁，亦读书不得，苦读书，则是假寇兵，资盗粮。"③）陆九渊所说的"田地不净洁"就是指本心未明，尚未具备明确坚定的封建主义立场、信念的意思。

陆九渊的学术没有朱熹宽广，但其唯心主义世界观和道德修养的坚实程度毫无逊于朱熹，他这一具有特色的学术流派和教育流派对后期的封建社会教育思想有重大的影响。

南宋时期，还有一个著名的思想家、教育家吕祖谦，吕祖谦及其学派在学术界、教育界占有重要的地位。他曾与朱熹、张栻齐名，号称"东南三贤"。他以其独立的学派，而与朱、陆鼎立。他的学派被称为"吕学"或"婺学"。

吕祖谦的学术和教育活动主要在丽泽书院。他在学术上气量较大，待人诚恳，而且又善于听取各学派的意见。因此，当时各学派的代表人物，如朱熹、张栻、陆九渊、陈亮、叶适等皆乐意与之交往。全祖望在评价南宋诸学派的特点时说："宋乾淳以后，学派分而为三：朱学也，吕学也，陆学也。三家同时，皆不甚合。朱学以格物致知，陆学以明心，吕学则兼取其长，而又复以中原文献之统润色之，门庭径路虽别，要其归宿于圣人则一也。"④

---

① 《象山全集》卷三十四。
② 《象山全集》卷一。
③ 《象山全集》卷三十五。
④ 《宋元学案·东莱学案》。

吕祖谦在教学、治学上的主要特点是不囿于门户之见，兼容并蓄。他主张做学问的人要慎重对待不同的学术观点，并认真研究。如果只依据自己一派的观点或利益来决定向背，这样就开拓不了眼界，也不能与其他学派的人交往相处。他说：

"大抵为学须当推广大心，凡执卷皆是同志，何必与亲厚者及相近者方谓之同志，而疏远者便不是同志之理，此只是一个忌心。"[①]

这里吕祖谦所谓的"执卷"人就是读书人，以现代的术语来说，就是学术界、教育界的同行，大家都应以"同志"的态度和精神互相对待。

在学习和治学方面，他主张："学者……欲进之则不可有成心，有成心则不可舆进乎道矣。故成心存则自处以不疑，成心亡，然后知所疑矣。小疑必小进，大疑必大进。"[②]

吕祖谦上面所指的"成心"就是某种条条框框。人的头脑如果被条条框框束缚住，学问就难以取得进步。有了"成心"，读书时就不会存疑，而是一味迷信书本，也就不会深入去探讨书中的精义，或者发现书中的谬误。只有消除了"成心"，才能对书产生疑点。吕祖谦这个观点确是学习、治学的有益格言。

吕祖谦又强调为学要讲求实用，知识分子应该有一点经世致用的本领。所以他对陈亮功利学派所提倡的"各务其实"的学风极为赞赏。相反的，他对朱熹、陆九渊这二派只以培养"醇儒"为目标的教学是不满意的。他认为所谓"醇儒"实际上不过是一些空谈性命之理的道学家。所以他说：

"大抵为学。不可令虚声多，实事少，……本心已不实，学问已无本矣。"[③]

因此他希望封建社会的教育和教学，不仅是只培养一些封建伦理纲常的坚决拥护者，在王朝危难的时刻能尽忠尽节，还要着重培养这些人成为在地主阶级事业处于危机之时，能拿出拯救国家的具体办法，并具备处理政务的实际能力的"实用"人才。在培养什么样的人才这个问题上，吕祖谦实际上是吸收了朱熹、陆九渊与陈亮所树立的学派的观点，兼容并蓄，从而形成了自己别具一格的见解。

吕祖谦还特别提倡为学要有独立见解，要敢于跳出前人的窠臼，他指出：

"今之为学，自初及长多随所习熟者为之，皆不出窠臼外。惟出窠臼外，然后有功。"[④]

---

① 《吕东莱文集·史说》。
②③ 《吕东莱文集·杂说》。
④ 《吕东莱文集·易说》。

的确是这样，如果一个做学问的人老是重复别人说过的话，人云亦云，思想僵化，那么就永远超越不了前人，因而也就不会有什么新的建树。

在德育论方面，吕祖谦认为在"仁义礼智"等封建道德中，最重要的是"仁"和"礼"。他把"仁"看作是伦理道德最完善的标准。

但是怎样才能达到"仁"的境界呢？他提出了"复善""诚存""居敬"等道德修养的方法。他认为：人生来就有"善端"，虽然"天理"有时被私欲所蔽，但只要"人之一心善端发现"，"天理"最终必复。"虽穷凶极恶之人"也能改恶从善。① 吕祖谦的所谓"复善"实质就是通过人的内心修养，把已丧失掉的"善心"恢复过来。

他又强调："人之于道，须先立其根本，……立其诚而使之内外一体，然后可以居业也。"②

"敬之一字，乃学者入道之门。敬也者，纯一不杂之谓也。"③

可见吕祖谦所说的"诚存""居敬"，实质就是要求人们排除一切杂念、私欲，而专心致志地进行内心修养。这样，就可以达到"内外一体"的"仁"的境界。吕祖谦的德育论观点可以说是渊源于孟子，并在不同程度上接受了佛教思想的影响，这一方面跟南宋理学其他流派的思想家、教育家是有相近之处的。

概括来说，南宋教育流派的发展是具有下面若干特色的：

（1）南宋的思想家、教育家往往是以某一所或几所书院为基地，作为讲学的场所，传播自己的学说和观点，从而形成了别具一格的学术流派或教育流派。

（2）南宋的各个学术流派和教育流派之间展开争鸣，争奇斗艳，促进了南宋学术的繁荣。它们之间又互相吸收并蓄（包括吸取佛、道的思想营养），创造了理学发展的新局面。

（3）南宋书院兴盛，名师辈出，学术流派繁多，三派是有着密切关系的。之所以出现这种局面，是因为当时的书院有别于官学，它有相对的独立性。同时与南宋的封建地主阶级内部尚容许有限度的自由讲学（尽管仍有各种干扰和斗争）也是分不开的。

（4）一个学术流派和教育流派要存在和发展，除了这个学派的创始人具有较高的声望和学术造诣外，当时和后来的统治阶级是否扶植和推崇也是至关重要的。另一个重要因素就是某一个学派创始人的弟子和后学，是否坚持、维护和发展学派创始人的学说，使之能够发扬、繁衍，这也是必不可少的。"朱学"和

---

①③ 《吕东莱文集·杂说》。
② 《吕东莱文集·易说》。

"陆学"在后期的封建社会之所以得到发展、繁荣，形成了所谓"程朱学派""陆王学派"，其原因也在于此。

南宋书院的教学是具有特色的，在中国古代教育史上占有重要的地位，它对南宋的学术流派和教育流派的形成起了促进的作用，是值得我们去深入研究的，以便我们更好地批判地继承这份珍贵的教育遗产。

（原载《上饶师专学报·朱熹研究专辑》1986年第3期）

中国古代的因材施教

因材施教是中国古代教育史上一个重要的教育思想和方法，它是在中国古代个别教学制度的基础上形成起来的。在这方面中国古代的教育家都积累了丰富的经验，并提出了不少深刻的见解。

（一）

在教育过程中，要把所有的学生都培养成优秀的人才，这实际上在中国古代教育中是很难做到的。因为成为"尖子"的只能是学生中的小部分。所以，在人才培养的方法上，古代的教育家往往是采取普遍培养和因材施教相结合的措施。孔子是在这方面积累了比较丰富的经验的伟大教育家。

孔子的弟子号称有三千人，而"身通六艺者七十有二人"。按照孔子的人才标准，这七十二人可以列入优秀人才的行列。而其中特别拔尖的仅有十人，即颜渊、闵子骞、冉伯牛、仲弓、宰我、子贡、冉有、子路、子游、子夏。孔子对这些学生则特别精心培育。颜渊是孔子最为推崇的"尖子"，而颜渊对此的感受也特别深。他曾自述说："夫子循循然善诱人，博我以文，约我以礼，欲罢不能。既竭吾才，如有所立卓尔。虽欲从之，未由也已。"①

意思是说：老师善于有步骤地诱导我们，用各种知识来丰富我的学问，又用一定的礼节来约束我的行为，使我想停止学习都不可能。我已经用尽我的才力，似乎能够独立地工作。要想再向前迈进一步，又不知怎样着手了。

可见，孔子用了极大的功夫，从德、才两个方面对颜渊进行精心培养，"循循善诱""欲罢不能""既竭我才"，是多么深刻和形象地揭示了孔子精心培养颜渊，因材施教的积极态度，以及颜渊勤奋、谨慎谦虚的学习精神。

孔子在教育过程中特别注意发展学生的专长，使他的学生成就各不相同：有的长于"德行"，有的长于"言语"，有的长于"政事"，有的长于"文学"。就政治方面的才能来说也各有所偏重。正如孔子所指出的，子路有治兵之才，冉求有做邑宰之才，公西华有外交之才，等等。

为了实施"因材施教"，首先必须从了解学生入手，摸清楚每一个学生的个性、才能、优点和缺点，教育、教学工作才能从学生的实际情况出发，有的放矢。

孔子了解学生的方法主要有两种：一是利用各种机会同学生谈话，掌握他们的思想、志愿和爱好等。例如有一次孔子与子路、曾晳、冉有、公西华四个学生一起谈话，他问公西华有什么愿望。公西华回答说："非曰能之，愿学焉。宗庙之事，如会同，端章甫，愿为小相焉。"② 意思是说：不是我已经很有本领了，我愿意这样学习。祭祀的工作或者同别的诸侯会盟，我愿意穿着礼服，戴着礼帽，做一个小司仪。

第二种方法是注意平时经常性的观察。正如他所说的："视其所以，观其所由，察其所安。"③ 就是说考察一个人要看他所结交的朋友，观察他用以达到目的的方式方法，考察他的一贯表现。正是由于孔子通过平时的个别谈话和经常的、多方面的细心观察，所以对学生的个性、才能和优缺点是了如指掌的。

例如，他对学生才能的了解和分析：

"由也果（子路果敢决断），赐也达（子贡通达人情事理），求也艺（冉有多才多艺）。"④

又如，他对学生个性的了解和分析：

---

① 《论语·子罕》。
② 《论语·先进》。
③ 《论语·为政》。
④ 《论语·雍也》。

"柴也愚（高柴愚笨），参也鲁（曾参迟钝），师也辟（颛孙师偏激），由也喭（子路鲁莽）。"① 可见，孔子对学生的个性差异是十分了解的，他只用一句话就能够准确地概括出学生的个性特征。

在教学过程中，孔子还善于根据学生的不同情况，对同一个问题做出不同的回答，这些不同的回答又恰恰是针对学生所存在的问题或缺点而说的。例如，仲由（子路）和冉求两人问孔子："闻斯行诸？"（听到道理后就实行吗？）孔子回答仲由则说："你有父兄在前，怎么可以听到就去做呢？"而对冉求则说："听到后应该就去做。"他的学生公西华不明白为什么同一个问题孔子的回答却是相反的，就问孔子，孔子告诉他说："求也退，故进之，由也兼人，故退之。"② 意思是说：因为冉求做事退缩，所以要鼓励他，仲由急躁好胜，所以要约束他一下。孔子的教学能够注意到从学生的实际情况出发，这一点是值得我们吸取的。

在实施德育的时候，孔子也常常是因人而异，对症下药地进行教导。例如：他在答复学生和别人"问仁""问孝"时，常常针对不同的对象做出不同的回答。在《论语·为政》中记载有四个人向孔子问孝，孔子的回答都各不相同。

例如，孟懿子问怎样才算是"孝"？孔子回答说"无违"，即不要违背周礼，"生，事之以礼；死，葬之以礼，祭之以礼"，就是说，无论父母生前死后，都要按照周礼的规定对待他们。

而在孟武伯（孟懿子的儿子）问怎样才算是"孝"时？孔子却回答说："父母唯其疾之忧。"意思是说对父母，要特别为他们的疾病担忧，这样就可算是孝了。

又如子游问怎样才算是"孝"时，孔子则做了另一样的回答："今之孝者，是谓能养。至于犬马，皆能有养；不敬，何以别乎。"意思是说，现在的所谓"孝"，就是能够养活爹娘便行了。对于狗马都能得到饲养；若不存心严肃地孝顺父母，那怎样去分别养活爹娘和饲养狗马呢？

再有子夏问怎样才算是"孝"时，孔子回答说："色难。"就是说儿子在父母前经常要有愉快的容色，这是件难事。

为什么孔子对不同的学生和人们关于"孝"的问题，从各个侧面做了不同的回答呢？东汉的思想家、教育家王充对此做了很好的解释。他说："武伯忧亲，懿子违礼，攻其短。"③ 就是说，武伯怕父母病死、懿子违背礼，所以孔子指出他们的短处。可见孔子注意到要用一把钥匙开一把锁的办法来教人，这是孔子思

---

①② 《论语·先进》。
③ 《论衡·问孔》。

想道德教育的主要手段之一。

孔子的"因材施教"的教育思想和方法为后来的孟子所继承和发展。孟子说："君子之所以教者五：有如时雨化之者；有成德者；有达财者；有答问者；有私淑艾者。此五者，君子之所以教也。"①

可见，孟子在教学中也同样注意到因人而异。有些比较优秀的学生，只要稍加引导，就会像及时的雨水滋润草木一样，很好地成长起来。有些学生在德行方面或才能方面表现得较好，如果再加以教育，也会成为优秀分子。至于一般的学生，则可用问答的方式来解决学习上产生的疑难问题。至于一些不能直接上门受业的学生，则用"闻道以善其身"的方法进行教育。可见，为了适应不同的学生，孟子的教育、教学方法是灵活多样的。

继孔子、孟子之后，《学记》的作者对"因材施教"的教育思想和方法又有新的发展。他提出了"知其心然后能救其失"的观点。所谓"知心"，以现代的术语来说，就是教师必须了解学生的心理特征和个性特点。"救失"就是说在了解学生的心理特征和个性特点的基础上才能纠正各个学生存在的缺点。只有"知其心"才能做到因材施教，教学才有针对性。

《学记》的作者指出，学生在学习上很容易犯四种毛病："多""寡""易""止"。教师必须切实了解。

"多"——贪多，学习过于庞杂，浮泛。

"寡"——孤陋寡闻，知识面狭窄、贫乏。

"易"——把学习看得过于容易，浅尝辄止，浮光掠影，不肯下功夫刻苦钻研。

"止"——对学习有畏难情绪，裹足不前。

自然，学习上的这些缺点、毛病表现在各个学生身上是各不相同的，产生的原因也各异，而教师的教学目的就是应该像《学记》的作者所指出的要善于"长善而救其失者也"，把着力点放在发展各个学生的长处和补救他们的缺点上。

"长善"就是发扬优点、长处，培养良好的学习习惯。"救失"就是纠正缺点和消除坏的学习习惯。《学记》的作者在上面只是明确地提到四种学习的弊病。但是要发扬什么呢？他却没有清楚地说出来。倒是明末清初的杰出思想家、教育家王夫之在他对《学记》这段话的注释中做了很好的阐明：

"多、寡、易、止虽各有失，而多者便于博，寡者易于专，易者勇于行，止者安其序，亦各有善焉，救其失则善长矣。"王夫之的这个解释确是给人们以很

---

① 《孟子·尽心上》。

大的启迪。意思是说：事情有坏的一面，同时也有好的一面。

（二）

唐宋以后，特别是两宋，我国的教育思想发展到了一个新的阶段。同样，在"因材施教"的理论和方法方面也获得了新的补充和发展。

唐代的韩愈在教学上也是主张因材施教。他认为教师教导学生必须像木工处理木材一样，各尽所用。

"大木为杗（造屋的大梁），细木为桷（造屋的椽子），欂栌（柱上的斗拱），侏儒（梁上的短柱），椳（户枢），闑（门限），扂（户牡），楔（门两旁的木柱），各得其宜，施以成室者，匠氏之工也。"①

韩愈这个比喻的意思是说人的才能大小各有不同，如果教师能因其材而教之、用之，就能造就各种各样的人才，并能充分发挥他们的作用。

宋代的张载对因材施教的教学思想和教学方法，一方面继承了《学记》的优良传统，另一方面又总结了他自己的教学经验，提出了下列几个值得借鉴的观点。

（1）张载主张教人要"尽其材"。他说：

"教人至难，必尽人之材，乃不误人。"②

"教人不尽其材……不尽材，不顾安，不由诚，皆是施之妄也。"③

"尽其材"就是要充分发展学生的才能。如果教师教导学生时，不遵循因材施教的原则，就不能发展他们的才能，这就是"教才不尽其材"。如果教师在教学时，不顾及学生的接受能力，就不能使学生安心问学和尽心竭力地去学习，这就是"不顾安""不由诚"。所以，张载认为：这些是违背教学的基本原理的。

（2）张载主张教师教学必须了解学生在学习方面的"难易"和才资方面的"美恶"。他说：

"教人者必知至学之难易，知人之美恶，当知谁可先传此，谁将后倦此。"④

就是说，教材的内容有深有浅，所以学生在学习的过程中就会产生容易和困难的问题。学生由于才资的不同，程度就有好差、高低的区别，教师对这些情况必须了如指掌，才能做到从学生实际的、具体的情况出发，并切合他们的特点传

---

① 《进学解》。
②③ 《张子全书·语录抄》。
④ 《张子正蒙注·中正篇》。

授知识。张载这个观点实际上是《学记》的"君子知至学之难易而知其美恶"思想的继承和发展。

（3）张载主张教学要采用"有如时雨化之者，当其可，乘其间而施之"的教学方法。这个思想实际上也是源于孟子和《学记》的。"当其可"即《学记》上所说的"当其可之谓时"，意思是说，当学生在知识上、心理上已经达到了可以接受某一种或某一阶段学习的时候，教师要及时抓紧进行教育。"乘其间"即教师要善于利用适当的时机。

朱熹在中国古代教育史上是一位在教学原则和方法方面集大成的教育家。他不仅继承了前辈的一些教学理论和方法，而且自己还能够有所发展和创新。

首先，他在他的著作《论语集注》中对孔子的因材施教思想做了深入而又有概括性的发挥。他对"德行：颜渊、闵子骞、冉伯牛、仲弓。言语：宰我、子贡；政事：冉有、季路；文学：子游、子夏"一章做了注释："弟子因孔子之言，记此十人，而并目其长，分为四科。孔子教人各因其材，於此可见。"朱熹这个阐述抓住了孔子因材施教教学理论和方法的核心内容：一是注重发展学生的专长，二是分科教学，三是教人各因其材。此后，"因材施教"就被后人视为孔子重要的教学方法之一。

他又在《孟子集注·尽心》"君子之所以教者五"章中，把"有如时雨化之者"注释为："时雨，及时之雨也。草木之生，播种封植，人力之至而未能自化，所少者，雨露之滋耳。及此时而雨之，则其化速矣。教人之妙，亦犹是也。"

对"有成德者，有达财者"，则注释为："财，与材同。此各因其所长而教之者也。"在章末他又做了一个带有总结性的注解："圣贤施教，各因其材，小以成小，大以成大，无弃人也。"朱熹在《四书集注》中反复地提到"因材施教"的教学思想和方法，说明他对其是十分重视的，并通过他的教育实践，对"因材施教"的理论和方法有所发展和创新。

朱熹根据学生的年龄、心理特征和教学内容，把一个人的教育分为小学与大学两个阶段。

"小学"是基础，要从儿童年幼的时期就抓起，要从儿童的日常生活具体细节入手，教之以洒扫、应付、进退之节，礼乐射御之习，加强练习，使之养成合乎封建主义"孝悌诚敬"的道德行为习惯。在这个时期也要给予儿童一些礼乐诗书的文化知识。

"大学"则是"小学"教育的扩充和深究。在"小学"教育之后，德性、学识诸方面"略已小成"，即在初具规模的基础上，开始进入"大学"教育，"大学"主要是教育学生如何去致知穷理的功夫，对宇宙间一切的道理能有一贯的理解，并着重讲求修习"修身、齐家、治国、平天下"的道理，使学生能获得较高的道德修养和较深的学识造诣。

朱熹把教育分为"小学"和"大学"两个阶段的理论在中国古代教育史上是有一定创见的。这是他主张的"因材施教"原则在划分学习阶段和教育内容要注意学生身心发展的特点这个领域中的灵活运用。

在教学过程中，朱熹则经常采取集中辅导和个别辅导的形式解答学生提出的大量问题。这些问题往往是学生对知识的渴望和修养的要求而发问的。下面摘录几则，从中可以窥见朱熹是怎样有的放矢，针对学生在学习上和道德修养上所提出的问题，以解疑的方式来发表他的见解的。

问："力行何如说是浅近话？"曰："不明道理，只是硬行。"又问："何以为浅近？"曰："他只见圣贤所为，心下爱，硬依他行，这是私意，不是当行。若见得道理时，皆是当恁地行。"

问："程子言觉悟便是信，如何？"曰："未觉悟时，不能无疑，便半信半不信。已觉悟了，别无所疑，便是信。"

问敬？曰："一念不存，也是间断，一事有差，也是间断。"

问："敬何以用工？"曰："只是内无妄思，外无妄动。"

由此可见，朱熹在发展"因材施教"的理论和方法方面是起了承前启后的作用的。

明代的王守仁也曾多年从事办学和教学活动，积累了一些教学经验，在因材施教和儿童的教学等方面提出了一些值得注意的见解。

王守仁认为学生的个性是有差异的；而教学方法也应该是因人而异的，绝不能千篇一律。因此，他打了一个比喻。他说：

"夫良医之治病，随其疾之虚实、强弱、寒热、内外，而斟酌加减。调理补泄之要，在去病而已，初无一定之方，不问症候之如何，而必使人人服之也。君子养心之学，亦何以异于是。"[①]

从教学方法的观点来看，王守仁认为教师教导学生应该注意考查学生的心理特点和个性特点，分别给予不同的教育，正如医生诊治病人一样，必须根据病人的不同病情进行医治，绝不能不管病的症候如何，都采用同一的药方，那是不能奏效的。王守仁的这个观点是可取的。

对儿童的教育、教学方法，他也提出应根据儿童的年龄特点，加以积极引导，注意儿童的个性发展，鼓舞儿童的学习兴趣等值得重视的意见。他认为：不

---

① 《与刘元道书》。

要像严冬的冰霜一样摧残儿童。（"若冰霜剥落，则生意肖索"）他主张教育、教学应该顺应儿童个性的发展，使儿童学习兴趣调动起来，日月有所进步，正如春风时雨滋润花木一样，"譬之时雨春风，霑被卉木"，繁荣茂盛。王守仁这个教育、教学观点在中国古代教育史上还是比较新鲜和少见的。

明末清初的王夫之对"因材施教"思想的发展也做出了贡献。他主张教师必须了解自己的学生，必须根据学生"刚柔敏钝之异"的个性特点对他们因材施教。而且学生各有其长，也各有其偏，教师要善于导人之长，补人之短。所以他说：

"教思之无穷也，必知其人德性之长而利导之，尤必知其人气质之偏而变化之。"①

"顺其所易，矫其所难，成其美，变其恶，教非一也，理一也，从人者异耳。"②

总之，教师要善于因势利导、因材施教，教人的道理是一个，但是在方法上却是因人而异、灵活多样的。王夫之这个见解确是发人深思的。

中国古代教育家关于"因材施教"的论述，它的基本思想可以归结为下列几点：

（1）"因材施教"的目的在于在普遍培养的基础上注重发展学生的专长，使学生某一方面的才能获得较好的扶植，这是加速培养优秀人才的良好途径。

（2）对不同类型的学生，要采取不同的培养方法和教学方法，因而要求教师要善于"教学分科"和"教也多术"。

（3）教师对学生的年龄、心理特征、个性特点和学习倾向等要有深入的了解，并要掌握一套了解学生的方法和手段。

（4）在教育过程中，教师一定要从学生的学习实际和思想实际出发，进行有针对性的、因人而异的诱导工作，做到一把钥匙开一把锁。

（5）教师要全面了解学生的优点和缺点、长处和短处。做好转化的工作，把劣势变为优势，"救其失而长其善"。

（6）教师要重视学生的个别教育，深入、细致，使教育、教学工作落到实处，才能卓有成效。

（原载《东北师大学报》1986年第4期）

---

① 《四书训义》卷十五。
② 《张子正蒙注·中正篇》。

陶行知早期教育思想论略

陶行知先生是我国伟大的人民教育家、杰出的民主战士。他毕生致力于人民教育事业，留下了大量的著作。他的教育思想遗产，给我们后人以巨大的启迪。他一生经历了探索——实践——创新的道路，树立了一个具有开拓性、创造性、革新性的新型教育家典型。就在他从事教育活动的早期（三十岁以前），已经显示出他崭新的教育思想光芒。本文仅就陶行知早期的教育思想活动进行一些初步的探索，作为整个陶行知教育思想体系研究的补白。

"第一流的教育家"

在中外教育史上涌现出许多著名的教育家。但是怎样才算是一个真正的教育家、第一流的教育家，他应该具有什么样的素质和精神？这个问题在过去是没有人详细论述过的。因而，在理论上和实践上明确这个问题，对于发展人民的教育事业，促进教育改革是有很大意义的；对于划清真正的教育家和"鱼目混珠"的教育家的界线也是大有裨益的。陶行知对此曾发表了十分精辟的见解："我们常见的教育家有三种：一种是政客的教育家，他只会运动，把持，说官话；一种是书生的教育家，他只会读书，教书，做文章；一种是经验的教育家,他只会盲行,盲动,闷起头来,办……办……办。第一种不必说了,第二第三两种也都不是最高尚的。"

简要来说:第一种人就是教育官僚;第二种人就是教书匠;第三种人就是没有教育理论指导的盲干家。这三种人都称不上是真正的教育家,都不为陶行知所赞赏。

怎样才可以算是第一流的教育家呢?他应该具备哪些素质和精神?陶行知认为:

(1)要"敢探未发明的新理"。以现在的教育术语来说,就是要发现教育的客观规律,创立新的教育理论。"我们在教育界任事的人,如果想自立、想进步,就须胆量放大,将试验精神,向那未发明的新理贯射过去;不怕辛苦,不怕疲倦,不怕障碍,不怕失败,一心要把那教育的奥妙新理,一个个发现出来。"他主张具有这种探索精神的人应该受到人们的尊敬。

(2)要"敢入未开化的边疆"。有志的青年,有志的教育界人士,要不怕艰苦,不怕困难,到边疆的地区去开辟教育的新天地,"做个边疆教育的先锋,把那边疆的门户,一扇一扇的都给它打开"。他认为,凡一切愿意到边疆去开辟教育事业的人,同样地也应该受到人们的尊敬。

陶行知最后概括地指出:敢于发现教育的客观规律,就是"创造精神";敢于到艰苦的边疆地区工作,就是"开辟精神"。"创造时,目光要深;开辟时,目光要远。总起来说,……在教育界,有胆量创造的人,即是创造的教育家;有胆量开辟的人,即是开辟的教育家,都是第一流的人物。"

陶行知关于第一流教育家的新鲜见解,在当时就受到了教育界人士的赞赏。蒋梦麟先生曾经给予很高的评价:"陶先生,你讲的一席话,我读了便觉精神提起来。这种话我久不听见了,可算是教育界福音。"[①] 作为一个真正的教育家必须具有创新精神、开拓精神;一切有志的青年应该到边疆去,到基层去。陶行知先生的这番话对我们今天的教育界和知识青年来说仍然是金玉良言。

教育科学要重视实验

陶行知考察了欧美近二百年来教育发展的历史,深刻地认识到:"教育界之进步,何莫非由试验而来?"裴斯泰洛齐创办孤儿院,进行教育实验,创立了知觉或观察是一切知识的出发点,因而也是一切教学的基础的学说。赫尔巴特根据

---

① 华中师范学院教育科学研究所:《陶行知全集》,湖南教育出版社,1984.

他的教育原理，创办了教育研究班，他把莱布尼茨的统觉观念应用到他的教育学上，并在"统觉论"的基础上建立起他的外铄的教育思想体系。福禄贝尔在布兰肯堡开办学前教育机构——幼儿园，在这里他创造了一套幼儿园教育体系。福禄贝尔以游戏作为幼儿教育的基础，认为游戏是童年生活中最快乐的活动，是表现和发展儿童的自动性和创造性的最好活动形式。

杜威是实验主义教育哲学的集大成者，他在芝加哥大学创设实验学校，作为他的哲学和教育理论的实验室。桑代克被誉为美国教育心理学之父，他也是从动物心理实验着手研究学习心理、智力及个别差异的。陶行知得出结论说："故欧美之所以进步敏捷者，以有试验方法故"，"是故试验之消长，教育之盛衰系之"。就是说，教育事业和教育科学的繁荣和衰败，是与是否重视教育实验密切相关的。相反，为什么我国在近代教育理论方面没有做出什么贡献，这跟我们没有重视教育实验是有一定的关系的。①

因此，陶行知建议推行教育实验必须采取下列措施：

（1）"应该注意试验的心理学"。心理学是教育科学的理论根据之一。所以应当重视各级师范学校和大学教育学科心理学的教学改革工作，充实心理学的仪器设备，加强师生的心理学实验的机会。"心理学有了试验，然后那依据心理的教育也就不致蹈空了。"

（2）"应该设立试验的学校"。各级师范学校虽然都设有附属学校，但陶行知认为当时中国专门为试验教育原理而设的试验学校可以说是没有，结果使"全国实行的课程、管理、教学、设备究竟是否适当，无人过问"。因而他提出："凡是师范学校及研究教育的机关，都应当注重试验的附属学校；……第一要得人，第二要有缜密的计划。随便什么学校，如果合乎这两个条件，就须撤消一切障碍，使它得以自由试验。"

（3）"应当注意应用统计法"。陶行知认为，统计法是辅助教育实验的一种重要工具，"研究教育的人，如果能把这个法子学在脑里，带在身边，必定是受用无穷的"。一切从事教育科学研究的机关和人员，一定要掌握这个工具，使教育科学的研究避免主观臆测而走上科学化的轨道。②

陶行知的这些主张，发表的时间都是在1918年到1919年，距今已经60多年。今天我们听起来，仍觉得十分新鲜和富有生命力，这些主张值得我们教育界人士深思。

---

① 参见《试验主义之教育方法》。
② 参见《试验教育的实施》。

职业教育的性质和实施

职业教育是整个教育体制的一个组成部分。但是在旧中国，职业教育是不为社会重视的，仅仅被看作是谋求衣食的一种手段。陶行知认为这种看法是错误的，并对此进行了批评："职业教育苟以衣食主义相号召，则教师为衣食而教，学生为衣食而学"，连美国人士也"视职业教育与学赚钱为一途"，这种观念是必须纠正的。

那么职业教育的宗旨应该是什么呢？陶行知指出："职业以生利为作用，故职业教育应以生利为主义。生利有二种：一曰生有利之物，如农产谷，工制器是；二曰生有利之事，如商通有无，医生治病是。前者以物利群，后者以事利群。"用现在的教育术语来说，职业教育的宗旨就是直接、间接为发展生产和群众生活服务。因而凡合乎这个宗旨的职业学校，如金工、木工、商业、会计、烹饪、裁缝等都可开办。在1917年中华职业教育社刚成立之时，职业教育还处于萌芽阶段，陶行知对职业教育的办学宗旨能够有这样深刻的认识，确是难能可贵的。

关于职业学校的课程设置和设备，陶行知提出"职业学校之课程应以一事之始终为一课"，即类似今天的单科独进。学完一个学科然后再接着学习另一个学科。"每课有学理，有实习，二者联络无间"。注重理论联系实际的原则，而进行真刀真枪的教学实习，在职业学校居于十分重要的地位。"职业试习科……凡学生皆使躬亲历试之。试习时期可随遇伸缩，多至半载，少至数星期皆可。但试习之种种情形，必与真职业无异。"教学设备则一是自己购置，二是利用职业界的设备。陶行知以他考察过的美国麻省的农业职业学校为例：学校"多利用学生家中之田园设备，使各生在家实习，命之曰家课。教员则自御汽车，循环视察，当场施教，农隙则令学生来校习通用之学术"。

关于职业学校的师资，陶行知提出"能者为师"的原则。"职业师资自当取材于职业界之杰出者。彼自职业中来，既富有经验，又安于其事，再加以学术教法，当可蔚为良材。"他认为，职业学校的师资必须具有一定的条件和素质：

首先，要有丰富的实践经验，应该是各行各业的能手——良工巧匠。"业有专精，事有专习"，"无贸易之经验者，不可以教商。百凡职业，莫不皆然。故职业教师之第一要事，即在生利之经验"。

其次，还要具有一定的科学知识。"无学识以为经验之指导，则势必故步自封，不求进取。吾国农业，数千年来所以少改良者，亦以徒有经验而无学识以操纵之耳。故职业教师之第二要事，是为生利之学识。"

最后，职业教师也要熟悉学生的心理和教材性质。这样的教学才能事半功倍，产生良好的效果。"故职业教师之第三要事，为生利之教授法。"

一个合格称职的职业学校教师最好是经验、学识、教法三者兼备。如果三者不可得兼，"则宁舍教法、学术而取经验"，因为三者之中，"经验尤为根本"。

陶行知认为职业学校师资的挑选和培养，一定要从当时中国的实际情况出发，欧美教育发达的国家，各行各业的能手，多半受过八年的普及义务教育，他们都具备一定普通科学知识的基础，所以他们对于生产科学知识和教学法的领悟是不困难的。而在当时的旧中国则不然，"教育未普及，农工多数不识文字；既不识文字，则欲授以学术教法，自有种种困难"。因此最好的方案，是挑选能手中"粗识文字之人"加以培训，那么一定能够罗致大量有经验的师资的。另外还有一个方案，就是"延聘学问家与经验家同室试教一法。当今职业师资缺乏，为其备选者或有学术而无经验，或有经验而无学术，速成之计，莫如合学问家与经验家于一炉而共冶之，既可使之共同试教，又可使之互相补益，则今日之偏材，经数年磨练之后，或能蔚成相当之师资"。但是这个方案，一是一个班要聘两个教师，支出较大；二是学术与经验，分两人担任，未能使二者融合起来。所以这个方案，虽有一定的优点，但只能作为"过渡时代权宜之策"。①

陶行知关于职业学校的办学宗旨、课程设置与设备，以及师资的挑选、培养等意见，都是比较切合当时中国的情况和切实可行的，对于今天我们正在发展中的各种类型的职业学校也有一定的参考价值。

师范教育的趋势

在陶行知早期的教育思想中，师范教育被视为很重要。陶行知说："师范学校负培养改造国民的大责任，国家前途的盛衰，都在他手掌之中。"就是说，中国要普及义务教育，提高国民的文化、思想素质，师范教育自然要承担起这个重大的责任。

师范教育面临的现实问题——教育的趋势，就是如何培养出各级各类学校所急需的师资来。陶行知认为，这里有两个问题要解决：一是师资"够用不够用"的问题，即它的数量问题；二是师资"合用不合用"的问题，即它的质量问题。

他做了一个初步的估计："假定我国人口是四百兆，有八十兆是学龄儿童，

---

① 参见《生利主义之职业教育》。

就当有二百万教员（每人教四十个学生）。现在只有十八万五千，不过占十三分之一。缺少的数目很大。"怎样去增加呢？此外，随着人口的增加，教员也应当增加，还有因病、改行等原因减员的，所以解决数量的问题无疑是极大的困难。

至于如何把不合格的师资提高为合格的师资，把合格的师资提高为优秀水平的师资，那自然更要费一番努力了。

陶行知根据当时旧中国的实际情况，提出改革和发展师范教育的意见：

（1）扩充师范学校的规模。"现在师范学校，平均每校二百人左右。教育部规定至多不得过四百人。但是在欧美诸国，大都每校在千人以上。可见，大师范学校，是吾国很需要的。"

（2）师范学校应该面向农村。旧中国的师范大多办在城市，因而农村受益较少。陶行知认为："有好多师范学校，应当设在小的镇上，一方面可与乡下的环境相接近，一方面要有实地教学的机会。中国的农民，占百分之八十五，设立师范学校，宜顾全农家子弟。"

（3）师范学校要加强教育学科的讲授和研究。随着教育形势的发展和教育科学的发达，师范学校仅讲授一点普通的心理学、教育学是不够的。普通心理学不够用了，要增加儿童心理学、心理测量，仅讲授教育史、教育哲学也不够了，教授法、管理法这一类的实际学问也要加强研究。特别是要注重小学教材教法的研究。这是师范生毕业从事教学所必需的。

（4）师范学校要加强与附属小学的联系。陶行知说："附属小学不但是实习的地方，简直是试验教育原理的机关。教育原理不是一成不变的，天天去研究，就天天有进步，天天有革变，所以附属小学是'教育学的实验室'，和别的实验室一样。"

（5）一般的中学应增设师范组。因为实际上旧中国中学毕业生充当教师的很多。所以应该给予适当的师范训练，以便扩充师资的来源。

（6）师范学校应该让毕业生担负继续提高业务知识的任务。"毕业是局部的，暂时的"，"所以学校对于毕业生有继续培养的责任。例如调查、讲演会、巡回指导等事情，更当注意"。①

陶行知关于师范教育的宏观考察和几点具体的建议，不仅对师范教育具有战略性的指导意义，同时在当时又是具体切实可行的。这说明了陶行知既是一个教育理论家、改革家，又是一个实干的教育实践家。这些观点对目前我们发展师范教育还有一定的借鉴作用。

---

① 参见《师范教育之新趋势》及《关于师范教育的意见》。

教育科学的研究法

教育的方针政策以及一切措施，一定要反映教育发展的客观规律，方能奏效。所以教育科学必须大力提倡，加强研究，这是一个教育家义不容辞的责任。所以陶行知明确地指出："盖教育之举措，悉当根据于学理，学理幽深，研究始明。教育学术，吾人所宜研究，庶南辕无北辙之虞，奏刀有理解之效。"

陶行知还提倡教育科学研究，要集中集体的智慧，互相协作。它有三点好处：一是"可以交换知识"，"切磋观摩，互资考鉴"；二是"彼此可以鼓励"，克服在研究过程中遇到的困难和障碍，才不致令"畏难者见而步却，虑失者当之心灰"；三是"可以互益兴趣"，"兴趣愈多，则从事弥力；从事弥力，则成效愈著"。教育科学的研究要发挥集体的力量，这个看法是有一定见地的。

至于研究的程序，陶行知也提出了一些参考性的意见：

（1）选择研究的课题要准确。一个人蕴藏在他脑子中要去研究的课题是很多的，但他必须精心挑选。凡属与教育无关的、过于偏狭的、过于繁难的和自己不感兴趣或手头缺乏资料的这类题目，则"依次汰除"，而剩存下来的"莫非普通应用、平易切实、兴味饶足、研资丰厚者已"。所以，搞教育科学研究，选题是第一关，主攻的方向选得不准，不切实际，就会徒劳无功。

（2）课题确定后，接着就是搜集知识和资料来论证。搜集知识、资料的方法，在主观方面则要注意三个方面：一是要"虚心"，"虚心则成见消除，不为物蔽，……惟真理之是求"；二是要"留心"，随时注意考察社会现象；三是要"专心"，专心则精神集中，不受干扰，容易获得成果。从客观方面来说，也要注意三个方面：一是要"明辨"，资料杂陈，要善于剖析、取舍；二是要"比校"，"比校则古今中外之异同，因果是非之轨迹，同时并观，了如指掌"；三是要"统列"，"统列则纪录之资料，进化之事实，群分类聚，条理井然矣"。

陶行知认为，在教育科学研究领域中，如果要想探索新原理、创立新理论，则必须注意下列两个研究方法：一曰"观察"，二曰"试验"。天文学的发展就是有赖于"观察"这个研究方法。"试验"则有所不同，要自己设计，使之产生一定的结果，以作为原理的证明。他举了一个教学法的试验为例："教育家欲比较两教授法之优劣，则课堂之设备同，课本之教材同，时间教师同，其他教法同，以及学生之年龄、男女、程度、家境同，然后施各异之教法，而后可知其结果之究孰优孰劣也。"因而陶行知强调说：如果想求教育事业的进步，教育科学的发达，必须"先有正当之试验家，施行精密之试验术"。[①] 他的这番话可谓言之有理、持之有故，值得今天我们广大的教育工作者和教育科学研究工作者深入思考。

陶行知关于《教育研究法》的见解，是他1918年在南京高等师范学校教育研究会上的演讲中发表的。他最后号召大家向世界著名的教育家裴斯泰洛齐、福禄贝尔等学习，学习他们一生孜孜不倦地为教育事业献身的丰功伟绩，学习他们勇于进行教育实验的科学态度和创新精神。

陶行知先生的这一系列著述都是发表在他三十岁以前的青年时代。从他的早期教育思想中，我们可以清楚地看到，他正是由于具有一个教育思想家、改革家、实践家的胆识和远见而站在时代的前列。因此，他早期的教育理论和方法中所闪耀出的崭新思想光芒是值得我们珍视的。

（原载《华南师范大学学报》1986年第4期）

---

① 参见《教育研究法》。

1987

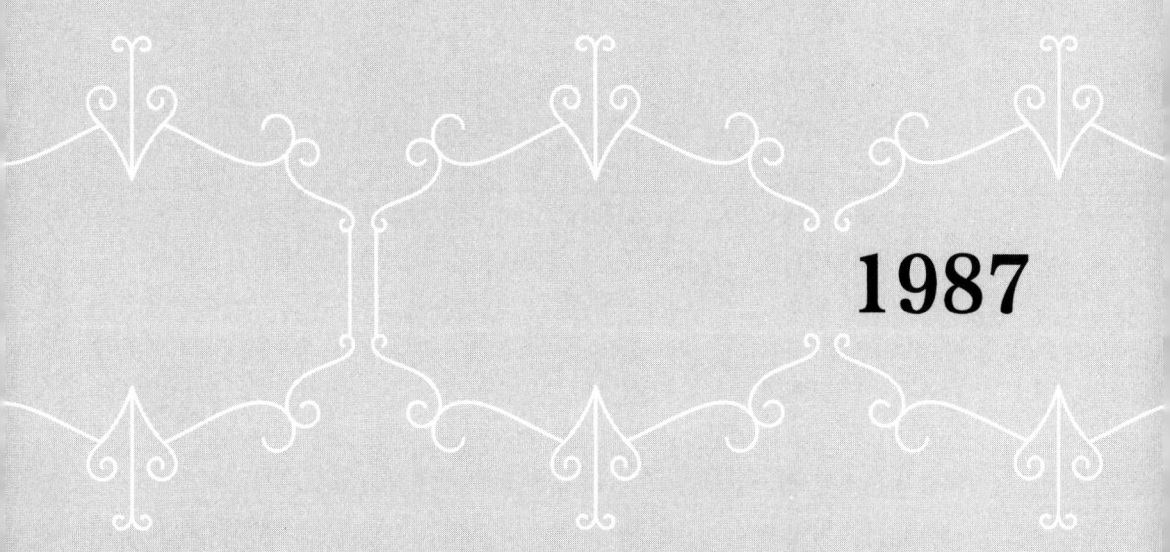

中国近代教育改革家蔡元培

蔡元培是我国近代著名的民主革命家、思想家和教育家,浙江绍兴人,公元1868年(清同治七年)出生于一个钱庄经理的家庭,少年时代接受封建主义教育,读了不少中国经史典籍。他对中国旧学有一定的修养。

蔡元培26岁时,以翰林院庶吉士授职编修。在青年时代,他就开始接受当时资产阶级维新派的思想影响。戊戌变法失败后,尤其是1901年清廷签订了丧权辱国的《辛丑条约》后,他认清了清朝政府的腐朽、反动和革命的不可避免,于是弃官归里,开始他的教育和革命活动。他曾发起中国教育会,组织爱国学社,创立光复会,并主持同盟会上海分会。

辛亥革命后蔡元培担任南京临时政府的第一任教育总长,力图改革教育,制定新的教育方针。后来他任北京大学校长,使一个腐败的、封建主义色彩浓厚的最高学府面貌一新并蜚名中外,1927年以后他任中央研究院院长,为旧中国的学术工作奠定了基础。

蔡元培一生还发表了大量的教育论著,并有丰富的教育实践,这些精神财富,其中不少对我们今天的教育改革仍有借鉴作用。

抗日战争全面爆发后,他移居香港,1940年在香港逝世。延安各界举行追悼会,对他一生的贡献给予很高的评价。毛泽东同志在致家属的唁电中誉他为"学界泰斗，人世楷模"。周恩来同志的挽联曰："从排满到抗日战争，先生之志在民族革命；从五四到人权同盟，先生之行在民主自由。"

一

1898年至1901年间，蔡元培先后担任绍兴中西学堂监督和上海南洋公学教习。在这一时期，他宣传资产阶级的民权思想，提倡女权，主张自由讲学，自由读书，他的资产阶级民主、自由的教育思想在这里已经露出端倪，同时也初步地表现了一个教育改革家应有的气魄和才华。

他在《我在教育界的经验》一文中回忆他这段办学的历史时说："我三十二岁（前十四年）九月间，自北京回绍兴，任中西学堂监督，这是我服务于新式学校的开始。这个学堂是用绍兴公款设立的。依学生程度，分三斋，略如今日高小、初中、高中的一年级。今之北京大学校长蒋梦麟君、北大地质学教授王烈君，都是那时候第一斋的小学生。而现任中央研究院秘书的马襎光君，任浙江教育厅科员的沈光烈君，均是那时候第三斋的高材生。"蔡元培担任监督后，进行了一些改革，如增设日本语，聘请日本人到绍兴任教等。当时学校里有新旧两派教员，新派笃信进化论，反对尊君卑民、重男轻女等旧思想。旧派则认为，有一点西方文化知识又主张进步改革的人，都是"新派"或"新党"，是大逆不道的。蔡元培支持新派，引起旧派怂恿校董出面干涉，蔡元培遂愤而辞职。蔡元培以翰林的身份来提倡办新式学校并主张和支持教育改革，确实是一件不简单的事。

1901年蔡元培被聘任为南洋公学特班总教习，学生有邵力子、王世澂、胡仁源、黄炎培、李叔同等40余人。他规定学生半日读书，半日习英文及数学，间以体操。指导读书的方法为手写修学门类和每门应读的书目，以及阅读次序。学生每日写札记，蔡元培亲手批改。蔡元培在南洋公学办学时，特别向学生灌输爱国思想和提倡民权、女权。据黄炎培的回忆所说：先生教人，其主旨"在启发青年求知欲，使广其吸收，出小已观念进之于国家，而拓之为世界。又以邦本在民，而民犹蒙昧，使青年善自培其开发群众之才，一人自觉，而觉及人人。其所诏示，千言万法，一归之爱国"[①]。蔡元培常常教导学生，为了挽救国家的危亡，要了解国际情况，要学习外国文，读外国书；还要学会演说，以便去唤醒民众。在蔡元培的影响下，学生成立演说会，定期轮流学习演说。后南洋公学发生学

---

① 黄炎培：《敬悼吾师蔡孑民先生》，重庆《大公报》1940年3月23日。

潮，他因同情学生而辞职，离开南洋公学。

1902年，蔡元培、章太炎等人在上海创立了中国教育会，由蔡元培任会长，准备"自设学校，培植人才"。他们认为清政府所采用的"译本教科书多不适用，非从新编订完善，不足以改良教育"。就是说，革命学校必须有革命的教学内容，才能培育革命人才以适应资产阶级革命的需要。因此，中国教育会创立之始，曾把编译新的教科书作为工作任务之一；与此同时，还准备通过"通信教授法"（函授教育）和"刊行丛报"① 来传播革命思想和联系革命群众。

恰好在这一年，东京留学生与清政府驻日公使蔡钧发生冲突，一部分人被逐回国。这时正好上海南洋公学也发生了学潮，很多学生因反抗学校当局压制言论自由，禁止议论时政，无理开除学生，愤而罢课退学。中国教育会积极支持青年学生们的反迫害的革命行动，并马上设立爱国学社，接纳这批学生入学；不久南京陆师学堂也闹起学潮，也有一部分学生退学来到爱国学社。这些立志改革现状、热情奔放的青年，聚集一堂，意气风发，倡言革命，爱国学社变成了宣传革命的场所。爱国学社推蔡元培为总理，教员则多由中国教育会会员章太炎等人兼任。全部学生分为若干联，每联约二三十人，听由学生自行加入某联，公举一联长，组织学生联合会。学社的事情，多由学联开会讨论决定，交由主持者执行。爱国学社设有国文、历史、地理、理化、英文、体育等课程。在学社内部，革命气氛浓厚，"师生高谈革命，放言无忌"，还出版有刊物《学生世界》，"持论尤为激烈"②；教员则为《苏报》轮流撰写政论和文章，鼓吹革命。章太炎的《驳康有为论革命书》和《读"革命军"》就是在《苏报》上刊登的。实际上，《苏报》成为了学社向社会宣传革命的喉舌。学社还经常组织师生在张园集会，发表演说，批评时政。张园是一姓张的购置的上海的一所园林，设有餐厅、茶座、戏院、书场等，供人游乐，还有可容数百人的安恺第大厅。爱国学社的师生就在这里"开会演说，倡言革命，震动全国"③。

中国教育会还开设有爱国女学校，提倡男女教育平等，妇女独立；又为有职业的人举办具有补习性质的通学所，教授外语、理化、生物、数学、名学等课程。

1907年，蔡元培前往德国留学，入莱比锡大学研究心理学、美学、哲学、文学等学科。4年之内，他一面研究学问，一面从事著述，通过这段时间的学习和研究，蔡元培更深入地接受了西方资本主义文化教育思想的影响，这与他后来

---

① 参见《辛亥革命（一）》，第481–483页。
② 参见《辛亥革命（一）》，第438页。
③ 参见《辛亥革命（一）》，第489页。

的学术思想和教育思想的形成有着密切的关系。

这一个时期，蔡元培经历了由封建仕途到最后断然投身革命的变化过程。他组织革命团体，实施革命教育，创办革命学校，他这一个阶段通过教育实践积累的经验，使他在辛亥革命后能提出一套改革教育的方针和措施，也是他后来在改造北京大学等方面取得显著贡献的基础。

二

蔡元培是辛亥革命以后的首任教育总长，而且是近代中国立志改革封建主义教育制度的第一位教育总长。尽管他任职的时间不过半年，但在中国近代教育史上却留下了不可磨灭的功绩。

这位教育总长一走马上任，首先对封建官僚体制和恶习进行革除。教育部初成立时，只有蔡元培、蒋维乔及会计兼庶务共三人。连教育部的大印，也是他亲自乘人力车到大总统府去领取的。后来随着事业的发展，人员虽有增加，但最多时连缮写员在内，也只有30多人。全部开支每月只有千元大洋，从总长到录事都拿一样的薪金，每人每月30元。然而人员是很能干的，鲁迅、许寿裳、夏曾佑等，都被聘为部员。在蔡元培的主持下，教育部工作效率极高，大家每天从上午9时到下午4时半不停地办公。他们在很短的时间里起草和颁布了大量的各种学制、课程设置和管理规程等法令、法案，对民国初年的教育改革起到了积极的作用。同时蔡元培这些简朴、勤奋、务实的工作作风，赢得了人们对他的尊敬。

为了推动教育改革，蔡元培首先对清王朝"忠君""尊孔"的钦定封建主义教育宗旨进行批判，指出："忠君与共和政体不合，尊孔与信教自由相违"，并斥责这种封建主义教育是以"养成科名仕宦之材为目的"①，即以培养维护封建主义统治的士大夫和官吏为目标的。他认为"共和时代，教育家得立于人民之地位以定标准"②。所以，蔡元培1912年在参政院发表就任南京临时政府教育总长的政见演说时，就提出了"民国教育应以养成共和国民健全之人格"的和谐发展的教育方针。他所主张的"健全之人格"，实质就是要求资产阶级的个性和才能获得充分的发展。他这个教育思想在《对于教育方针之意见》一文中得到了进一步系统的阐述。他认为，要培养"健全的人格"，必须在"共和精神"的指导下，接受五个方面的教育，即军国民教育（军事体育）、实利主义教育（智育）、公民道德教育（德育）、世界观教育和美育才能完成。他说，这五个方面

---

①② 蔡元培：《蔡元培选集》，中华书局，1959。

的教育都十分重要，各有其自己的职能，而又是彼此互相联系、不可偏废的，好像人的身体一样，"军国民主义者，筋骨也，用以自卫；实利主义者，胃肠也，用以营养；公民道德者，呼吸机循环机也，周贯全体；美育者，神经系也，所以传导；世界观者，心理作用也，附丽于神经系，而无迹象之可求。此即五者不可偏废之理也"[①]。蔡元培拟订的新教育宗旨，在他辞去总长前夕，由教育部召集的临时教育会议通过，并于1912年9月2日公布。

与此同时，蔡元培着手对学校制度进行改革。1912年（壬子年）7月，制定了一个"学校系统"并于同年9月公布发行，称为壬子学制。之后又陆续颁布了各类学校法令，直到1913年（癸丑年），逐步形成一个新的学校系统，旧称"壬子癸丑学制"（即"1912—1913年学制"）。

新的学制具有反封建的资产阶级民主精神，取消了清末学制中专为满洲贵族子弟设立的贵胄学堂，废除了教育中的封建等级制度，体现了所谓"在法律面前人人平等接受教育"的资产阶级原则。

女子教育开始取得了一定地位。除大学预科、本科不设女校不招女生外，普通中学、中等实业学校、师范学校和高级师范学校，都规定设立女校，初等小学还实行男女同校，从而扩展了女子受教育的机会，在实践上反对男尊女卑、"女子无才便是德"的封建教条，体现了资产阶级的男女平等的思想，资产阶级争取的"男女教育平等"开始付诸实践。

在课程设置上也进行了一次重大的改革。改革的指导思想是废除"忠君""尊孔读经"的封建教条，贯彻自由平等的民主共和精神，因而禁止学校使用清政府学部颁行的教科书，新编的教科书要合乎"共和国宗旨"，并废止读经。有的省教育厅还发出通告，如再有让学生读"四书""五经"者，一经查出，严加惩戒，勒令学校解散，教员要予以处罚。

新的课程设置除重视资产阶级政治思想教育和智育外（特别增加自然科学的课时和加强生产知识技能的训练），对美育和体育也比较重视。这些改革实际上是体现了蔡元培所倡导的德、智、体、美和谐发展的教育思想和方针的。

在蔡元培领导下的这次教育改革，体现了资产阶级革命派的进取精神，给封建的旧教育以沉重的打击，促进了资本主义文化教育的重大发展。在近代中国，还没有过一名主管中央教育部门的最高官员，能够像蔡元培那样，在那么短的时间里，办了那么多有益于中国教育进步的大事。

[①] 蔡元培：《蔡元培选集》，中华书局，1959。

三

在蔡元培任北京大学校长之前，北京大学是一所封建思想、官僚习气十分浓厚的学府。学生大多是官僚和大地主子弟。他们进大学的目的是混资历、找靠山，学术空气是极为稀薄的。蔡元培就是在这种情况下来到北京大学，开始他的整顿和改革工作的。

蔡元培首先注意端正学生的入学思想。他在就职演说中，要求学生"以研究学术为天职，不当以大学为升官发财之阶梯"①。他还以三件事勉励学生：（1）抱定宗旨：大学是研究高深学问的场所，诸生应为求学而来，"植其基，勤其学"，不要"志在做官发财"或"敷衍三四年，潦草塞责，文凭到手，即可借此活动于社会"②。（2）砥砺德行：诸生应束身自爱，"以身作则，力矫颓俗"，当"以正当之娱乐，易不正当之娱乐，庶于道德无亏，而于身体有益"③。（3）敬爱师友：对教师"自应以诚相待，敬礼有加"，与同学相处"尤应互相亲爱，庶可收切磋之效"④。

办好学校，必须要有好教员，尤其要选好学科带头人。蔡元培在德国、法国留学多年，深知要办好北京大学关键在于有一支好的教师队伍。他认为，整顿北京大学，必须从"广延积学与热心的教员，认真教授，以提起学生研究学问的兴会"⑤开始。

因而他从整顿文科入手，因为文科教师中，顽固守旧的人物不少，是北京大学前进的障碍，亟须寻找具有革新思想的人物来主持文科。为了打破这种僵死的局面，蔡元培到北京大学就任后不到10天，就聘请了当时新文化运动的创导者陈独秀到校任文科学长（相当于后来的文学院院长）。陈独秀到北京大学后，和蔡元培一起，积极推动北京大学的教育改革。继陈独秀之后，蔡元培又聘请了李大钊、胡适、鲁迅、钱玄同、刘半农等人。这样，就形成了一个以陈独秀为首的革新营垒，成为蔡元培整顿和改革北京大学的重要力量。因而"文学革命、思想自由的风气，遂大流行"⑥。此外，在文科教师中还有像马叙伦、陈垣、徐悲鸿那样为人正直、学有专长的人；另如马裕藻、沈兼士、朱希祖、张星烺等，也都是学有根底的人物。

---

①⑤⑥ 蔡元培：《我在教育界的经验》，载《蔡元培教育文选》，人民教育出版社，1980。

②③④ 蔡元培：《就任北京大学校长之演说》，载《蔡元培教育文选》，人民教育出版社，1980。

在理科方面，由夏元瑮任学长，知名教授有李四光、王星拱、颜任光、李书华、何杰、翁文灏、任鸿隽等。

法科教师原多为政府官吏兼任，蔡元培到校后，增加了专任教员，并规定专任教师不得在他校兼课。政府官吏不得为专任教师。法科教员中，也有马寅初、陶孟和、高一涵、周鲠生、陈启修等国内著名的学者。

在吸收新鲜力量的同时，蔡元培还辞退了一批学术水平低，教学态度差的不称职的本国和外国教师。当时英国驻华公使朱尔典对蔡元培裁减英籍教师竟然无理干预，进行威吓，说什么"蔡元培是不要再做校长的了"，还提出要诉讼。蔡元培坚决顶住了这种压力，最后这位洋先生只好挟起他的皮包，悄然离开北京大学。蔡元培这种态度表现了一个革命民主主义者改革教育弊端的坚定决心和胆略。

经过这番调整、充实，全校教师队伍面貌一新。据1918年统计，全校200多位教师中，教授的平均年龄只有30多岁。他们的思想多数倾向革新，这就给北京大学带来了朝气，有力地推动了各项改革工作的顺利开展。

为了活跃北京大学的学术风气和推动学术繁荣，蔡元培提出了著名的"思想自由""学术自由""兼容并包"的办学方针。他在总结他多年的教育经验时说："我对于各家学说，依各国大学通例，循思想自由原则，兼容并包。无论何种学派，苟言之成理，持之有故，尚不达自然淘汰之命运者，虽彼此相反，而悉听其自由发展。"① 他在任北京大学校长时，积极地推行了他所主张的这一资产阶级办学方针和方法。

他认为大学是"囊括大典，网罗众家"的学府。仿照各国大学的先例，"哲学之唯心论与唯物论，文学、美术之理想派与写实派，计学之干涉论与放任论，伦理学之动机论与功利论，宇宙论之乐天观与厌世观"②，都可以并存，这就是"思想自由之通则"。所以，在当时的北京大学，无论是宣传共产主义、无政府主义或是"国粹"主义等各种政治主张和学术思想，都可以自由讲学；各派人物，如宣传新文化新思想的鲁迅、李大钊、陈独秀等组成的新派，和以主张宣扬国故、反对革新的封建复古主义者刘师培（赞助袁世凯称帝的筹安会发起人）、辜鸿铭（拖着长辫子的封建复辟论者）等组成的旧派，都被聘为北京大学的教员。蔡元培说："我素信学术上的派别，是相对的，不是绝对的；所以每一种学科的教员，即使主张不同，若都是'言之成理，持之有故'的，就让他们并存，令学生有自由选择的余地。"③ 他认为让各种学术思想并存和自由发挥，对于促

---

①②③　蔡元培：《蔡元培选集》，中华书局，1959，第334页。

进学生思想的自由发展是有积极作用的。

在当时北洋军阀摧残新思想和进步刊物的反动统治下，封建主义的旧学在学术界、教育界仍然根深蒂固。蔡元培提出的要求思想自由和学术自由的各派"兼容并包"的口号，无疑地对当时正在萌芽中的新思潮起了扶持和保护的进步作用。当时封建反动势力公开攻击新文化和新思想为"洪水猛兽"，蔡元培站在进步势力一边，驳斥了这些反动的论点，赞扬新思潮为冲破旧势力的"洪水"，痛斥封建军阀是吃人的"猛兽"，给予了旧势力、旧思想以应有的回击。曾在北京大学读书的王昆仑在回忆这一段往事时说："蔡先生是赞助革命，保护民主的。我在北大听过李大钊的"唯物史观"和鲁迅的"小说史"两门课，回想起来，还感到兴奋与幸运。……蔡先生长北大时，主张百家争鸣，所以会有两位名教师唱对台戏的情况，这不仅充分表现了学术民主，而且能启发学生的思路，培养独立思考、探索真理的兴趣与能力。我那时在文科学习，选修文字学。教文字学的有两位老师，一位是新派钱玄同，一位是老派黄侃。我选的是钱玄同的课。一天，我正在课堂听钱老师讲课，不料对面教室里正在讲课的黄侃大声地骂起钱玄同来了。钱听了也满不在乎，照样讲课。后来，我就既听听钱玄同的课，也听听黄侃的课，以便两相对照。这种情况并非罕见，它生动地反映当时的北大，在蔡先生的领导下，'兼容并包'、百家争鸣、学术民主的气氛。"①

蔡元培实行学术自由、思想自由方针的另一个重要方面就是各类学术团体、政治团体纷纷成立，如雨后春笋，学术讨论、思想争辩之风极盛。当时文、理、法各科几乎每周都举办学术讲座，由专家、教授讲其所长。著名的社团有：新闻研究会、哲学研究会、化学研究会、地质研究会、画法研究会、书法研究社、音乐研究会、体育会、进德会、雄辩会、新潮杂志社、国民杂志社、平民教育讲演团等。此外还出版了《北京大学日刊》和《北京大学月刊》。蔡元培是近代中国提倡美育的教育家。他主张"以美育代宗教"。为了培育学生对美育的兴趣，丰富学生的课外文化艺术生活，他聘请徐悲鸿为"画法研究会"的导师，请当时的名画家陈师曾来校讲演中国传统的山水画，又聘请名乐师肖友梅为"音乐研究会"的指导，在我国首次演奏了贝多分交响曲。

各种学术团体和社会团体的成立，打破了北京大学从前那种沉闷和颓废的局面，全校出现生机勃勃的学术景象。杨晦在回忆当时的情况时说："当时校内的学术思想活动和社会活动是很活跃的，特别是到了1918、1919年，随着政治上

---

① 王昆仑：《蔡元培先生二三事》，载蔡建国编《蔡元培先生纪念集》，中华书局，1984。

的变动和外交的吃紧,随着新旧思想的斗争的展开,就一天比一天开展,一天比一天活跃。平常,除了《北京大学日刊》每天出版外,还有在宿舍的影壁上、墙上,随时出现的海报、布告等,有人发出什么号召,就有人响应;说开会,就有人去。开会的地点,大些的会,在饭厅开的时候多,要说话的,站在板凳上就说起来。"①

蔡元培还对北京大学学校领导体制进行了改革,大力推行资产阶级民主制,即实行民主办校,教授治校。他改革领导体制的主要目的,在于把权力下放,把推动学校发展的责任交给教师,让真正懂得学术的人来管理学校。具体的做法是:设立评议会作为全校的最高立法机构和权力机构。评议会由评议员组成,校长是评议会的当然议长。评议员从各科学长和教授中选举产生,每五名教授选议员一人。全校的最高行政机构是行政会议。行政会议由各专门委员会的委员长和教务长、总务长组成,校长兼行政会议议长。各系成立教授会,规划本系的教学工作,系主任由教授互选,教务长由各系教授会主任推选。马寅初、顾孟余、胡适都曾被推选为教务长。

上述领导体制的改革,对于加强全校管理,提高行政工作效率,克服分散状态,推动北京大学实现从封建性较浓的学府向近代资产阶级大学的转变,是起了积极作用的。

此外,蔡元培主张文理渗透,打破学生因文理科割裂所造成的知识面局限,让学生有机会接触到更多的知识以开阔眼界。他指出:"治文学者,恒蔑视科学,而不知近世文学,全以科学为基础;治一国文学者,恒不肯兼涉他国,不知文学之进步,亦有资于比较;治自然科学者,局守一门,而不肯稍涉哲学,而不知哲学即科学之归宿,其中如自然哲学一部,尤为科学家所需要;治哲学者,以能读古书为足用,不耐烦于科学之实验,而不知哲学之基础不外科学,即最超然之玄学,亦不能与科学全无关系。"② 蔡元培的这项改革和主张是符合学科建设发展的客观规律的,是一种非常深刻而具有远见的精辟见解。

蔡元培又在北京大学实行"选科制"。按照旧学制,各系课程均为必修。实行"选科制"后,课程就分为必修课、选修课二类。在选修课中不仅可选修本系课程,也可选修外系课程。"选科制"有利于提高学生的学习兴趣,发挥他们的主动性和积极性。因为在学习上,学生的发展成长的不平衡是客观存在的。学

---

① 杨晦:《五四运动与北京大学》,载徐特立等著《光辉的五四》,中国青年出版社,1959。

② 蔡元培:《北京大学月刊发刊词》,载《蔡元培教育文选》,人民教育出版社,1980。

年制的缺点，是限制了学生的特殊才能和兴趣的发展，而"选科制"则使那些才能优异的学生能及时被发现并更快地成长。自然，如果处理得不好，"选科制"也会带来一些弊病，如有的学生凭兴趣选课，旁听的课程过多，或专攻冷门，忽视了对基础理论、基本知识的掌握，等等。

开放女禁，招收女学生，使女子和男子一样有受大学教育的权利，这是蔡元培主持下的北京大学所首创。在此之前北京大学没有女生。有一次，天津有一位女生到北京大学会客，社会上就传说北京大学有了女生，几个封建顽固分子就摇头晃脑地骂"男女混杂，伤风败俗"。但是蔡元培是支持妇女进入高等学府的。王昆仑在《蔡元培先生二三事》的回忆文章中谈及这件事："那时，我姐姐正因病失学在家，她很想进北大求学。我就去问蔡校长。蔡校长问我：'她敢来吗？'我说：'她敢。'蔡校长说：'可以让她来试试。'这样，她就进了北大，成了第一个女生。后来又有两个女生入学，这就开了男女同校的新风尚。以后，我的姐姐又带头剪了头发。"[1] 北京大学招收女生冲破了男女不同校的禁律。这不仅在北大校史上，即使在我国高等教育史上，也是破天荒的事件。影响所及，全国各地高等学校纷纷仿效。从此，男女同校，男女教育平等的风气，逐渐在全国传播开来。

蔡元培对北京大学的各项改革，实际上是当时高等教育领域内发生的一场重大革新事件，是教育制度、教育思想以及学术思想的一次破旧立新的变革。它不仅为当时中国大学教育树立了新的榜样，而且促进了知识界、教育界思想的转变。青年学生受到新思潮的启蒙和激荡，掀起了追求民主、科学的热潮，终于使北京大学成为五四运动的摇篮和中心。这都是跟蔡元培对北京大学的教育改革密切联系的。因此，蔡元培被誉为中国近代杰出的教育改革家那是当之无愧的。

(原载《华南师范大学学报》1987年第4期)

---

[1] 王昆仑：《蔡元培先生二三事》，载蔡建国编《蔡元培先生纪念集》，中华书局，1984。

1988

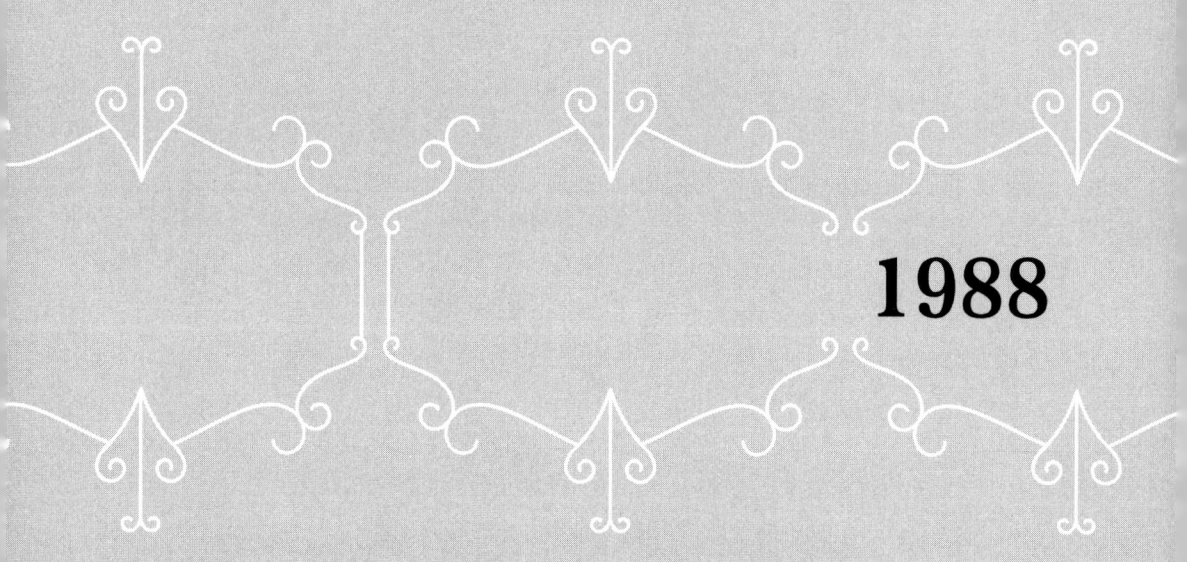

古代中国与朝鲜、日本、印度的文化教育交流

一

中国是世界文明古国之一，它曾以高度发达的封建主义文化教育而闻名于世。

中国自汉代以来，与邻近的国家特别是朝鲜、日本、印度等国就保持着密切的经济、文化联系。

朝鲜和我国隔江相望，是中国的近邻，两国之间的交往，比起其他国家来更早一些。远在公元前，两国就开始了经济贸易和文化交流。中国的阴阳五行、儒、道等家的思想，都先后传入朝鲜，开始对朝鲜的文化教育产生影响。

朝鲜学者在《朝鲜哲学史》一书中说：古朝鲜时期（公元前5—公元前4世纪开始，到公元前1世纪中叶），贵族奴隶主"从中国吸收了阴阳五行思想中的宗教迷信的政治观点。阴阳五行思想本来是在中国产生的朴素唯物主义和自发的辩证法的哲学思潮。但是到了汉代，由于唯心主义哲学家加进了神秘主义的宗教内容，使它

的社会政治观,变成为剥削阶级统治服务的理论"①。书中还提到:在古朝鲜时期儒学就同汉字一起输入朝鲜,与朝鲜原有的崇拜天神的宗教结合,得到进一步的发展,成为三国时期(公元前1世纪中叶到公元7世纪中叶)封建贵族的意识形态。②

由此可见,中国的各种思想流派很早就传入了朝鲜,并在朝鲜的思想界和教育界产生了深刻的影响。

早在公元前124年,汉武帝采纳了董仲舒"兴太学,置明师,以养天下之士"的建议,开始在中央创立太学,以五经博士为教官,为博士置弟子(太学生)50人。据汉史记载,太学的学生后来不断增加,东汉时最多达到3万人。这个数字或有夸大之处,但是汉代太学曾发展到一定的规模,并成为中国古代高等学府的主体,这乃是事实。中国这种先进的教育制度和教育内容,自然会影响到邻国朝鲜。

在朝鲜三国(高句丽、百济、新罗)时期,中国的"五经""三史"等书,陆续传入朝鲜半岛,朝鲜许多人都能诵读讲解,还有不少人能用汉文写作,所有这些,对朝鲜的文化教育起了重大的影响。

公元372年高句丽开始立太学教育子弟③,在这所儒学的最高学府——太学里传授"五经""三史"《三国志》《晋阳秋》等儒家经典。这明显是接受了中国汉代太学传授经学的影响,说明了中国的学校制度(太学)和教学内容(经学)已经移植到朝鲜半岛了。

公元4世纪百济也建立了儒学教育制度。《旧唐书·东夷传》曾记载:百济在公元4世纪也有了较完备的儒学教育制度,"其书籍有'五经'、子、史,又表疏并依中华之法"。著名的儒学家高兴等人曾获得博士的称号。而在高兴获得博士称号的前90年,即公元285年,百济名儒王仁由于把《论语》和《千字文》带到日本,传授儒学和汉字而闻名。可见,早在公元4世纪以前孔子和儒学就已传至百济,影响是深刻的。

有学者曾概括地分析和介绍朝鲜三国时期中国经学对朝鲜的影响。认为朝鲜三国时期主要是吸收了以经学为中心的汉代儒教。三国各有其特点:高句丽从陆路传入儒教,以汉儒的典章制度为重点;百济从海路引进中国南方文化,吸收了六朝的多样性学术思想,然后这些文化再传到新罗和日本,因而使百济成为国际文化交流中心。在百济,儒教的典章制度的机能转变为纯学术的研究。新罗处于

---

①② 郑振锡、郑圣哲、金昌元:《朝鲜哲学史》,朝鲜科学院出版社,1962。
③ 金富轼:《三国史记》卷十八。

不受汉族冲击的朝鲜半岛的东南部，既有朝鲜的固有文化，又经过高句丽、百济间接地吸收中国文化，且通过逃亡来的知识分子学习原始儒教的道德精神，因此新罗儒教具有普遍性和调和性的特点。

到了唐代，中国与邻国的文化教育交流达到兴盛时期。唐朝的京都长安设立的国子学和太学（中国封建社会的最高学府）规模很大，最多时有 8 000 多名学生。其中就有朝鲜和日本的留学生。高句丽、百济、新罗都在公元 640 年向唐朝首次派遣留学生，入国学。新罗善德王九年（公元 640 年）"夏五月，王遣子弟于唐，请入国学。是时，太宗大征天下名儒为学官，数幸国子监，使之讲论，学生能明一大经以上，皆得补官。增筑学舍千二百间，增学生满三千二百六十员。于是四方学者云集京师。于是高句丽、百济……吐蕃亦遣子弟入学"①。高句丽荣留王二十三年（公元 640 年）"王遣子弟入唐请入国学"②。百济武王四十一年（公元 640 年）"二月遣子弟于唐请入国学"③。唐太宗召集天下名儒为学官，讲授儒家经典，培养留学生。留学生们学习了当时先进的汉族封建文化，并把它带回本国，促进本国文化教育事业的发展。

这些材料，说明了中朝文化教育交流的一些重要事实和趋向：

（1）当时唐代的封建主义教育十分发达，它的发展水平大大地超过其他国家，唐朝的封建统治阶级也极为重视培养外国的留学生，并在政治上、生活上给他们优厚的待遇。

（2）朝鲜的统治阶级都十分积极地派遣他们的子弟来中国留学，目的在于学习和吸收中国先进的封建主义文化。

（3）朝鲜通过派遣留学生，陆续地把中国的教育制度、科举制度和一些重要的儒家经典和其他文学、科学技术等引进朝鲜半岛。

新罗统一朝鲜以后，于公元 682 年在中央创立了国学，设有儒学科和技术科，配备博士和助教等教学人员。国学只有贵族子弟才能入学。课程主要是儒家经典，如《左氏春秋》《尚书》《周易》《礼记》《毛诗》《论语》《孝经》《算术》《文选》等，其中《论语》和《孝经》是各科的必修课。教育的目的是为适应国家领土的扩大，进一步巩固和发展封建统治秩序而培养骨干。新罗就是在这种意义上积极采用孔子的教育思想和儒学教育体系的。

在新罗，随着儒家经典和汉学学习风气的盛行以及同唐朝的交通和贸易的日

---

① 金富轼：《三国史记》卷五。
② 金富轼：《三国史记》卷二十。
③ 金富轼：《三国史记》卷二十七。

益发展，送贵族子弟赴唐留学的也逐渐多起来，最多的时候达百余名。有的还在中国参加科举考试。据史书记载，新罗宪德王十三年（公元821年）"唐（穆宗）长庆初，有金云卿者，始以新罗宾贡科题名杜师。至唐末，凡登宾贡科者58人。五代梁唐又31人……新罗时金夷鱼、金可纪、崔致远、朴仁范、金渥皆入唐登榜"。这些留学生，许多成了知名学者，其中朴仁范以诗著称，崔致远以诗文扬名，《全唐诗》中就收有崔致远的诗。据统计，公元840年，学成归国的朝鲜留学生一次就有105人，留学生在吸收、传播唐文化上起了很大的作用。他们模仿唐朝设立国学（国家学校），实行科举制度，以中国的儒家经典作为考试内容，并常常派人到唐，请求汉文典籍。

高丽建国以后，继承了新罗的文化，从儒学中摄取了统治国家所必要的一切实际知识和封建道德标准。因此，要做官必须攻读儒家经典。孔子的思想仍然是高丽的教育、取吏、治国的统治思想。

为了利用儒学治国，高丽王朝采取很多措施推崇孔子，促进儒学的发展。公元930年，在西京创立学校，设书学博士，招收两班子弟进行儒学教育。公元958年，高丽王朝首次施行科举制度，这是促进儒学发展的重要条件。为了大量培养用儒学思想武装起来的官吏，将经学博士派到全国12个牧，从事培养年轻一代的工作。公元992年，在首都开京设立最高学府国子监，并在国子监里建造文庙。国子监招收两班子弟，长期进行儒学教育。

中国封建社会发展到两宋时期，阶级矛盾进一步激化，封建地主阶级为了维护和巩固其统治秩序，更需要加紧思想控制，以程颢、程颐、朱熹为代表的新儒学——"理学"，就是适应这种需要而产生的。程朱理学特别是朱熹的思想，便成为中国封建社会后期占统治地位的思想。朱熹从儒家的经典中选出《论语》《孟子》，以及《礼记》中的《大学》《中庸》两篇，合为《四书》，按照他的理学思想体系，做了新的注解，称为《四书集注》。《四书》所宣扬的儒家政治纲领、伦理道德和教育思想等，经过朱熹的一番加工粉饰，更富于迷惑性。《四书集注》也就成了由封建统治者法定的，从中央到地方，从官办以至私办的一切学校的基本教科书，也是科举考试的基本内容。它支配了中国封建社会和文化教育领域达七百年之久。

13—14世纪的朝鲜，高丽封建制度陷入极为严重的危机之中，一些儒学者开始从元朝引进并普及朱子学，以便给封建制度注射强心剂。

公元1290年，高丽儒臣安珦从元朝燕京抄回朱子学，并临摹了朱子画像，最先把朱子学介绍到朝鲜。这个时期也出现了安珦、李穑、郑梦周等不少著名的儒学教育家。李朝建立后，朱子学被宣布为统治阶级唯一的正统思想，在李朝五百年间，它起了维护和巩固封建制度的作用。

由于朱子学在李朝得到独尊的地位，朱子学家视程朱为"天下万世之法"。"自孟子辟杨墨尊孔子以来，汉之董子、唐之韩子、宋朝之程朱子皆扶斯道辟异端，为天下万世之君子也。"① 他们把程朱抬到"万世君子"的高度，目的无非是"尊董韩程朱之学，以正人心明人伦"②。因此，他们把儒学教育看作正本清源之大计。李穑说："盖国学及风化之源，人材是政教之本，不有以培之，其本未必固，不有以浚之，其源未必清。"③

可见，朝鲜的一些教育家是把儒学教育视为维护封建统治、培养人才、改变社会风气的重大手段。

在朱子学家的倡导下，李朝大力恢复废弛的学校，使一度衰落的儒学教育呈现"中兴"的局面。李朝统治者根据朱熹的言论和著作编撰的《四书集注》《小学》，成为他们向人民灌输封建道德的主要教材，其出版量之大令人叹为观止。鉴于汉文难懂，李朝"颁王命"，几十次对《小学》做谚解，以便普及。朝鲜的朱子学家们仿效朱熹以"三纲五常"为武器，一方面用来对付人民，任何对封建统治不满的思想、行为，都被视为"异端邪说"和"犯上作乱"；另一方面则用来调整统治阶级内部的关系。这样一来，朝鲜的统治阶级把"三纲五常"封建伦理道德渗透到各阶层、社会生活和文化教育领域中去，赖以巩固封建宗法制度和封建等级制度。

朝鲜的朱子学还把朱熹"明人伦"的思想当作办学的宗旨和纲领。朝鲜著名的教育家李珥，继承和吸收了朱熹的"父子有亲，君臣有义，夫妇有别，长幼有序，朋友有信"的教育纲领作为自己的办学宗旨，向学生灌输儒学的伦理道德，为封建统治阶级培养"不怀二心"的"圣贤"之士。他改变了当时朝鲜学校教育内容没有一定系统的情况，确定了学科，规定了各学科的学习顺序。他说："其读书之序，则先以小学培其根本，次以大学及近思录定其规模，次读论孟中庸五经，间以史记及先贤性理之书以广意趣以精识见。"④ 他所制定的学习科目的顺序是：《小学》《大学》《论语》《孟子》《中庸》《诗经》《书经》《周易》《春秋》。

李珥所提的教学内容，主要是中国的儒家经典，这显然是接受了中国儒学教育的影响。但是，他所制定的由易到难、由浅到深、由简到繁的学习学科的程

---

① 郑麟趾：《高丽史·列传》卷三十三。
②③ 郑麟趾：《高丽史·列传》卷二十八。
④ 李珥：《栗谷全书》卷十五。

序，在一定程度上是合乎教学的客观规律的。这一思想与朱熹主张"读书先读《大学》，以定其规模；次读《论语》，以立其根本；次读《孟子》，以观其发越；次读《中庸》，以求古人之微妙处"①，"读书须是遍布周满。某尝以为宁详毋略，宁下毋高，宁拙毋巧，宁近毋远"② 是一脉相通的。可见，李珥是深受中国儒家教育思想和朱熹教育观点的浸染和熏陶的。

李珥还把学生的学习程序规定为"学必博，问必审，思必慎，辩必明，沉潜涵泳必期心得"等五个步骤，并把这五个步骤视为"穷理"的必要程序。但是，他认为单靠"穷理"是不够的，要求进一步做到"力行"工夫。他说："居敬以立其本，穷理以明乎善，力行以践其实，三者终身事业也。"③ 李珥的上述思想很明显是《中庸》一书中的"博学之，审问之，慎思之，明辨之，笃行之"和朱熹的"穷理以致其知，反躬以践其实"观点的继承和发展。

在教学方法和学习方法方面，李珥常引用孔子和孟子"欲速则不达"，"其进锐者其退速"的话来证实学习中不能"求速其效"的正确性。他认为，学习必须经历"疑渐渐释，以至融会贯通都无可疑，方始是学"。这个看法与朱熹的"读书始读，未知有疑。其次则渐渐有疑。中则节节是疑。过了这一番后，疑渐渐解，以至融会贯通，都无所疑，方始是学"相似，把二者联系起来看，可见李珥的教学思想和朱熹正是一脉相承的。由此，也可看到李珥善于吸收儒家和朱熹教学思想中的精华，并加以发展，而形成了自己的教学思想体系，这也是古代中朝教育思想交流史上的光辉篇章。

李朝历代的统治阶级都采取了各种形式尊崇孔孟，表彰程朱、奖励儒学的文教政策。他们修造文庙、大成殿、集贤殿，规模相当庞大。在大成殿上，正位是"大成至圣文宣王"，其他从祀者有：四圣（颜子、子思、曾子、孟子），十哲（颜回、闵损、冉耕、冉雍、宰予、端木赐、冉求、仲由、言偃、卜商、颛孙子）以及宋朝的六贤（周敦颐、程颢、程颐、邵雍、张载、朱熹）。由此可见，儒学从李朝初年起就占据了整个思想界、教育界，成为朝鲜占统治地位的思想，它的影响是十分深远的。

有学者认为："先秦儒的伦理规范和汉儒的典章制度，成为我们日常生活和政治、教育、行政的方法，成为与我们民族不可分离的文化基础。这样就使儒教变为政治、社会、学术、生活的内容自身。儒教也就超越外来思想和固有思想的

---

① 《学规类编》卷五。
② 《朱子语类大全》卷十。
③ 李珥：《栗谷全书》卷二十七。

界限，成为我们历史文化的基本。"

作为文化教育交流，除了中国的文化教育的思想和制度向朝鲜输出外，朝鲜的文化也丰富了中国人民的生活。如在音乐方面，朝鲜的乐曲《箜篌引》和耶伽琴等乐器传入中国，给中国的音乐园地增添了新的花朵。

从比较教育学科发展的历史渊源的角度来看，古代中国与朝鲜的文化教育交流，多少显示了比较教育的一些萌芽状态。

（1）古代中国向朝鲜输出了当时在世界上处于先进地位的教育制度和教育内容，朝鲜方面则吸收和移植了中国的教育制度和教育内容。它已经是一种跨国家的国际性的文化教育交流。

（2）朝鲜的统治阶级、思想家和教育家根据他们的政治需要和本国文化教育的特点，吸收和改造了中国儒学和儒学教育来为他们本国的封建主义政治和教育服务，培养本国的人才，建立了学校，它在一定程度上体现了借鉴的作用。

（3）中国儒家教育思想中的一些精华，也被朝鲜教育家所吸收，并在这个基础上形成自己具有民族特点的教育思想体系。所以，中国儒家的教育思想不仅是古代中国固有的教育思想体系，而且已经跨越国界，成为国际的（包括朝鲜、日本、东南亚各国）极有影响的思想潮流和派别。

二

日本和中国是一衣带水的邻邦，有两千多年友好关系的历史，文化教育上的联系十分密切，彼此给予对方的影响也非常深远。

中国的儒家思想在日本影响很大，源久而流长，它对日本人的道德观、教育观影响也很深，是古代日本思想界、教育界的一种十分重要甚至占统治地位的思想流派。

儒学究竟是什么年代传入日本的，其说不一。中日两国学者目前一般认为，公元285年百济博士王仁赴日本，贡献《论语》十卷与《千字文》一卷，日本应神天皇之子菟道稚郎子拜王仁为师而学《论语》。这是中国儒学文献传入日本的最早记录，同时也是中国文化教育传入日本的最早记录。可见，当时日本贵族已经接受了中国汉字和儒家思想的影响。

其后三百年间，自应神天皇时代至推古天皇时代，以儒学典籍《易》《诗》《书》《春秋》《三礼》为中心的中国思想文化，主要通过朝鲜半岛，从东亚大陆逐渐传到了日本。

由于汉学家传来了汉学，日本的统治阶级在宫廷中办起了学问所，开始了宫廷教育。先是皇太子菟道稚郎子拜阿直歧、王仁为师，学习经典。后来皇族和宫中官吏的弟子也激发起好学之心，希望就学者也去听讲，因而促成了学问所的出现。虽然它不是学校，也无学校这个名称，但此种学问所已初具学校的性质。学科的内容以儒学和书法为中心。可以说，日本的学校教育就是这样发端于宫廷设立的学问所。①

当时学习汉学的人，必读的教科书就是《论语》和《千字文》，它既是掌握读书本领的入门书，又是道德教育的启蒙书。日本史学家认为："离开这两本书，就无从着手去考察日本教育的内容，在教育史上它占有极为重要的地位。"②《论语》被日本人看作是儒学的根本经典，所以日本学者对它做了很多的注释。《论语》又被看作是道德实践的一种学说，而被日本统治阶级所信仰，用它来加工日本固有的道德，使日本固有的道德条理化和理论化。可见，中国儒学的传入对日本早期的文化教育影响是积极的和深刻的。

公元607年，日本首次正式派遣小野妹子为赴中国隋朝的使节。翌年，隋文帝派遣文林郎裴世清为答礼使，陪同小野妹子回国。中国和日本于此开始了政治上的直接交往，也打开了两国文化教育交流的直接通道。从7世纪开始，中国的思想文化主要不再经朝鲜，而是渡过东海直接输入日本。由遣隋使、留学生、学问僧等带回的中国思想文化，渗透到日本社会政治、文化教育的许多领域，产生了深刻的影响。

在裴世清等人从日本启程回中国时，日本朝廷又遣小野妹子为大使、吉士雄成为小使，与隋使同往中国。另还派有学生4人，学问僧4人随行。

接后，日本继续派遣使节和学生、学问僧到中国来。日本派遣隋使的目的，一方面是了解和掌握当时复兴的佛教，另一方面在于积极吸收隋王朝新鲜的制度和思想文化。《隋书·倭国传》记载，在日本国王迎接抵达日本都城的隋朝使节裴世清的欢迎词中，有这样的话："冀闻大国维新之化。"这说明，隋王朝统一了南北朝，建立了全国统一的中央集权体制，已引起了日本统治阶级的关注。当时日本的统治阶级不仅笃信佛教，同时也尊崇儒学，所以他们派遣学生和学问僧来中国学习，那是势所必需的了。

应当指出的是，遣隋使带到中国的学生和学问僧大多属于归化人。如第三次遣隋使所带的8名学生和学问僧，他们的姓氏全都清楚。从《日本书纪·推古纪》来看，学生是"倭汉直福因、奈罗译语惠明、高向汉人玄理、新汉人大国"4人，学问僧是"新汉人日文、南渊汉人请安、志贺汉人惠隐、新汉人广齐"4

---

①② 参见尾形裕康：《日本教育通史》，早稻田大学出版部，1978，第7页。

人。也就是说，他们都是汉人或新汉人。这些人通晓汉语，懂得汉字，又擅长于理解和掌握中国的思想文化，由他们来充当留学生，沟通中日两国文化教育交流，那是再合适不过的了。

令人感兴趣的另一点是：他们的逗留时间比后来遣唐使时代的留学生们要长得多。在上述8人中，已搞清回国年代的有6人。回国最早的（倭奴直福因、新汉人广齐）也是在推古天皇三十一年（公元623年），他们在中国留学的时间为15年；新汉人日文是在舒明天皇四年（公元632年）回国的，留学25年；志贺汉人惠隐留学31年；回国最晚的是高向汉人玄理和南渊汉人请安，这两人是在舒明天皇十二年（公元640年）回国的，他们的逗留时间实际上长达32年。

他们在逗留中国期间，恰巧遇上隋朝灭亡和唐王朝创立这一巨大的历史转折。这也许是他们留学时间拖长的一个原因。但恐怕主要还是由于他们作为新兴国家的知识分子，凭着其旺盛的求知欲，而贪婪地吸收唐创建新王朝及随之俱来的制度和法制的改革、整顿和充实等经验的缘故。

这些留学生学成回国后，把他们在中国学到手的制度、思想、文化带回日本并进行广泛的传播。例如，南渊请安回日本后，颇受世人尊崇，王公大人对他十分尊敬，不敢称其名，而以先生称之。当时日本没有培养政治家的专门教育机构，想要成为政治家的人们也去南渊先生那里就学。南渊请安著书百余卷，成为日本儒学史上著名的人物。

唐王朝是中国封建社会最兴盛的朝代，它在政治、经济、文化、教育诸方面都十分强大、繁荣和发达，居于当时世界先进国家的行列。唐王朝十分重视加强国内各民族和外国的经济、文化交流，因而封建主义文化得到了高度的发展并获得灿烂的成果，同时对各兄弟民族和全世界的文化发展也做出了重大的贡献。

唐朝的首都长安，成为亚洲各国经济文化交流的中心。亚洲许多国家曾派大批学生到长安留学，长安著名的佛寺，住有印度、日本的僧徒。这样就使中外文化相互发生影响，融合成一种更高的文化。

在国家强盛和经济、文化繁荣的条件下，唐王朝的教育事业获得了空前的发展。不仅国子学、太学等高等学府规模很大，吸收了不少外国留学生，而且以传授算学、医学和天文学等科学技术为教育内容的专科学校也十分发达，学校教育无论从学制系统还是教学内容上来说，都是完备和丰富的，居于当时世界的前列。

为了吸收更多的中下层地主阶级出身的知识分子参加政权，唐王朝继承了隋朝的科举制度并加以发展。这种通过国家统一考试选拔人才的制度在当时世界上也是先进的，它虽然带有欺骗性的一面，但确实也为唐王朝挑选了政治、文化、教育、艺术等多方面的人才。唐朝发达的文化教育，不仅在亚洲享有很高的声誉，同时这种文化教育又给邻国产生了重大的影响。当时各国向唐朝请求经籍和名师的不一而足，派使节、学生、学问僧来唐学习的更是陆续不断，其中最积极的当是朝鲜和日本。

所以，唐代是古代中国与日本文化教育交流的高潮时期。自公元 630 年（唐太宗贞观四年）至公元 838 年（唐文宗开成三年）的二百多年间，日本曾派正式的"遣唐使"12 次（也有说 13 次的）。每次最少 250 人，最多至五六百人以上。所派"遣唐使"经常带领许多留学生或学问僧，此外还有医师、画师和各种手工匠师等。他们来唐后全面学习唐朝的哲学、文学、艺术、佛学、医学、天文历法、建筑、手工业技术和政治法制制度等。

日本学者藤家礼之助对第六次遣唐使的情况是这样记载的：这次遣唐使是自祝贺平定高句丽的第五次遣唐使以来，打破了持续 30 多年的空白而派遣的。其主要成员如下——执节使：栗田真人。大使：高桥笠间（后来辞职）。副使：坂合部大分（后来是大使）。副使：巨势邑治。大佐：许势祖父。中佐：鸭呈备麻吕。小佐：扫守阿贺流。大录：锦部道麻吕。小录：白猪阿麻留。小录：山于亿良。大通事：垂水广人佐吉古麻吕……

《旧唐书·日本传》上写着："长安三年（公元 703 年），其大臣朝臣真人来贡方物。朝臣真人者，犹中国户部尚书，冠进德冠，其顶为花，分而四散，身服紫袍，以帛为腰带。真人好读经史，解属文，容止温雅。"

在这些人中，有因才华和端正的仪容受到了高度赏识的栗田真人，留在唐朝获得荣升的藤原清河，以及在新年朝贺时同新罗争座次、变我国的座次为东侧第一席的大伴古麻吕等，他们都是大使、副使级的官员，真是济济多士。

在留学生和留学僧中，正如《续日本纪》所说："我朝学生，播名唐国者，唯大臣（及）晁衡二人而已。"即吉备真备（大臣）和阿倍仲麻吕（晁衡）。另外，还有参加过律令改编的大和长冈，以及在圣武天皇时期一度备受宫中重视的僧玄等许多朝气蓬勃之士。他们为了进一步深化从遣隋使和初期遣唐使时代所传来的中国文化，满腔热情地学习了中国的文物。正如《旧唐书·日本传》上关于有吉备真备和玄昉参加的第七次遣唐使所记载的那样："所得锡赉，尽市文籍，泛海而还。"他们为了获得和学习经史与佛典，献出了自己的年华。他们留唐的时间一般都很长，即使把阿倍仲麻吕作为例外，玄昉和真备等人也长达 17 年。

在为数众多的留学生和留学僧中，如要举出著名的人物，恐怕首先应推阿倍仲麻吕。

阿倍仲麻吕（后改名晁衡）是在唐玄宗在位时被颂扬为"开元之治"的唐

王朝顶峰时期来到中国的。他不久便入太学学习，随后参加了科举考试，正式成为唐朝官史。他与唐朝当时的著名诗人李白、王维等交往甚密，结下了深厚的友谊。当他中间回国时，王维写诗送别他。大概是由于误传他在归国途中遇风漂没，李白因此写了《哭晁卿衡》的诗哀悼他："日本晁卿辞帝都，征帆一片绕蓬壶。明月不归沉碧海，白云愁色满苍梧。"这些充满着真挚情谊的诗篇，是中日人民友好的记录。公元770年，他在长安去世，留唐时间为53年，终年73岁。

来唐的著名僧人中有一位同仁，他是作为请益僧随同以藤原常嗣为大使的第12次遣唐使来到中国的。他是一个非常勤奋学习的人，留唐时间为10年。在《入唐求法巡礼行记》一书中，他非常详细真实地描述了他来唐的经过。他从渡海的恐怖开始，不仅详细地记述了中国内地的情况，如当时的物价、民间的各种风俗以及有关佛教的情况，而且还对唐代官僚机构的烦琐而复杂的实际状况，做了敏锐而细致的观察。这是当时日本人了解中国情况十分珍贵的资料。他还从中国带回经论章疏、传记等584部，802卷，胎藏金刚界2部，大曼陀罗及诸尊坛像、舍利、高僧真影等多达59种。

唐王朝对当时来中国的日本以及其他邻国的留学生、学问僧在生活上给予各种照顾和方便。例如，对日本文武朝的学问僧荣睿、普照、玄朗、玄法等人，唐朝每年发给绢25匹及四季衣服；对于仁明朝的学问僧园载，特发给5年粮食。

日本学生留唐即使是暂时的，也要按照唐朝的风俗习惯，在衣食住各方面过和唐人一样的生活，甚至连姓名也有不少改成唐人式的，其中还有人娶唐女为妻、两国通婚的。

日本留学生随同遣唐使来到长安后，多进入唐朝国子监所属的六学馆之一，各自学习专业。例如，元正朝的吉备真备，他留唐18年，学习经史，并涉猎各种技艺。孝谦朝的膳大丘曾在长安国子监学习经史，回国后任大学助教和博士，对于日本奈良朝儒学的兴起起了很大作用。专门学习法律的有大和长冈。他自幼爱好刑名之学，潜心钻研，后来和吉备真备等人入唐请益，颇有心得，当时凡习法令的都要向长冈请教。他还和真备共同删定律令二十四条。学文学而著名的有桓武朝的桔逸势，唐朝的文人也称他为桔秀才。此外，仁明朝的春苑玉成，是遣唐阴阳师兼阴阳请益，学习阴阳道，传来《疑义》一卷，教授阴阳寮的学生。菅原尾成是遣唐医师兼医请益，学习医术后回国任针博士、侍医等职，对于日本医学的发展，做出很大的贡献。[①]

这些留学生和学问僧回国时，带回了大量的中国文化典籍。《史记》《汉书》

---

① 参见木宫泰彦：《日中文化交流史》，商务印书馆，1980。

《三国志》《后汉书》《晋书》《文选》以及诸子文集等，大量传入日本。有不少书籍在中国失传了，之后在日本发现，再传回国内。此外，如书法、佛教经典、建筑艺术、医药等也大量传入日本。这些文化典籍都是他们在唐朝经过精心挑选、细心访求、抄写而得来的，或者节省了学费而买到的。所以，其中包括许多尚未传到日本的新译经卷、优秀的著作、珍奇的诗集等。这些带回去的物品，对于日本文化教育的发展，必然给予清新的刺激。

在传播中国唐代文化的过程中，留学生和学问僧的确起了很大的作用。相传学问僧空海回国后，仿汉人草书制定平假名，吉备真备取汉字偏旁制定片假名，至此，日本才有了自己的文字，这种字母一直沿用到今天。至于学习汉人的诗赋词章者更不乏其人，如白居易的诗歌尤其受日本人的喜爱，因为当时日本考试的内容，就是汉人的经史文章。由此可见，中国唐代的文化对日本文化教育的影响是十分深远的。

唐朝也有不少人到日本，其中有一些名僧、学者到日本讲学，传授儒学和佛学，有的还定居在日本。他们在中日文化教育交流方面也起了很大的作用。其中著名的人士当首推鉴真，他在十多年中，经过6次努力，才实现渡海的愿望。公元754年与弟子24人到达日本时已双目失明，年近七旬。鉴真到日本后，不仅带去了一批佛经，同时还把佛寺建筑、佛像雕塑的艺术介绍过去。在他的设计和指导下，在日本奈良建立了唐招提寺。鉴真精通医学，尤精本草学，他以鼻嗅辨正日本药物的真伪，为日本医药界鉴定了许多中草药，还留一卷《鉴上人秘方》的医书，对日本医药学的发展做出了贡献。他的弟子为他塑的坐像，至今还保存在唐招提寺内，与唐招提寺一起成了中日两国人民友好关系的珍贵纪念品。

在日本向中国学习的过程中，儒学和佛教继续传入日本，各种文化教育制度和内容都在日本得到了广泛的传播和移植。

公元701年（大宝元年），日本完成了最综合内容的大规模的国法。因为国法制定在大宝年间，故世人称之为"大宝律令"。"大宝律令"集大化改新后推行的律令制度之大成，其中也谈到了教育，确立日本的大学和国学制度，把儒学列为一门重要课程，在大学或国学中讲授，《论语》是必读的教科书。

日本由于受到了唐朝文化的影响，本国文化得到了显著的进步。学术中有经学、史学、文学、天文学、数学、阴阳学等相继出现。大学寮里开始系统地讲授经学，其中包括《周易》《尚书》《周礼》《仪礼》《毛诗》《礼记》《左氏春秋》以及《孝经》和《论语》等。春秋两季举行"祀孔"仪式。[①]

---

① 参见尾形裕康：《日本教育通史》，早稻田大学出版部，1978，第31页。

到了日本奈良时代，中日两国之间互相交往较为频繁，日本受中国儒家思想的影响也逐渐加深。例如，公元757年日本孝谦天皇下诏，令全国每家都要有一本《孝经》，奖励"孝子""贞妇"，百姓中如果有"孝子"，地方官要随时奏闻。连考取官吏的试题，几乎都是儒学汉学的内容。这时，儒家思想已普及到日本的各个阶层。

简要地介绍佛教教育和体育交流的情况也是必要的。

首先，在中日文化教育交流史上，佛教占有重要地位。中国佛教在公元6世纪传入日本，此后中日之间的佛教往来愈益频繁，基本上没有中断过。佛教对日本的历史文化产生过重大影响，直至今日在日本社会中仍有相当大的势力。日本的佛教宗派大部分发源于中国，有的是通过朝鲜僧人最初传入的，有的是中国僧人直接传入的，有的则是日本僧人从中国输入的，也有的是日本僧人根据传入的汉译佛经和中国佛教宗派的著作自己创立的。

日本佛教虽然最初发源于中国，但在它被移植到日本社会这块土壤上以后，不断深入扎根发育成长，最后发展为日本民族的佛教。

在鉴真来到日本之前，佛教虽然已被日本统治阶级所利用，但并没有一个集中和统一的规划，不但没有建立制定授戒制度，就是在训练和教育僧侣方面，也是各自为政的。鉴真来日本以前，他在国内的时候，在训练和教育僧侣方面，本来就具有丰富的经验。对于日本统治阶级来说，鉴真的东渡，使他们获得了一个从事佛教教育的理想人才。因此，日本统治阶级在建造戒坛院，委托他制定授戒制度的同时，又在东大寺内修建了一所名为唐禅院的训练和教育僧侣的寺院，也委托鉴真经营管理。从这个时候起，日本对僧侣的法制形态，从训练、教育到授戒制度才算有了一套完整的体系。

其次，中日之间在体育方面的关系可以追溯到两汉、三国时期，但是到了唐代，中日体育交流则发展到一个新的阶段。交流的内容是丰富多彩的，它涉及中国古代体育的许多项目和方面，计有：射箭、投壶、百戏、蹴鞠（足球运动）、击鞠（马球运动）、围棋等。

击鞠，是一种骑在马上持仗击球的马球运动，中国古称击鞠，唐代又称"打毬"或"击毬"。这项运动自东汉以后逐渐发展起来，至唐代已盛行全国，并向东邻各国传播，大约在8世纪初传入日本。日本最早的一部诗歌集《万叶集》的某些诗篇，即歌颂了以王子为首的日本诸臣在春日郊野行"打毬之乐"的情景。由此不难看出中国古代的各项运动传入日本后，是深受日本人士所喜爱并广为流行的。

关于中国古代文化教育对日本的影响问题，日本的学者有关这方面的著作很多，阐述得也很详细。这里引述几种有代表性的教育观点如下：

日本著名汉学家内藤湖南曾说："日本民族未与中国文化接触以前是一锅豆浆，中国文化就像碱水一样，日本民族和中国文化一接触就成了豆腐。"

另一位专门研究中日历史文化关系的森克己则说："大陆（指中国）和我国（指日本）之间，从原始时代起，早就进行文化交流。先进的大陆文化不断地流入我国。与此同时，这些大陆文化不知不觉中被吸取、日本化。"

木宫泰彦在他的著作《中日交通史》中也说："中国，乃东洋文化之母国……倭人来至中国，目睹其情形，必赍往若干新知识，而对中国文化作极热烈之钦慕……亦思如汉人有灿烂如花之生活也。"他又强调说："日本中古之制度，人皆以为多系日本自创，然一检唐史，则知多模仿唐制也。"

日本学者的这些认识和见解，说明了中国古代特别是唐代，中日两国关系友好、密切，文化教育交流频繁，中国的文化教育给予日本的影响是重大和深远的。

隋唐以来，日本吸取中国思想文化的方式虽然有所改变，但仍继续不辍，只要中国有了什么新的学派或理论，日本就有它的翻版。程、朱、陆、王，在中国曾风靡一时，在日本也都各有他们相应的名家，其地位和影响也和中国的不相上下。这种现象，直到明治维新前夕，还依然可见。

到了 11 世纪，日本统治者禁止人民私自渡海，日船绝迹于中国。但北宋商船仍不断前往日本，中日贸易往来仍在进行。日本入宋僧人也备受优待，但是人数要比唐代少得多，这反映了当时日本统治阶级在对外交往上的消极态度。

到了 12 世纪后叶，日本统治者奖励商舶和南宋贸易，南宋也注意招致外国商船。这时前来南宋的僧侣数目大为增加，南宋僧人也有许多前赴日本的。南宋特盛的禅宗不断传入日本。据史书记载：在整个北宋的一百六十余年间，入宋的僧侣仅 20 余人，但在南宋的一百五十余年间，仅史料上载明了的入宋僧就超过了 100 人。这个僧侣数可与唐代的鼎盛时期相匹敌。这些入宋僧不仅在宗教方面，而且在其他领域也为文化交流尽过力，这些功绩是不应忘记的。

中国福州刻印各本大藏经传入日本，对日本印刷事业的发展予以极大的刺激。13 世纪初以朱熹为代表的南宋儒学传入日本。公元 1247 年日本有人托名"陋巷子"覆刻宋椠本《论语集注》十卷，这是日本印刷中国儒书的开始。

当时从中国传入日本的宋学，并不是全部理学，主要是洛学和闽学，即以程朱学派为主的新儒学。这些唯心主义的思想流派刺激了日本的思想界、宗教界和教育界，从而形成了一批研究这种中国思想文化的日本的"中国汉学家"。

佛学与儒学、禅宗与宋学（主要指程朱学派）都是中国盛极一时的宗教和思想流派。它们都是唯心主义这棵树上的两朵花，它们的区别是在思想意识形态中采取了不同的表现形式。实际上，它们之间在宇宙观方法论以至伦理学方面，都有许多共通之处。禅宗以见性成佛为主，宋学以穷理尽性为宗；禅宗主张回复自己的来源，宋学主张探求自己的本性，坐禅内观与静坐省察，顿悟与豁然贯通几乎同出一辙。这两种唯心主义学说都鼓吹禁欲主义。所以，无论儒佛之间如何对立，但两者实质上是交互为用的。不少来宋留学的日本禅僧，以及东渡布道的中国禅僧，他们不仅是禅宗教义的传播者，同时也是宋学家。

在13世纪中日禅僧的交往中，为宋学传入日本而做出重大努力的，有俊芿、园尔辨园、兰溪道隆等人。

日僧园尔辨园（公元1201—1280年）是日本佛教史上著名的禅僧。他19岁赴京都听孔老之教。因慕南宋禅风，于公元1235年来到中国，时年34岁，公元1241年回日本。

园尔辨园为日本传入了风靡一时的宋学著作，其中又以程朱学派、朱熹的著作为主。公元1257年，他为当时的幕府执权北条时赖于最明殿寺讲授《大明录》，这可能是日本禅林讲授宋学的最早经筵。公元1268年掘河国大相国源基贞曾请教他关于儒、道、佛三教大意，他为回答此问而特撰《三教要略》一书。公元1275年又谒龟山法皇，说三教旨趣。从这些活动事迹来看，园尔辨园作为禅林僧侣，一直致力调和儒、佛、道三教学说，他既是一位佛门僧侣，又是一位宋学研究家。他的毕生努力，对中国宋学传入日本无疑起了极为重要的作用。

由于种种原因，也有许多中国僧侣前往日本，甚至有些人在日本定居下来。去日本的中国僧侣，有的精通儒学、新儒学，一般也都受过儒学的熏陶。他们到日本后，往往受到统治者的优遇。他们把包括朱子学在内的宋学带进日本，并利用有利条件进行传播以扩大宋学的影响。而其中与日本宋学渊源关系最深者，当推兰溪道隆了。

兰溪道隆俗姓冉氏，祖籍四川涪江，公元1246年到日本。从现存的《大觉禅师语录》三卷来看，兰溪道隆的讲学处处皆儒僧口吻，貌类禅林而神似宋学，于阐发《四书》尤为谙熟。《语录》中引诸如"政者正也""正心诚意"等《论语》《中庸》的语句更是随手可拾。从这里可以清楚地看出，兰溪道隆不仅熟悉宋学的精髓——《四书》，而且是根据宋儒的哲理加以理解和阐发的，在某种意义上可以说，他的禅林道场，就是传播中国宋学的基地。

从中日文化教育交流的角度来看，这个时期有一些情况是值得注意的，这就是日本对中国文化的输出。一般说来，它是宋代以后才显著起来的。宋代也已有人看到了这种现象。宋代著名的文学家、教育家欧阳修在一首题名为《日本刀歌》的乐府中道:"昆夷道远不复通,世传切玉谁能穷。宝刀近出日本国,越贾得之沧海东。鱼皮装贴香木鞘,黄白闲杂鍮与铜。百金传入好事手,佩服可以襄妖凶。传闻其国居大岛,土壤沃饶风俗好。其先徐福诈秦民,采药淹留丱童老。百工五种与之居,至今器玩皆精巧。前朝贡献屡往来,士人往往工辞藻。徐福行时书未焚,逸书百篇今尚存。令严不许传中国,举世无人识古文。先王大典藏夷貊,苍波浩荡无通津。令人感激坐流涕,锈涩短刀何足云。"这首诗除了称赞那把日本宝刀外,还谈到了日本土地肥沃、风俗良好,知识分子善于诗词文学,以及手工艺品十分精美,还保存了不少中国的逸书等,表现出了一种钦佩羡慕的心情。

日本知识分子工词藻,说明了他们深受中国文化的熏陶。日本保存着中国逸书一事,是因为中国屡遭战乱,图书典籍散失湮灭不少,而在日本反而完善地保存着。早在五代时中国就曾派人去日本访求并抄回过一些。《皇朝类苑》卷七十八引《杨文公谈苑》的话说:"吴越钱氏,多因海舶通信。天台智者教五百余卷,有录而多阙。贾人言:日本有之。钱俶(即钱弘俶)买书于其国主,奉黄金五百两,求写其本,尽得之讫。"这就是明证。宋太平兴国八年(公元983年)来中国受到宋太宗接见的日本僧人裔然带来献给宋太宗的礼物中,就有《越王孝经新义》十五卷及《孝经郑氏注》一卷,都是用金缕红罗褾水晶轴装潢成的卷子本。《宋史·日本传》就是中国已经佚传的书。到了后代,中国逸书在日本重获的现象,更加寻常。《四库全书》就收录了魏何晏注梁皇侃疏的《论语义疏》十卷,山井鼎校《七经孟子补遗》一卷,太宰春台考订《古文孝经孔氏传》一卷,附宋刻《古文孝经》一卷,这些都注明是从日本传入的逸书。唐代由政府名义和力量编写并颁行的国家药典——《新修本草》,它是我国也是世界上第一部国家药典。《新修本草》公布后,深受人民群众欢迎,不但风行全国,而且在很短的时间里,便传到了日本、朝鲜等邻邦。宋元祐间(11世纪前后)《新修本草》在我国失传。直到1889年(清光绪十五年)傅云龙在日本东京发现这部书的天平三年写本的摹抄本(共十卷),加上一卷日本人在1849年仿天平写本抄写的辑本(卷三),刻作《纂喜庐丛书》之二,这一在中国已经湮没了八九百年的本草学重要著作才得以返回它的故土。有了这个翻印本,人们可以比较普遍和相当清晰地目睹这部世界第一部药典的完整内容、体例和神态。

至于利用日本的善本来校补过的书籍,那就更多了。从这个意义上看,日本对于中国文化产品,仿佛起了储备仓库的作用。祖国的一些文化遗产之所以能失而复得,日本保全之功是不能低估的。

从隋唐到两宋这一段历史时期,中日之间的文化教育交流具有一些新的特点，它是比较教育的历史渊源的重要资料和必须探索的课题之一。

首先，唐代是中国封建社会的鼎盛时期，文化教育极为繁荣发达。日本向中国学习，采取的是一种全面积极的态度。日本的政治法律制度、文化教育的内容、学术思想流派，以至艺术、书法、体育等，都有全盘唐化的倾向。它多少反映了文化教育交流的客观规律，因为就文化教育交流的方向来说，从较高的、较先进的文化教育地区向较低的、较后进的文化教育地区流动，那是很自然的，这是文化教育交流的主要潮流。从比较教育的角度来看，日本向中国学习，正是中国先进的封建主义文化教育对日本起了一种借鉴作用，促进了日本文化教育的发展。直至今天，这种影响还没有全部消失。

其次，中日的文化教育交流主要是通过留学生和学问僧作为桥梁和纽带来进行的。在近代中国和日本进行维新变法的时候，也是通过派遣留学生的途径来吸取外国先进的文化教育的。看来这是古今中外国际文化教育交流的普遍现象。通过留学生对外国文化教育的引进、吸取、比较、选择，使之与本国的传统文化教育相结合，它就会产生适合于本国国情的具有民族特点的思想、文化教育体系。这也是国际文化教育交流合乎规律的现象。比较教育学科的兴起，也是与这种国际学术交流分不开的。

最后，文化教育交流还有反向流动的现象，也是理应指出的。所谓反向流动，就是文化教育较低的国家的某个或某些先进文化因素影响到文化教育较高的国家，改变和丰富了它们的生活。例如，隋唐时期中国的音乐、舞蹈就曾大量地从邻国吸收了丰富的营养。《天竺伎》——今印度的乐舞；《康国伎》——今苏联乌兹别克共和国撒马尔罕一带的乐舞；《高丽伎》——今朝鲜的乐舞；此外还有疏勒、突厥、扶南（今柬埔寨）、倭国（今日本）的乐舞。这样，中原音乐和邻国的外来音乐长期地接触汇合，在中国的音乐、舞蹈园地里，新艺术的美丽花朵终于百花盛开，争奇斗艳，这就是历史上著名的"唐乐"。唐乐以中原音乐（即中国传统的音乐）为基础，吸收了各国优秀的新鲜的音乐成分，成为国际意义的内容同时又是中国新的民族形式的高度艺术创造。

教育领域也应如此，我们不仅要学习先进的、发达的国家中合理的、有用的教育制度和教育思想，同时也要注意吸收后进国家有关教育方面的优秀因素和成分。比较教育的研究也必须兼顾这两个方面。

宋代以后，中日两国的关系曾多次受到干扰、阻滞，但是人民之间的来往从未断绝。元、明、清三代，程朱理学在中国受到统治阶级的尊崇。这种情况在日本同样有所反映。日本的吉野时代中期到室町时代和江户时代（相当于中国元到明清这段时期），儒学和朱子学依然是十分盛行的。

15世纪初期，一位曾经很活跃的日本僧人仲方园伊在《送义山上人序》中说："国朝二百年以来，斯道稍衰，名教殆坏，朝廷不以科取人，士亦不守世业，仅存官员，不问其人才否，于是大废学问之道，大率谈道学，言文字，以吾德之绪余为缙绅者之专门也。"① 这一段文字写中国的宋学传入日本一个多世纪之后，以明经训诂为主的日本旧儒学，已经为以道学（程朱理学）为主的新儒学所替代，宋学正在发展为日本儒学的主流。

当时，日本朝廷对宋学也抱有很大的兴趣，花园天皇、后醍醐天皇就是持有这种兴趣的最明显的代表。《花园院御记》中记有："近日禁里之风也，即是宋朝之义也。"又说："凡近日朝臣多以儒教立身，……只依《周易》《论语》《孟子》《大学》《中庸》立义者……近日风体，以理学为先……"可见，宋学在当时京都的宫廷和上层社会受到重视并广为流传。日本僧人玄惠法印充任后醍醐天皇的侍读，在宫中热心于宋儒新注书的介绍，讲授《四书集注》等正在此时。

玄惠法印，号独清轩、天台宗僧侣，他是日本宋学史上第一个正式开设讲席传授《四书集注》的人。他的讲学，影响所及，达于朝野。当时"士大夫之有文者，莫不从而受教"②，极受知识分子的欢迎。玄惠法印一生讲学，弟子门生遍布，至老而不息，已成为京畿地区的学术泰斗；他的讲学，退汉唐注疏，倡程朱之说，开日本宋学研究一代之风。

自此之后，整个14世纪，无论禅林或世俗讲读宋学者，均不乏其人，如营原公时、梦岩祖应、义堂周信等，他们分别以程朱新义讲授《大学》《中庸》《论语》《孟子》《尚书》等。其中，由于《四书》和训和点的出现，使日本的宋学讲席更达到一个兴隆时期。

日本室町时代的"足利学校"，不仅是日本关东地方的文化中心，也是全国的教育中心。足利学校的校规明确规定以"三注、四书、六经、列、庄、老、史记、文选"为教科书，禁讲其他之书。学生中僧侣很多，但教学科目却不以佛教的学问为中心，而以汉学为中心。毕业生多数到地方去从事教育，做领导人或者任武家的顾问、参谋。寺院的高等教育也学习"经、史、子、集"等③。可见，中国的文化教育内容，对日本的学校仍然存在着重大影响。

在明朝约三百年间，入明的日本禅僧也不少。他们对中国儒学、文学以及其他各种文化的移植，也做出极大的贡献。其中颇负盛名的有汝霖良佐和桂庵这样

---

① 《懒室漫稿》卷六。
② 《松山集·贻独醒老书》。
③ 参见尾形裕康：《日本教育通史》，早稻田大学出版部，1978，第110页。

的人物。

桂庵，字玄树，生于公元1427年。"长门永福寺僧，任遣士官入明，留明六年，泛游苏杭之间，从硕儒学朱子学，回国后因避乱游丰、筑、肥等地，后到萨摩，开创桂树院，宣讲宋学，对振兴镇西文运，贡献很大。"① 桂庵对宋儒新注书及其著作是有研究的，尤精于朱子学。他也擅长诗文。桂庵讲授朱子学，在日本风靡一时，上至公卿大夫，下至群士僧俗莫不倾慕，竞受其学，于是名声大振。

至于在明代或明清之际到日本的中国僧人、学者、文人为数也不少。他们对日本的宋学、文学、教育诸方面都带来了很多新的刺激和影响。其中最著名的就是朱舜水。

朱舜水（公元1600—1682年），名之瑜，字鲁玙，明浙江余姚人。他是中国古代教育史上一个很特殊的人物，他曾流寓日本，对日本的思想界、教育界产生颇大的影响。他与唐代鉴真和尚东渡日本，可称得上是先后相辉映的。朱舜水是个爱国主义教育家，又是民族气节很坚强的志士。他在日本讲学，深受日本人士的欢迎。他和日本弟子之间，互相关怀和支持，亲如父子。他对这些弟子们说："仆之视贵国同为一体，未尝有少异于中国也。"② 他在日本二十余年的讲学生涯里，培养了一批人才，朝野人士也乐与交流。作为教育家的朱舜水，他是深得日本学生的爱戴和赞扬的，他的"诲人不倦"的教学态度和精神也是令人敬佩的。他在促进中日文化交流，推动日本教育事业的发展，以及传播儒家经世致用的教育思想方面，都做出了一定的贡献。

近代西方帝国主义侵入东方以后，中日关系起了剧烈的变化。鸦片战争以后，中国陷入了半殖民地半封建的深渊。日本学习西方较早较快，19世纪的后三十年中，迅速地发展成为近代化的国家。这时，中日两国之间的文化教育交流起了新的变化。

三

自汉代以来，中国与印度在文化教育交流方面也是十分频繁的。特别是佛教传入中国之后，经魏晋南北朝至唐代而极盛。

在唐代中印文化交流上，唐代僧人玄奘贡献很大。为了深入研究佛学，玄奘

---

① 木宫泰彦：《中日文化交流史》，商务印书馆，1980年。
② 《朱舜水集》卷十一《问答四·答小宅生顺问六十一条》。

于公元 627 年出发，经甘肃、新疆、中亚等地，历经艰辛，到达印度，遍游各名寺，从高僧求学。由于他的刻苦努力，成绩卓著，在印度获得很高的名声和地位。公元 645 年回到长安，带回约 510 部佛教经典，并立即从事译经工作。玄奘还将这次所经历的各国各地区的风土、人情、物产、信仰和历史传统，撰成《大唐西域记》一书，成为研究中古时代中西交通和中亚及印度等国历史的宝贵资料。

这本书近百年被译成英文、法文、日文、德文等各种版本。《印度简史》的作者潘尼迦意味深长地指出："玄奘的生活是世界历史上的伟大奇迹之一。玄奘在叙述与佛教神迹无关的事件方面，是一位准确的观察者，他的旅行记事是我们所有的关于印度的第一幅完全的画面。"潘尼迦的分析是深刻的和中肯的。这说明了《大唐西域记》一书是古代中印文化交流的真实记录。

就这位唐代僧人在印度的留学生活和学习经历，我们可以从侧面看到当时印度佛教教育的一些概况，它同时也是中印文化教育交流的宝贵史料。

在唐代交通条件异常困难的情况下，玄奘徒步西行，孤身远征，历尽艰险，终于进入印度境内。到印度后，玄奘边旅行边考察，边访学边巡礼圣迹；然后辗转到了当时印度佛教的最高学府——那烂陀（施无厌）寺。那烂陀寺的门槛是很高的，一般僧人是不容进住的。寺主戒贤，是全寺也是当时全印度最有学问的人，被尊称为"正法藏"。

玄奘在那烂陀寺受到戒贤特别的器重和赏识。戒贤特地为玄奘亲自登坛讲经。在生活上则给玄奘以优厚的供奉。那烂陀寺藏有丰富齐全的典籍：大乘经典、小乘经典、婆罗门教的经典，以及因明、医方、术数等，各种书籍应有尽有，各种专门的讲座天天进行。玄奘除了主要从戒贤受学之外，还向一些知名的佛教学者（如居士胜军等）学习、请教。可以想见，那烂陀寺，是当时印度佛教的宣传中心，也是为印度封建统治阶级服务的精神文化堡垒。

玄奘在那烂陀寺潜心学习了五个年头。"经于五年，晨夕无辍"[①]，学习生活是相当紧张的。加上他又在印度其他各地游学访师，前后共十多年。后来，他几乎成了全印度佛学界的权威。

公元 645 年（唐贞观十九年），玄奘学成回国，带着大批的印度书籍回到长安。这一次唐太宗给了他很大的礼遇，派出大臣去迎接他，后来又对他翻译佛典的工作给以大力的支持。他成立和领导了一个译经场，集中了很多有才能的和尚，曾译出经、论共 75 部，合计 1 335 卷。

---

① 《续高僧传·玄奘传》。

作为一位卓越的翻译家，玄奘在中国佛经翻译史上享有很高的声誉。因为前代的翻译，主译者多数是外国僧人，不通汉文，助译者多数是本国人，不通梵文。所以，往往不仅译文艰涩难懂，而且经意也是有乖误。玄奘则不仅语文兼精梵汉，而且对于佛理也有深入的钻研。因此，他的译经，在佛经翻译史上，开辟了一个新的时代（因而被称为"新译"）。

玄奘除了把大量的佛经翻译过来之外，还把《老子》译成梵文。这对于沟通古代中印文化，也可说是一个创举。

玄奘又把印度因明学的专著——陈那的《因明正理门论》译了出来，从此，印度的因明学就传入了中国。因明是发源于印度的一种佛教逻辑学，陈那则是印度佛教中对因明学有重大贡献的卓著人物。因明学是一门玄妙艰深的学问，自玄奘把它引入中国之后，一些学有根基的僧人产生了研究它的兴趣，使因明学的研究在唐初曾极盛一时。

作为一位沟通古代中国和西域、南亚地区的文化，增进同这些地区人民友谊的使者，玄奘的贡献是重大的。正如他自己所说的那样："宣皇风之德泽，发殊俗之钦思。"把当时中国的政治、思想文化介绍给西域、南亚各国的朝野，引起他们对中国的敬意和向往。同时，也带回了西域、南亚地区的文化和人民的友情。这不仅在当时具有重大意义，而且对后世也具有深远影响。

除玄奘外，唐代高僧前往印度求法的也甚为踊跃。例如，僧人义净在公元671年（咸亨二年）至印度，学习10年，然后回国。先后撰译经论61部、239卷。义净的门弟子唐青州僧慧日，也于公元702年（嗣圣十九年）乘船西行，经南海佛逝、狮子等国，至印度各地遍访圣迹，寻搜梵本，访求知识。然后经北印度，于公元719年（开元七年）返抵长安，前后周历70余国。他们为中印文化交流而万里孤征，他们的求经求学的心情是真诚的，他们的吃苦精神是令人敬佩的。

随着中外佛教人士的往来频繁，有关介绍印度佛教情况的书籍，也陆续撰出，除了玄奘的《大唐西域记》和义净的《南海寄归传》等外，还有《中天竺行记》《唐西域图志》《西域志》等图书编出，使中国人士对佛教圣地及印度文化更加理解，同时印度风格的佛教艺术也在中国广泛流行传播。

毫无疑义，佛教是麻醉人民的一种精神鸦片。佛学是一种唯心主义的东西，是为封建统治阶级服务的。但是随着佛学的东流，同时也引进了印度的文明，引进了学术上的许多新的思想方法。这在一定程度上有利于中国学术的发展。例如，印度因明学的引进，这对于中国逻辑思想的发展起了一定的作用。

印度的佛教传入中国后，因为它是在中国这块土地上发展起来的，就不能不与中国固有的思想相结合，从而具有中国的特点。它对中国的教育制度和教育思想也产生了深刻的影响。

由于佛教的兴盛流行,各地寺院林立,僧徒众多,寺院不仅要对佛教徒进行佛教教育,并且还要译著佛经,宣传佛教。每一个较大的寺庙实际就是一所佛教学校,形成了一套佛教的教育制度,这一套制度对于世俗学校特别是对于唐以后的书院产生了相当的影响。例如,佛寺里有僧徒宿舍,有讲佛书的"讲堂",僧徒听讲时有一定的纪律,寺院都订有"清规",也就是寺院的章程,所有这些对后来书院的组织形式和教学方法有很大的影响,并为它们所吸收发展,如朱熹的《白鹿洞书院学规》,无疑就是受了佛教寺院"清规"的影响。书院教学采取的"讲义"和"语录"文体也脱胎于佛教的经籍文体;书院多建在山林静寂之处,也和寺院相类似。寺院之所以多选择在山林名胜之区,目的在于使佛教徒有一个清静潜修的地方,令僧徒们勤修禅道。这一点对一些崇尚儒学的学者和教育家是有所启迪的。因此,他们选择书院的院址,都多是自然环境优美宁静,足以陶冶性灵的名山胜水之地。

中国著名的白鹿洞书院就是坐落在庐山五老峰南 20 多里的地方,山峰至此汇成环状,另具一种格局,是一个"无市井之喧,有泉石之胜",适合于群居讲学、著书立说的好地方。再经过朱熹一番规划、整理,广植花木,增建亭榭,勒石题字,使这所书院再度成为名胜之区和著名的教育场所而誉满天下。朱熹认为,书院要有一个优美宁静的自然环境。它对于学生潜心读书、修身养性是至为重要的。在白鹿洞书院讲学时,他"诲诱不倦",师生间互相探讨,休息时他与学生徜徉在书院所特有的青山秀水之中,领略大自然美好的风光,这样的一种环境,对于学生的学习和修养来说,都是有一定好处的,所以从这一个方面来说,佛教寺院对书院的影响是有积极意义的。

中国的一些学者、教育家由于受到佛教思想的影响,做了许多把儒佛综合起来的工作,使佛教的理论适合中国儒学的传统,同时也使儒学渗入了佛学的因素,这样也就影响了中国儒家教育思想的发展方向。

宋代的著名思想家、教育家朱熹就是这样一位代表人物。朱熹在回忆他年轻时的学习经历时也曾提到这一点。他说:"某旧时亦要无所不学,禅、道、文章、楚辞、诗、兵法,事事要学,出入时无数文字。"[①] "禅"指的是佛学,"老"指的是老、庄。可见朱熹年轻时就接受了佛教思想的影响。后来,朱熹接受了他的老师李侗的教导,把精力放在学习和钻研儒学上面。但朱熹着力于以儒学为主体来构造他的唯心主义思想体系时,并没有抛弃佛学,而是将它熔铸进去了。他吸

---

① 《朱子语类》卷一〇四。

取了佛教教义中某些思想资料来补充自己。例如,他在阐明他的基本命题"理一分殊"时,就引用佛教禅宗的"一月普现一切月,一切水月一月摄"来说明"理"与万事万物的关系。从朱熹的教育观来看,他的"豁然贯通"说,虽然其前提是"积习既多",但仍然可以看出它受到佛教"顿悟"说的影响。他极力宣扬的"存天理、灭人欲"的教育宗旨,虽然是渊源于孔子的"克己复礼""非礼勿视,非礼勿听,非礼勿言,非礼勿动"的礼教绳索,但他也吸收了佛教的禁欲主义精神。在道德修养方法上,朱熹主张"主敬"。他说的"主一无适之谓敬"与佛教的"一心""住念""无慢怠"的意思是相通的。

印度的佛教传入中国,到了宋代已有千年的历史。经过消化,在中国出现了若干重要的教宗,其中华严宗和禅宗的影响比较大。宋朝的理学(新儒学)吸收了不少佛教的成分,二者的关系是十分密切的。佛教虽然是从国外输入的宗教,但是它在中国土壤上开花、结果。它一方面要从中国传统思想中吸收营养,使之民族化、中国化,另一方面它又施加影响于中国的传统思想,使中国固有的哲学、文学、艺术、教育等增添新的血液。这是中外文化教育交流史上的一种普遍现象。

由此可见,在中国古代,由于它曾是比较发达的封建主义国家,并发展了丰富多彩的文化、教育制度和教学内容,还吸收邻国的大批留学生来到中国学习,同时通过他们和其他渠道,把当时的封建主义文化和教育制度、教学内容传播和移植到其他国家。与此同时,中国也从邻国吸收了精湛的文化,这对中国的古代文化、教育制度和教育思想也起了一些重大的影响。由于历史和时代的局限,当时不可能有人从理论上对此进行概括的比较,它只是作为一种史料记载下来。但是,从比较教育发展的角度来看,它在实际上已经起了一种跨国家和跨文化的作用。它为比较教育学科建设提供了必要的条件。

(原载《比较教育史略》,广东高等教育出版社1988年版)

1989

1989

《北宋教育论著选》一书的前言

《北宋教育论著选》是"中国古代教育论著丛书"的一种。这本书选辑了北宋时期的主要教育论著。

北宋是中国封建社会的一个重要历史阶段。它结束了五代十国的分裂割据局面，恢复了统一的中央集权的封建国家。

北宋王朝在阶级矛盾、民族矛盾和地主阶级内部矛盾尖锐交织的情况下，特别在少数民族政权辽、金、夏的不断侵扰之下，国力虽有所削弱，但北宋的社会经济还是取得了显著的进步。其突出表现是农业、手工业和国内外贸易的发达，行会制度的盛行，城市经济的繁荣。北宋在科学技术上也有重大成就，如火药的使用和印刷术的盛行，等等。所有这些说明北宋时代的社会生活，特别是经济、文化、教育等方面要比以往丰富、发达得多。

反映在教育领域，官学、私学有了新的建树，专科学校有所发展，书院兴起，教育模式和理学教育思想对中国后期的封建主义教育起了巨大的深远的影响。

编入本书的北宋教育论著有以下一些方面：

（一）有关阐明北宋王朝文教政策方面的论著

宋真宗的《崇儒术论》就是为这个目的撰写的。"儒术汙隆，其应实大，国家崇替，何莫由斯。"它是关系到国家存亡、朝代兴衰的重大问题。所以他提出"获绍先业,谨遵圣训,礼乐交举,儒术化成"的崇儒文教政策,他认为这是与宋王朝文教事业的繁荣和败落息息相关的。

(二) 有关建立学校的目的和宗旨方面的论著

曾巩为皇帝起草的《劝学诏》就明确地宣布了皇帝"劝学"的宗旨:"朕惟先王兴庠序以风四方,所以使学士大夫明其心也。夫心无蔽,故施之于己,则身治而家齐;推之于人,则官修而政举。其流及远,则化民成俗,常必由之。"这是封建地主阶级最高统治者建立学校的一贯指导思想。

范仲淹的《邠州建学记》则揭示了建学的四大要旨:一是"重师礼";二是"广学宫""优生员";三是"谈经于堂";四是"藏书于库"。他认为:这四个要素具备了,就会"士人洋洋,其来如归"。范仲淹的办学观点:要尊师、重儒经、重学校的校舍图书建设,保证优待生员。这是很有见地的。

(三) 有关科举制度的批评和改革建议方面的论著

司马光的《议学校贡举状》强调了取士"以德为本",不尚文辞的观点。他认为:科举考试是一根指挥棒,考试重诗、赋、论、策,"不问德行",则知识分子"日夜孜孜,专以习赋、诗、论、策为事"。因此,他主张取士采取荐举加考试的办法选拔人才。在当时的历史条件下,这不失为一项补救的措施。

另一方面,我们也选辑了宋真宗鼓励士人醉心科举,"十年寒窗无人问,一举成名天下知",以功名利禄引诱知识分子的《劝学诗》:"书中自有黄金屋","书中有女颜如玉","男儿欲遂平生志,六经勤向窗前读"。这首诗对当时和后世的知识界、教育界影响很深、很大。

(四) 有关养士和用人方面的论著

王安石的《上仁宗皇帝言事书》曾全面地论述关于人才的教育、培养、选拔和使用的一系列方针、政策:所谓"教之之道",就是自京师至地方皆设学校,严选教官,教以"礼、乐、政、刑"等为国家所需用之事;所谓"养之之道",就是"饶之以财,约之以礼,裁之以法",保证士子的物质生活,并以礼、法严加约束;所谓"取之之道",就是选贤任能,视其德才大小高下来录用;所谓"任之之道",就是量才器使,"久其任而待之以考绩之法"。王安石上述论点在当时历史条件下是切中时弊的。

(五) 有关教育内容方面的论著

程颢的《请修学校尊师儒取士札子》主张教育内容"必本于人伦,明乎物理",从"小学洒扫应对"到"修其孝悌忠信"。王安石在《答曾子固书》中则主张采取宽广、兼学的态度。他认为:如果只是死读儒家的经典章句传注,那就不可能懂得对社会有用处的知识。所以他提出"某自百家诸子之书,至于《难经》、《素问》、《本草》、诸小说,无所不读,农夫女工,无所不问"。可见王安石挑选的教育内容和读书路子是比较广博和注重实用，并兼取诸子百家之长的。

（六）有关德育思想方面的论著

北宋的理学教育家十分重视封建主义"三纲五常"的灌输和个人的道德修养，因而这个领域的论述也特别多，最为丰富。具有代表性的如程颢、程颐的《河南程氏遗书》，它是二程的弟子们记下的二程语录。《河南程氏遗书》提出了一整套的德育理论和方法：①德育的最高目标是要使受教育者"循天理""明人伦"，遵守封建主义的"三纲五常"。②强调穷研儒经，因为"经所以载道也"。③提倡"养心""寡欲"。④重视"涵养须用敬"，好像人在宗庙一样，恭敬专一，没有丝毫杂念。⑤要求为学"只要鞭辟近里"，鞭策自己在内心上下功夫；等等。

周敦颐的《爱莲说》，借莲花咏志，抒发了他关于人生道德修养的见解。他以菊、莲、牡丹三种不同的花卉相对比，写出三种不同的道德品格，着重通过对莲花的刻画，"出淤泥而不染，濯清涟而不妖，中通外直，不蔓不枝"，歌颂了坚贞不渝、洁身自好、不随流俗的君子情操。全篇虽仅有一百余字，但以它的深刻寓意和形象手法而传诵于世，历久不衰，成为要求封建社会士大夫个人道德修养的崇高境界。

（七）有关教学思想、治学思想方面的论著

北宋的教育界、学术界给我们留下了极为丰富的遗产，其中蕴藏着许多精辟的见解，值得我们批判地吸收。具有代表性的如张载的《经学理窟》就记载着不少关于勤学、读书、札记、思考、质疑等教学、治学方面的理论和方法问题。①强调"立志"对为学的重要性，"志小则易足"，"易足则无由进"。②主张"博学于文，以求义理"，"学愈博则义愈精微"。③提倡"学贵心悟，守旧无功"，要勇于"濯去旧见，以来新意"。④提出为学须有疑问的见解。"有疑"则表示学者对知识理解有所深化，在学习上浮光掠影的人是不会提出疑问的。⑤反对学习粗心大意，"学不能推究事理，只是心粗"。⑥重视教学的可接受性，"教之而不受，虽强告之无益。譬之以水投石，必不纳也"。教学搞主观主义是绝对不行的。⑦为学要谦虚，而不自满。"学然后知不足，有若无，实若虚"。⑧鼓励为学要勇于克服困难。"今人为学，如登山麓，方其迤逦之时，莫不阔步大走，及到峭峻之处便止。须是要刚决果敢以进"。张载的上述教学、治学观点确是发人深思的，在中国古代教学思想史上是有所贡献和重大影响的。

苏轼的《日喻》说明求学必须像学游泳一样，不断地直接接触实际，从实践中掌握水之道。"南方多没人，日与水居也，七岁而能涉，十岁而能浮，十五而能没矣"。他们之所以善于游泳，是由于天天和水打交道而懂得水性的缘故，从而阐明了为学不能脱离实际，实践出真知的道理，寓意是十分深刻的。像这种以散文、诗歌、书简等形象手法来论述教育观点的著作、篇章在北宋是屡见不鲜的，给中国古代教育思想史增添了光彩。我们在本卷中选辑了其中一部分，以便开阔眼界。

（八）有关尊师和严于择师思想方面的论著

王令的《师说》可以称得上是继韩愈《师说》之后的另一篇论教师的杰作。他指出当时教育界存在着"学师不立而育贤无方"的弊端。他因而主张人"非生而知"者，主要是依靠"教导之明"或"修习之至"才能成长起来的。如果没有教师的精心培育，则天下的知识分子虽然有"强力向进之心"，但哪能够使他们在学问和德行方面获得增进呢？所以王令强调了尊重教师和提高教师地位的重要性。

李觏的《安民策第二》指出当时"士之不德，师非其师"的不良现象。他赞同《学记》中"择师不可不慎"的观点。他认为自古以来我国有重视教师的传统，"师有其人，教有其业"，它关系着教育事业的成败。因而他主张"宜申命学官，以教育为职"，加强教师的责任感和职业道德修养。这些论教师的著述在今天读起来仍给予我们有益的启迪。

这本论著选里当然不只是包括上述这些内容，还有如礼乐教育、儿童教育、人性论、人才论等方面的教育言论，就不一一叙述了。但从本书所选辑的论著内容就可以窥见北宋教育流派的繁荣和教育思想的斑斓多彩。这是值得我们学术界、教育界去认真阅读和研究探讨的。

必要说明的是，这里只是搜集和整理了北宋的主要教育论著，给读者提供文献。至于如何理解这些内容，运用这些文献，就要请读者用马克思主义历史唯物主义的观点，进行分析和探讨，才能做出正确的评价、科学的论断，也才能做到去粗取精，古为今用。

本书编选体例，遵照"中国古代教育论著丛书"编辑体例的规定。但有两点要加以说明：论著一律不加注释，少数论著没有篇目的则由编者拟定篇目。其余均用原篇目。

由于编者水平所限，在本书的选材和编辑工作中，不足之处在所难免。敬希读者批评指正。

说明：本文是"中国古代教育论著丛书"编辑委员会委托我主编的《北宋教育论著选》一书的《本卷编者的话》。恰逢《教育史研究》约稿，现改以"《北宋教育论著选》一书的前言"为题目发表。

（原载《教育史研究》1989 年第 1 期）

中国教育史研究四十年

中国历史悠久，文化教育方面的遗产特别丰富，所以中国无论在教育制度、教育思想还是在选拔人才制度等方面都积累了极为丰富的资料和经验。对上述这些丰富的遗产，历代教育家和思想家虽然也曾进行过探讨和研究，但是中国教育史成为一门独立的学科则比较晚。1905年黄绍箕写了一本《中国教育史》，算是最早的，但是"初生之物"自然是不够系统和成熟的。从清朝末年开办的师范学堂到中华民国初期的师范学校，都曾开设教育课程，其中包括中国教育史的内容。以后，随着中国教育史研究的开展，才陆续有更多的中国教育史专著问世，从19世纪20年代至30年代先后出版了60部以上，如陈青之的《中国教育史》和陈东原的《中国教育史》等。总算是有了一点薄薄的基础。

一

中华人民共和国成立已经40周年了，我们也搞了40年的社会主义教育，积累了丰富的正反两方面的经验。教育科学研究的情况也是这样。作为教育科学的一个分支的中国教育史的研究工作，同样经历过一个复杂、曲折的过程。40年来，在党的正确的教育和科研的路线、方针指引下，经过中国教育史研究工作者的积极努力、艰苦的钻研和探索，中国教育史这门学科，虽然由于林彪、"四人帮"的严重破坏和摧残，到了面临解体的边缘，但是党的十一届三中全会的召开，为各个领域的拨乱反正打开了思路；1979年初召开了全国教育科学规划会议，在教育理论上，以教育是不是上层建筑为开端开展了大讨论，这一切对教育理论界的思想解放，对教育科学研究的开展，都起了推动作用，标志着教育科学春天的来临。全国教育史学界开展的几次重要讨论：教育遗产的批判继承问题，孔子、陶行知、杜威、赫尔巴特教育思想的评价问题，教育史与四个现代化问题等，对解除教育史研究工作者的思想禁锢，指明教育史研究的方向，无疑也起了一定的促进作用。从总体来看，中国教育史的研究毕竟取得了不少成绩。

中国教育史这门学科，它的研究对象主要是中国各个历史阶段的教育制度和教育思想。教育制度史注重研究各级各类学校的产生、发展和衰亡的规律，探讨各种类型学校的特点和经验。教育思想史着重研究一些重要的、有深远影响的教育家的教育思想（包括教育目的、教育内容和教育原则方法等，并给予历史唯物主义的评价），同时注意探讨各个教育家之间在思想上的批判、继承和发展的关系。此外，中国在社会教育、家庭教育和科技教育等方面也有悠久的历史和传统，也属于中国教育史学科研究的范围。

在中国教育制度发展史上，以中国古代的太学为例，它不仅为历代封建王朝培养了大批人才，推动了学术的发展，而且对其他国家也产生过积极的影响。在唐朝，中国曾以高度发达的文化吸引了朝鲜、日本等国的大批学生前来中国留学。中国古代书院也具有很大的特色，它注重学生的自学和讨论，有成套的规章制度，有多种多样的分科和独特的学风。它不仅培养了一批有用的人才，而且对当时的学术、学派的发展和形成，甚至对当时的政治和社会风尚都产生过重要影响。

在中国教育思想发展史上，更是名师辈出。从古代的孔子、墨子、孟子、荀子、董仲舒、韩愈、朱熹、王守仁，到近代和现代的康有为、梁启超、蔡元培、杨贤江、陶行知、徐特立等都是其中的佼佼者。在古代，不仅有《论语》《孟子》《荀子》等蕴藏着丰富教育资料的典籍，而且还有像《学记》这样精深的教育专著。古代的教育家们还概括了"教学相长""启发诱导""因材施教""循序渐进""温故知新""言行一致""改过迁善"等一系列的教育、教学原则与方法。这些都是中国教育思想遗产中的瑰宝。

到了近现代，中国曾积极向外国学习，在教育制度上学过日本、德国、美国。中华人民共和国成立后又向苏联学习过。在教学内容方面也曾引进西方的政治社会学说和自然科学技术作为各级各类学校的课程。在向外国学习的过程中，走过了一些曲折的道路，其中有经验也有教训，最大的教训是在吸取时没有注意结合中国的实际加以分析、鉴别，忽视了中国的国情和特点。无论是经验还是教训，对中国教育史研究来说都是一笔财富。

中国共产党在领导新民主主义革命的实践中，创立了以共产主义思想为指导的，民族的、科学的、大众的新教育。这是马克思主义教育基本原理与中国革命具体实践相结合的产物。它的经验是丰富的，在教育方针、学制、课程和教育方法上都有很多创新，需要认真地研究和总结。

总结过去，"古为今用"，批判地继承中国历史的教育遗产，去其糟粕，取其精华，建立起合乎中国国情、具有民族特点的中国教育科学体系，使之为社会主义的教育事业服务，促进四个现代化的发展，这是中国教育史研究工作者的光荣职责。

回顾过去，40年来中国教育史的研究概括起来主要是做了下列五个方面的工作：

（1）发掘、整理和出版了一批资料。综合性方面的有：《中国古代教育史资料》《中国古代教育文选》《中国近代教育史资料》《中国近代教育文选》《老解放区教育工作回忆录》《教育社论选辑》等。关于教育家的言论、论著辑录或著作方面的则有：《中国古代教育家语录类编》《鲁迅论教育》《蔡元培教育文选》《康南海教育文选》《陶行知教育论文选辑》《徐特立教育文集》《梁漱溟教育文集》，以及杨贤江的《新教育大纲》等。

特别值得提出的是近年来几种重要的资料丛书和教育家全集的出版。例如：正在陆续出版的"中国古代教育论著丛书"，分编为十卷。它以马克思主义为指导，坚持实事求是的原则，取精用宏，各种政治倾向、不同学派和观点的文献资料，凡是确有教育史料价值的，均将广泛搜集，有选择地收编。《中国近代学制史料》则分为四辑五册，尽量以原始资料为主，少量有参考价值的当事人的传述、杂记也择要选录。在编辑上力求详备，突出重点、顾及一般。除反映当时统治阶级的教育意见和教育措施的谕折、法令、章程外，更侧重选取反映当时学校实际情况的资料。《陶行知全集》分篇为六卷：第一卷至第三卷为论著类（包括论文、演讲记录、提案和自撰外文论著的中译稿等）；第四卷为诗歌类；第五卷为书信类；第六卷为其他类（包括编写的课本及科普读物，自撰外文原稿及翻译的外文著作等）。它的出版有利于全面了解和研究陶行知及其教育思想。

中国教育史的研究首先必须占有丰富的材料，这些资料的发掘、整理和出版，对于促进中国教育史的科学研究和教学工作无疑是起着重要作用的。

（2）各高等师范院校编写了一批中国教育史的教科书或讲义，并编有一些与之配套的教学参考资料。有各种不同版本的《中国古代教育史》《中国近代教育史》《中国现代教育史》，等等。教学参考资料则有：《中国近代教育史教学参考资料》《中国现代教育史教学参考资料》，等等。其中规模较大的应算《中国教育通史》，其前言说明："第一卷为先秦的教育；第二卷为秦汉至隋唐时期的教育；第三卷为宋元明清时期的教育；第四卷为鸦片战争到五四运动时期的教育；第五卷为五四运动到中华人民共和国成立时期的教育。作为一部教育通史，应当包括中华人民共和国成立后35年的教育，我们正在积极编写，作为本书的第六卷出版。"（编者按：第六卷现已出版）"当前，能有一部通史，对于了解中国教育发展史的全貌，把握中国教育发展史的基本线索和总的特点，探讨中国教育发展的基本规律，是十分必要的。本书的编写，算是一次初步的尝试。"

这些教科书的编写体现了中国教育史研究工作者积极地、努力地运用马克思主义的立场、观点和方法来整理、研究中国古代的、近代的、现代的教育发展历史，初步建立起中国教育史的思想理论体系。这个体系尽管是初步的和不够完善的，但是它为今后形成更为完整的中国教育史理论体系和编写出更高质量的教科书奠定了良好的基础。正如中国教育史学界一些人士所说的："中国教育史在目前还是一门正在发展的学科，基础比较薄弱。许多有关学术上的问题，尚未取得完全一致的意见，许多宝贵的史料，尚待继续去发掘和搜集。这都需要我们付出更多的精力和劳动，同时也需要我们中国教育史学界不断进行探索和协作，才有可能使我们中国教育史这门学科有较快的发展和有更高质量的著作问世。"

（3）对中国教育史的一些领域或教育家的思想和活动进行了专题性的研究。中国教育史研究工作者在这方面发表了不少的专著、小册子和论文。论述的范围比较广泛，有对中国古代唯物主义教育思想的研究，中国古代教育家教学、治学方法的研究，中国古代德育理论和方法的研究，书院的研究，蒙学教材的研究，太平天国教育的研究，中国近现代学制和课程演变的研究，老解放区教育经验的研究等综合性的课题，也有专门对孔子、墨子、孟子、荀子、董仲舒、王充、颜之推、韩愈、王安石、朱熹、王守仁、王夫之、颜元、康有为、梁启超、严复、蔡元培、陶行知、徐特立、黄炎培等古代、近代、现代的教育家教育思想的研究和评价。此外，还有对古代的教育论著，如《学记》《师说》的研究和注释等。这些专题性的研究使中国教育史的学术水平得到更好的提高和深入的发展。百家争鸣，互相探讨，对于学科的繁荣和学术空气的活跃是有好处的。成绩比较显著的是关于孔子和陶行知的研究：两者都设立了专门研究机构，有一支较为稳定的队伍和骨干，并成立了基金会，在人力、财力上有了可靠的保证；两者都有自己的专门刊物，如《孔子研究》《行知研究》等，使研究成果获得公开发表的阵地，扩大影响；两者都召开了多次国际性的、全国性的、地方性的学术讨论会，展开了不同学术观点的争论，从多角度和不同的侧面对孔子和陶行知进行探索和研究，在这个基础上出版了不少专著和论文集，大大地活跃了学术空气，为国内外学者所注目。此外，书院的研究也取得一定的进展，其中较好的是岳麓书院的研究，它出版有《岳麓书院通讯》的刊物；召开过几次书院学术讨论会，发表了不少论文和一些专著，对推动我国书院的研究起了一定的促进作用。上面三者所创造的经验是值得我们吸收和肯定的。

（4）出版了一批中国教育史的普及读物和工具书。近年来出版了一批《中国教育史话》《中国古代教育家传》《中国近现代教育家传》等之类的普及性读物，同时还有一批各种版本的《教育辞典》《教育学辞典》《简明教育辞典》等工具书问世。这些工具书中的中国教育史词条占有很大的比重。这些书籍的发行对象都是中小学教师、广大的教育工作者和部分师范院校的师生。这样一来，它对在我国教育界广泛和深入地传播和普及中国教育史知识起着良好的作用，也为当前的教育改革提供历史经验借鉴。

其中贡献较大的是《中国大百科全书：教育》的出版发行。它是我国第一部大型综合性百科全书。

中国自古以来就有编辑类书的传统。两千年来曾经出版过四百多种大小类书。这些类书是我国文化遗产的宝库，它们以分门别类的方式，搜集、整理和保存了我国历代科学文化典籍中的重要资料。这些书受到中国和世界学者的珍视。各种类书体制不一，多少接近百科全书类型，但不是现代意义的百科全书。到了今天，百科全书已经在人类文化活动中起着十分重要的作用，各种类型和专科的百科全书几乎像辞典那样，成为人们日常生活的必需品。

《中国大百科全书：教育》的词条都是按学科、门类分别邀请全国教育理论界的学者、专家撰写的，它具有开创性、科学性、可读性的特点。中国教育史部分的词条比较详尽地叙述和介绍本学科的基本知识，适于高中以上，相当于大学文化程度的广大读者使用。这种百科性的参考工具书，可供读者作为进入各学科并向其深度和广度前进的桥梁和阶梯。

（5）出版了一批专史和校史。如：《中国封建社会教育史》《高等教育史》《师范教育史》《学前教育史》《老解放区教育史》《北京大学校史》《清华大学校史稿》《北京师范大学校史》《湖南第一师范校史》等。专史著作的问世，标志着中国教育史的研究向纵深发展的开端，尽管它还处于起步的阶段，然而是一种可喜的现象。校史的编写则是对一所学校的具体解剖，加之这些学校往往都是名牌学府，因而它从微观上加深了中国学校发展史的研究，是十分宝贵的探索方向。正如《清华大学校史稿》的"前言"所指出的："清华大学的前身是清华学堂，创建于1911年，到现在已经过了70年春秋。她经历了清王朝、北洋军阀政府、国民党政府统治的年代，从一所留美预备学校，发展成为一所国内外闻名的大学。中华人民共和国成立后，在共产党和人民政府领导下，她又逐步改造成为一所新型的理工科大学。清华大学随着时代的发展而发展，同时在她的发展中也不免打上时代的印记。在清华，有封建官僚衙门式的管理和西方资产阶级教育的影响，也有着治校严谨、教学严格的好传统；有过半殖民地半封建旧中国的反动政府的统治，更有着以学生为主体的爱国民主运动的光荣传统。几十年内，从这里培养造就了一批卓有成绩的学者、专家；蓬勃发展的爱国民主运动，也哺育了一批优秀的社会活动家。解放以后的32年，清华大学取得了巨大的成绩，同时也有过挫折，走过曲折的道路。"因而"对清华大学七十年的历史给以认真的总结，继承这份珍贵的历史遗产，可以为清华大学今后的发展提供很可贵的借鉴"。透过这部清华大学的校史，我们可以清楚地看到中国近现代学校发展史的一个缩影。

总的来说，上述几个方面的工作反映了我们中国教育史研究的基础面貌和重大成绩。它为我们中国教育史这门学科的发展打下了牢固的基础。

二

但为了有利于今后工作的开展，我们有必要实事求是地指出过去研究工作中的一些不足之处，鞭策自己，继续前进。

（1）在当代，我国要跻身于世界强国之林，而我们的教育水平、教育科学水平，却远远落后于世界的先进水平。我国的教育科学和国内的其他社会科学相比，也是比较落后的。

而作为教育科学一个分支的中国教育史，基础比较薄弱，队伍也较小。同时中国教育史的三个组成部分发展也不够平衡。古代部分研究力量较强，成果也较多；近代部分力量较弱，成果相对也弱一些；现代部分则力量极小，成果也少。从研究力量的部署来考虑，古代部分在世界教育发展的历史中，是一块独具特色的瑰宝，自然要重视。但近现代部分这个薄弱环节也必须加强。否则与我们这样的社会主义大国是不相称的。同时与我国丰富的教育遗产和经验对比起来，也显得我们的研究工作做得很不够。就以中国近现代教育史这个领域来说，我们既反对闭关自守，又反对崇洋媚外；既重视学习外国先进的经验，又不盲目照搬照抄，强调必须坚持以马克思主义教育原理为指导，同中国的教育实际相结合。这些经验和传统都应该很好地进行总结。自然我们也犯过"全盘西化"，模仿抄袭的弊病，但无论是成功的经验还是失败的教训对我们来说都应该记取。至于中华人民共和国成立后40年的教育发展史，几乎还是一个空白，更是有待于我们去弥补的。教育遗产和经验的整理、总结对于创立和形成具有合乎中国国情、具有中华民族特点和风格的教育科学理论体系无疑是一份十分宝贵的财富。

（2）我们对中国教育史的某一领域或某个教育家的研究，是下了一定功夫的，有些方面有相当的深度，有所突破，有精到之处，它对于整个学科的发展起了一定的带动作用。但是从一个学科的成长来看，没有深刻的、坚持不懈的，多方面、多角度的专题研究做基础，要编写出一套有较高质量的多卷本的中国教育史是比较困难的。事实上也是如此，我们许多重要的教育遗产和经验还没有整理和总结出来，至于概括出教育历史的发展规律性的科研成果则更少。可以这样说，这种专题性的研究，对我们中国教育史研究工作者来说只能是一个良好的开端。许多领域还等待着我们去探索，已经有所突破的还需要继续深入，以求获得更多、更新的研究成果。直至现在，我们还没有比较成熟的专著贡献出来，这是深感惭愧的。这一项任务需要我们中国教育史研究工作者的同行们今后共同努力，快马加鞭赶上去。

（3）史料是中国教育史研究的基础，我们对史料的发掘、整理和出版是重视的。但是，还有大量的重要的资料还没有搜集、整理和出版，如《中国历代重要教育文献汇编》《中国历代教育大事记》《中外文化教育交流史资料》《近代中国中小学课程演变史资料》《帝国主义文化教育侵略史资料》等，基本上都是空白，还需要我们做大量的、长期的和艰苦的工作。过去在全国范围内，缺乏全面的规划和分工协作，加上经费和出版的困难，所以工作开展得比较慢，结果许多急需和重要的史料拿不到手，对中国教育史的科研、教学和编写教材都是不利的，还要防止在人手少的情况下搞重复劳动，这种被动的状况我们必须迅速改变。

（4）中国教育史研究在知识结构上有单一化的弊端。当前学科发展的趋向是多学科、多层次的交叉研究，这样才能有所收获、有所创新。要使理论研究能够有所深化和突破，只局限于中国教育史本学科狭隘的知识结构是不够的。它应该广泛地吸取许多相关学科的新成果，以扩大自己的视野。因为中国教育史与政治学、哲学、伦理学、教育学、外国教育史、历史学、社会学、教育心理学，甚至美学、宗教学都有密切的联系。这种横向联系有利于中国教育史的分化、深入，使类似中国德育思想发展史、中国佛教教育史、中外教育史比较研究、中国教育哲学发展史、中国美育史等新兴学术领域得以创立和拓宽。

此外，中国教育史在研究方法、编写模式、文风等方面也有一些不尽如人意的地方，在这里就不再详细论述了。

三

一切科学（包括教育科学在内），它的任务是探索真理，追求真知。它只有冲破一切禁区，超越一切障碍，才能达到真理的彼岸。如果画地为牢，禁锢很多，思想封闭，那在科学上是不能有所突破的。因而中国教育史的研究要想达到学术繁荣，人才辈出，是需要具有一定的客观条件和中国教育史研究工作者自身的主观努力才能获得的。

（1）必须贯彻"百花齐放、百家争鸣"的方针。它是教育科学（包括中国教育史）繁荣的命脉和根本条件。

回顾中华人民共和国成立后 40 年的历史，虽然在 1957 年提出过"百花齐放、百家争鸣"的口号，但由于"左"的思想干扰，在党的十一届三中全会以前，基本上是有名无实，没有很好地落实下来，往往混淆了政治和学术的界限。新中国成立初期对实用主义教育思想的批判，对陶行知等教育思想的批判，对《武训传》的批判，1957 年以后对修正主义教育思想的批判，1963 年对母爱教育、美育的批判，等等，无不给中国教育史的研究带来困扰。至于"十年动乱"时期，由于林彪和"四人帮"的破坏，如同其他的教育学科一样，中国教育史的研究工作备受践踏和摧残。他们把批判地继承中国古代教育遗产污蔑为封建主义的"黑货"，要像清除垃圾一样把它一扫而光。他们这种反动的民族虚无主义的思想和行径，结果使中国教育史的研究机构和教学组织，不是撤销就是拆散，中国教育史的课程被砍掉，研究人员或教学人员只好改行，资料则大量散失，这是灾难性的大破坏。他们为了篡党夺权的政治需要，又炮制了一个"儒法斗争史"。流毒所及，"教育史上的儒法斗争"之风盛行一时，把中国教育史的思想理论体系搞得面目全非，混乱不堪。他们把戴上儒家帽子的教育家都一棍子打死，把戴上法家桂冠的教育家都捧上了天。他们把像桑弘羊、武则天这些根本不属于教育家的人物也拉进古代教育家的行列中来。他们甚至张冠李戴，把近代的资产阶级的思想家、教育家严复、章太炎也封为法家；更为荒唐的是连太平天国的农民反孔斗争和它的教育改革也纳入儒法斗争的轨道。此外，他们还炮制了一些假史料和搞了不少随心所欲的注释。凡此种种，目的就在于把中国教育史的研究工作引入歧途。

尽管在"四人帮"横行的时期，中国教育史的研究工作者对他们的反动的理论和恶劣行径是有不同程度抵制的，并在搜集材料和注释工作方面做了一些工作。但是林彪、"四人帮"所贩卖的假马克思主义的教育理论蒙骗和毒害了不少人。他们在学术上搞封建法西斯专制主义，践踏学术民主和自由，置下层层的障碍和禁区，造成了"万马齐喑"的局面。

"十年动乱"的结束，为教育科学带来了转机。党的十一届三中全会以后，学术研究终于随着政治上的变化迎来了百花争妍的春天。研究中国教育史的学术论文像雨后春笋般大量涌现；一本本的著作相继问世，一个个重新评价孔子、朱熹、康有为、梁启超、陶行知等教育家的思想热潮持续不衰。对洋务教育、资产阶级维新派教育改革在中国近代教育史上的地位做了新的论述。对儒家的教育思想、中国古代书院制度的研究也在国内外方兴未艾。总的估计，近十年来中国教育史研究的成果不仅远远超过以前的30年，甚至可以这样说，90%以上的成果是近十年才获得的。这都是在"双百方针"指引下，广大中国教育史研究工作者解放了思想，发挥了高度的积极性而结出来的硕果。

在马克思列宁主义思想指导之下，探索科学真理可以持多种观点，可以有多种途径，承认多种学派的同时存在是科学发展的正常现象。这些科学观点、科学派别，同样受科学发展规律的制约，同样受实践的检验，它们可以相互批评，相互学习，相互补充，自由发展。

（2）坚持"古为今用"的原则，明确中国教育史的方向，才能适应改革开放形势的需要。这就要求我们必须站在时代的高度，对中国教育发展的历史进行深入的探索，从而为创建具有中国特色的教育理论提供重要的历史依据，对当前的教育改革提供必要的历史启示。因而我们研究的课题应有新意，应面向现实和体现时代精神。

自然，对"古为今用"原则的贯彻，应该是多方面、多角度、多层次的。如：①总结出中国教育史上成功的经验与失败的教训，找出中国教育发展史上内在的带有规律性的东西，作为今天教育改革的借鉴。我国古代就有重视政治道德教育，强调个人道德修养的传统；老解放区教育坚持马克思主义教育原理与中国实际相结合的经验等，这类经验是不少的。②概括我国丰富的德育、教学遗产，如"因材施教""教学相长""启发诱导""身教重于言教""言行一致"等原则方法，以充实我国当前的教育理论，使之具有中国的特色。③树立我国历史上伟大教育家的形象，学习他们"学而不厌、诲人不倦""捧着一颗心来，不带半根草去"的风范，宣传中国教育史上尊师爱生的传统，教师要负起"传道、授业、解惑"的职责等，对增强人民教师对教育事业的光荣感和责任感无疑是有裨益的。④整理我国古代书院实行"教学与学术研究相结合";允许不同学派进行会讲,开展争辩;聘请学识渊博、德高望重的名师和学者主持院务和讲学;提倡学生自学为主,教师的讲授为辅,注重培养学生的独立钻研能力等的经验。这些做法对于今天高等学校的教学改革和研究生培养是有很大启迪的。⑤揭露并分析传统教育中的弊端以及各种教育思想流派中的消极面,引以为鉴,避免重蹈过去历史上的错误。

凡此种种,不再列举。总而言之,研究中国教育史的目的,绝不是要引导人们向后看。研究祖国教育的前天和昨天,正是为了今天和明天,使中国教育史研究更好地为社会主义现代化建设服务、为社会主义精神文明建设服务,中国教育史研究工作者是应该,而且也能够在这方面做出自己的贡献的。

(3) 克服教育史学研究中的单纯政治化、哲学化的倾向。有一段时间中国教育史学界曾受苏联早期教育史学界理论的影响,他们比较机械地把教育家的思想分为唯物主义和唯心主义两个阵营,并从政治立场出发把教育分为保守的、反动的和进步的两大类,从而形成这样的公式:政治进步—唯物主义—教育思想进步;政治保守、反动—唯心主义—教育思想保守、反动。

历史唯物主义是科学的世界观和方法论,也是我们研究中国教育史的指导思想。在研究工作中之所以要坚持阶级分析,是因为阶级分析是历史唯物主义观察阶级社会现象的主要方法。但是在运用时有一点必须注意,要防止简单化、公式化、到处贴阶级"标签"。正如中国教育史学界一些人士所说的:一个教育家的阶级立场、政治观点与其教育观点、教育理论是密切联系的。因为在阶级社会里,任何一个教育家办教育总是代表一定的阶级利益和政治倾向的。但是教育是一个复杂的社会现象,它既有属于上层建筑的部分,也有非上层建筑的部分。那些不属于上层建筑部分的教学理论、教学经验、教学原则方法和技术、教学制度等,虽然可能沾上一些阶级印记,应当给予分析和鉴别,但总的来说,这些经验有不少是值得借鉴和参考的,绝不能因为某一教育家的阶级立场和政治观点是保守或反动的,而一概加以排斥或全盘否定。就算是一些阶级色彩较浓的部分,如某些教育政策、教育的管理体制和措施、德育的理论和方法等,其中也有一些规律性的东西和合理因素,应予以批判改造,不可漠视抛弃。

而另一方面,一些具有进步政治立场、观点的教育家,其教育观点是否都是进步的和可取的呢?也不尽然,需要我们对具体问题进行具体分析。可以概括地说:一个教育家的政治立场、世界观同他的教育思想、教育理论是有联系,但也是有区别的;一个教育家的整个思想体系同他的具体教育经验是有联系,但也是有区别的。应该看到,教育家的教育思想、观点、经验主要来源于他的丰富的教育实践。由此看来，我们对于一个教育家教育思想的分析评价，必须实事求是，分别对不同的情况进行具体分析，切忌套用一个固定的公式，那是不合乎历史唯物主义的求实精神的。

（4）加强统一规划、分工协作，发挥各校各人的专长，充分调动全体中国教育史研究工作者的积极性。近十年来，我们也初步形成了一支中国教育史教学与学术研究的队伍和梯队，人数虽然不多，但战斗力是很旺盛的。老一辈的专家学者，思想解放，老当益壮，不但自己带头著书立说，同时热心培养中青年学者。中年同志更是青春焕发，发奋图强，勤于创作，成了教学的骨干、科研的中坚力量。年青的一代，尤其是近年来毕业的博士生、硕士生，风华正茂，是我们事业的希望，有些人已经初露头角，受到教育理论界的关注。只要我们脚踏实地、戒骄戒躁、奋发有为，在不久的将来，一定会有更多更高质量的中国教育史教科书、专著、论文和资料问世，中国教育史这门学科一定会开繁花、结硕果。

（原载《华东师范大学学报·教育科学版》1989年第4期）

1990

荀子的德育理论和方法

荀子是战国末期著名的思想家，同时也是一位杰出的教育家。他的教育思想特别是德育思想十分丰富、深刻，在中国古代教育史上是别具一格的。

一

荀子的德育思想是以性恶论为基础的。性恶论虽然也是一种抽象的人性论，但荀子在战国时期提出"性恶"的理论是具有深刻的社会根源的。当时，新兴地主阶级已经掌握了政权，社会的主要矛盾便是荀子所说的"以富兼人"，具体表现为各个国家进行的"争地以战，杀人盈野；争城以战，杀人盈城"的残酷兼并战争。荀子的性恶论，在一定程度上认识到阶级社会中情欲的罪恶作用，这是比较深刻的。

人性既然是恶的，那么它能否改变为善呢？这是荀子在理论上必须进一步解决的问题，因此他提出了"化性起伪"即改造个性的学说。

荀子在"性"与"伪"的关系上，看到了二者之间的区别；但在另一方面，他还看到了二者之间的联系性——"性伪之合"。他说：

"无性则伪之无所加；无伪则性不能自美。性伪合，然后成圣人之名。"①

在他看来，没有"性"，那么后天加工改造就没有了天然的材料。如果"性"这块天然的材料不经过后天的加工改造也不能美化。这就是荀子关于"性"与"伪"之间既有差别又有联系的辩证观点。这是他比先秦诸子见解高明的地方。

然而个性能不能改造呢？如何使个性由恶转化为善呢？转化的标志是什么？荀子在理论上都做了阐明。他说：

"性也者，吾所不能为也，然而可化也。情（积）也者，非吾所有也，然而可为也。"

"直木不待檃栝而直者，其性直也。枸木必将待檃栝烝矫然后直者，以其性不直也。"

这就是说，"性"是先天的，不能创造，但是可以改造。"伪"虽然不是本来所有，但是可以创造。荀子明确地肯定了个性改造是可能的。同时他以弯曲的木必须经过矫正加热才能直为例，说明人的性恶必须以"礼义之化"的后天道德加工改造，才能趋于善，这就突出了"伪"的作用，论证了教育特别是道德教育在改造人个性过程中的重要性和必要性。

既然人性本恶，如何才能使个性化恶为善呢？他认为只有去掉人性中的恶端。他说：

"孟子曰：今人之性善，将皆失丧其性故也。曰：若是则过矣。今人之性生而离其朴离其资，必失而丧之。"

他的意思是说，孟子以为人性本善，所以不善，是丧失了本性的缘故。荀子不同意这个见解。他以为人性本恶，人在出生后必须远离他的性的本质，必须丧失其本性才能获得善。这里我们引用荀子的另一句话，更能深刻地说明他这个思想的实质。他说：

"长迁而不返其初，则化矣。"

就是说人性经过长期的改变不再回到原来的状态，这才算是改造过来了。这里荀子揭示了个性改造的质变过程，由恶向善转化的过程。荀子重视后天的学习和道德修养，强调人人都要通过教育的作用来改变人性的本质，这是荀子教育学说中最有光辉的一面。

---

① 《荀子·礼论》。

二

荀子在《劝学》篇开头以"学不可以已",学习是没有止境的来畅论为学的重要性,激励人们努力学习;在该篇的结尾以"君子其贵全"指出了为学的目的在于使学问、道德修养达到完全、纯粹的地步。他说:

"百发失一,不足谓善射;千里跬步不至,不足谓善御;伦类不通,仁义不一,不足谓善学。学也者,固学一之也。……全之尽之,然后学者也。"

荀子这里所指的"一",就是完全、纯粹的意思。"全之尽之",就是要求求学的人必须达到尽善尽美的境界。

为了达到这个目的,就必须千方百计从各个方面加强修养、学习和锻炼。他说:

"君子知夫不全不粹之不足为美也。故诵数以贯之,思索以通之,为其人以处之。……是故权利不能倾也,群众不能移也,天下不能荡也。生乎由是,死乎由是,夫是之谓德操。"

"诵数以贯之",就是学习"礼""乐""诗""书"等以贯通其道理;"思索以通之",就是要用心思索以求达到融会贯通;"为其人以处之",就是以贤师良友为榜样以学习其佳言美行,从而使人的思想、感情、意志坚定不移,不致为任何物质、地位的引诱,权势的威迫而产生动摇。这就是荀子希望君子所具备的"德操"。

荀子的这个思想反映了新兴地主阶级需要培养出一批坚强的卫道者来维护他们的封建主义秩序。这个思想正是孔子对君子要求的"笃信好学,守死善道"和孟子对君子要求的"富贵不能淫,贫贱不能移,威武不能屈"的精神的继承和发展,这也是儒家的一贯之道。儒家这个思想对后来封建社会的知识分子具有巨大的影响。南宋文天祥的宁死不屈的崇高节操可算是一个典型的代表。

荀子把"礼义"视为"道德之极",即道德的最高标准,认为能做到"隆礼贵义",就达到了道德教育的最高目标。所以,荀子要求人们特别是君子要严格按照礼义的标准来修养和锻炼自己。他说:

"礼及身而行修,义及国而政明,能以礼(义)挟而贵名白,天下愿,令行禁止,王者之事毕矣。"[①] 这是说,能做到"以礼修身""以义明政",就可以美名远扬,受人仰慕,王道的事业就到尽头了。这种"以礼修身"的道德修养途

---

① 《荀子·致士》。

径，是以既定的社会伦理原则作为个人的道德修养准则的，它与孔、孟的由"仁"及"礼"，从个人道德修养到社会伦理准则，是不相同的。从荀子的观点出发，其侧重在于教化；从孔、孟的观点出发，侧重在于启发内心自觉。不过，这两者对我国道德修养理论的发展都有很大影响。

为了强调教化对修身的重要，荀子反复论述了"木受绳则直，金就砺则利，君子博学而日参省乎己，则知明而行无过矣"。也就是说，正如木、金都要加工一样，君子也要通过多方面的学习和磨炼，才能具有坚定的政治信仰和优秀的道德品质。

三

为了达到新兴地主阶级所要求的"崇高情操"，荀子提出"由礼""崇乐""好善疾恶""补偏就中""节导""一好"等具体的道德修养的途径和方法。

第一，"由礼"，就是遵守礼的意思。这个思想是孔子"约之以礼"思想的继承和发展，也是荀子的"隆礼"思想在德育领域的贯彻。他说：

"绳者直之至，衡者平之至，规矩者方圆之至，礼者人道之极也。"①

"礼者所以正身也。……礼然而然，则是情安礼也。"②

荀子把礼视为衡量人的道德行为的最高准则，要求人们做到唯礼是从，甘心情愿地守礼。荀子这个思想是地主阶级利用"师法之化，礼义之道"③来对人的个性加以约束和防范的手段，使人的一切思想、言论、行动不致超越封建统治阶级道德规范所容许的范围。

第二，荀子十分重视音乐对于陶冶人们的情性和德操的作用。他说：

"夫乐者，乐也，人情之所必不免也，故人不能无乐。乐则必发于声音，形于动静，而人之道，声音、动静、性术之变尽是矣。"④

意思是说，音乐是人的喜乐感情的表现，是人的情性所不可缺少的，所以人不能没有音乐。人有喜乐的感情，就一定会流露于声音中，表现在动静上，而做人的一些基本道理和声音、动静、思想感情的变化都表现在音乐之中。因此，积极地利用音乐去引导、陶冶人的性情，使人的思想、行为符合封建的礼义，是十

---

① 《荀子·礼论》。
② 《荀子·修身》。
③ 《荀子·性恶》。
④ 《荀子·乐论》。

分重要的。所以荀子指出：

"且乐也者，和之不可变者也；礼也者，理之不可易者也。乐合同，礼别异。"①

这就是说，音乐体现着人们和谐一致的根本原则，礼体现着封建等级制度的根本原则。音乐着重融合人的性情，即所谓"乐合同"；礼着重区分上下贵贱等级，即所谓"礼别异"。礼乐都体现封建统治者的意志。而音乐的潜移默化的力量有时比起礼来还要大。

为此，荀子强调作为一个"君子"，即一个具有完美封建道德品质的人，应该"以钟鼓道志，以琴瑟乐心"②。"乐心"是指陶冶性情的意思。简而言之，君子应该用钟鼓琴瑟等音乐来引导志向，陶冶性情，使自己具有高尚的封建主义情操。

第三，荀子主张培养好善嫉恶的思想感情和"受谏""自省"的修养方法。他说：

"见善修然必以自存也，见不善愀然必以自省也。善在身介然必以自好也，不善在身菑然必以自恶也。"③

可见荀子是教导人们应该在好善嫉恶的过程中提高自己。他以为善与恶是到处并存的，关键在于自己能善于从善行中取得正面的教育，从恶行中取得反面的教育，做到"好善无厌，受谏而能诫"④。

荀子这个思想正是孔子的"见贤思齐，见不贤而内自省""见善如不及，见不善如探汤"思想的继承和发展，这也是儒家关于道德修养的一贯之道。

为了使道德修养获得切实的和重大的效果，荀子提出"受谏"和"内省"的具体修养方法。"受谏"的实质就是依靠外力，即贤师良友的批评和帮助。他说：

"故非我而当者吾师也，是我而当者吾友也，谄谀我者吾贼也。故君子隆师而亲友以致恶其贼。"⑤ 而他认为"小人"的态度则恰恰相反，"谄谀者亲，谏争者疏"⑥。

"内省"的实质就是依靠自我检查。他说：

"君子务修其内而让之于外，务积德于身而处之以遵道。"⑦ "君子博学而日

---

①② 《荀子·乐论》。
③④⑤⑥ 《荀子·修身》。
⑦ 《荀子·儒效》。

参省乎己。"①

所谓"修其内""参省乎己",都是内心修养的意思。可见,荀子认为,在道德修养上,"内省"的方法仍然占有一定的地位。这与儒家的"反求诸己"精神是一脉相承的。

第四,荀子重视"补偏就中"的修养方法。所谓"补偏就中",实质就是在培养人们必须具备封建道德观念的基础上,针对各人品格上的缺点,补偏救弊,使之能立于"中道"。他说:

"治气,养心之术;血气刚强,则柔之以调和;知虑渐深,则一之以易良;勇胆猛戾,则辅之以道顺;齐给便利,则节之以动止;狭隘褊小,则廓之以广大;卑湿重迟贪利,则抗之以高志,庸众驽散,则劫之以师友;怠慢僄弃,则炤之以祸灾;愚款端悫,则合之以礼乐,通之以思索。"②

意思是说,正确的修养方法,应该是凡性情刚强的人,则用心平气和来柔和他;思想深沉而不明朗的人,则以坦率忠直来要求他;勇猛凶暴的人,则以道理来辅导他;行动不够慎重的人,则要调节他使行为适度;气量狭小的人,则应开阔他的心胸,使之扩大;志趣低下、贪图小利的人,则应以远大的志向来激励他;才能低下而又散漫的人,则以良师益友来改造他;傲慢、轻浮而自暴自弃的人,要明白地告诉他这样将会招来祸患;忠厚老实、过于单纯的人,则要在思想认识上开导、提高,使他的思想行为符合封建主义礼乐的要求。

从这段话里可以很清楚地看出,荀子提出道德修养的目的是要引导人们的思想、感情、行为纳入合乎封建统治者所要求的轨道。使之不偏不倚,使之无过与不及,这就是他的"比中而行之"精神的体现。"中"就是适度的意思。这实质上也就是儒家的"中庸之道"在道德修养上的继承和发展。同时也是孔子、孟子"因人施教"教育方法的补充和发挥。

第五,荀子主张"节导"和"一好"。

"节"就是调节和控制,"导"就是疏导、教导。对待人们的感情、欲望,荀子既不主张寡情去欲,也不同意恣情纵欲。他认为解决这个问题的最好方法就是"节"和"导"。他说:

"欲虽不可尽,可以近尽也;欲虽不可去,求可节也。所欲虽不可尽,求者犹近尽;欲虽不可去,所求不得,虑者欲节求也。道者,进则近尽,退则节求,

---

① 《荀子·劝学》。
② 《荀子·修身》。

天下莫之若也。"①

意思是说，欲望虽然不能完全满足，但却可以接近完全满足；欲望虽然去不掉，但对欲望的追求却是可以节制的。欲望虽然不能完全满足，要是去追求，还可以接近于完全满足；欲望虽然不能去掉，但又求之不得，要是去考虑，那就应该节制自己的欲求。对待欲望的正确态度是：在可以进取的情况下，那就尽量使欲望接近于完全满足；在应该退让的情况下，那就要节制自己的欲求，天下再没有比这更好的做法了。

作为一个唯物主义思想家的荀子，他对情欲的态度是积极的，比较实事求是，并具有一定的合理因素，与孟子的"养心莫善于寡欲"的唯心论观点是一个鲜明的对比。

再说"导"，就是要善于疏导、教导而不要堵塞或片面地禁防。这是荀子另一个重要的德育方法。他说：

"凡语治而待去欲者，无以道欲而困于有欲者也。"②

意思是说，凡是谈论治理国家的道理，而只想依靠去掉人们的欲望的办法是行不通的。善于疏导就不会被欲望困住，不善于疏导反而就会被欲望所困。

荀子认为，最好的疏导办法就是晓之以"礼义"，提高人们对封建主义信仰和道德观念的认识。

"人之所欲生甚矣，人之所恶死甚矣，然而人有从生成死者，非不欲生而欲死也，不可以生而可以死也。故欲过之而动不及，心止之也。心之所可中理，则欲虽多，奚伤于治。"③

荀子的这个分析是很深刻的。人对于生的欲望是最迫切的；人对死的厌恶是最强烈的。但是有些人竟放弃生的希望而去死，这并不是不愿意生而愿意死，而是考虑到某种情况（例如为了正义的事业）不可以偷生而应该去死。所以，有时人的某些欲望非常强烈，但在行动上却没有完全这样去做，这是由于思想意识节制了它的缘故。因而只要人们"心之所可中理"，即人的思想符合封建主义的"礼义"，虽然欲望多些，它对国家的安宁也不会有危害。总而言之，荀子在德育理论和方法的发展史上提出"节"和"导"的观点，是有所创新的，值得我们深入发掘和研究。

荀子还提倡"一好"。"一好"就是所好不二的意思，使人的爱好能归于"一"，使人具有纯粹的、统一的思想、信仰、意志。他说：

---

①②③ 《荀子·正名》。

"并一而不二，则通于神明，参于天地矣。"①

"好而壹之神以成，……一而不贰为圣人。"②

荀子在这里所指的"一"，都是要求人要专一、纯粹。与之相反的就是"二"或"贰"。

而君子学习"诗""书""礼""乐"的目的就是在于统一学者的思想、信仰和感情。他说：

"曷谓一？曰：执神而固。曷谓神？曰：尽善挟治之谓神。万物莫足以倾之之谓固。神固之谓圣人。圣人也者，道之管也。天下之道管是矣。百王之道一是矣，故诗书礼乐之归是矣。"③

可见，学习修养的主要作用，在于使人具有统一的封建主义的政治信仰和道德思想意识，新兴地主阶级正是赖此来维持和巩固他们的经济基础和封建社会的统治秩序。

（原载《华南师范大学学报》1990 年第 3 期）

---

①③ 《荀子·儒效》。
② 《荀子·成相》。

1991

颜之推德育思想论略

颜之推（公元531年—约公元595年），字介，梁朝建业（又称金陵，今江苏南京市）人。《北齐书·文苑传》中依据祖籍，可称为琅邪临沂（今山东临沂县）人。

颜之推原在梁朝做官，为散骑侍郎。西魏破江陵时，颜之推被俘入关。后逃脱奔北齐，任黄门侍郎、平原太守。齐亡又入周，为御史上士。隋代周后，在文帝开皇中，被太子召为学士，深见礼重，不久病卒。他一生遭遇三次亡国之变，历仕四朝之官，多次险遭杀身之祸，他曾感叹自己"生于乱世，长于戎马，流离播越，闻见已多"①。可见他对动乱的世道和坎坷的人生，感触是比较深的。

颜之推出身于士族家庭，父亲颜协，官至咨议参军。他的家庭有儒学世家的传统，世传《周官》《左氏春秋》等专门学术。早年受到儒学传统的熏陶，奠定了一生学术思想的基础。

颜之推的思想，基本上属于儒家的思想范畴。他对玄学清谈采取批判的态度，他把老庄视为"任纵之徒"，抨击何晏、王弼把"周孔之业弃之度外"，强调文士应以讲习经书为业。

晚年为了用儒家思想教训子孙，鼓励子孙继承家业，扬名于世，

---

① 《颜氏家训·慕贤》。

他写了《颜氏家训》二十篇,是他一生关于士大夫立身、治家、处世、为学的经验总结。这本书对后代影响很大,被称为"家教规范"。宋代朱熹编的《小学》、清代陈宏谋编的《养正遗规》都曾以此书为参考依据,故有人认为"古今家训,以此为祖"①。颜之推的德育思想主要集中在这本著作中。

一

颜之推撰写《颜氏家训》时,立足点是为"整齐门内,提撕子孙"②,也就是把家庭教育放在最首要的地位。颜之推在提倡道德教育时,也是自觉地以此为中心。他说:

"夫有人民而后有夫妇,有夫妇而后有父子,有父子而后有兄弟。一家之亲,尽此三而已矣。自兹以往,至于九族,皆本于三亲焉。故于人伦为重者也,不可不笃。"③

以家族为本,由"三亲"而"九族"的宗法血缘是维系我国封建社会地主阶级的社会基础。颜之推在处理父子、兄弟、夫妇之间的关系论述时,在原则上并未越出儒家学说的范围,但是他根据当时的社会环境和道德风尚提出了许多有关如何巩固家族的敏锐而深刻的见解。

第一,他主张要重视和抓紧对子弟的教育。他有鉴于"梁朝全盛之时,贵游子弟,多无学术","上车不落则著作,体中何如则秘书。无不熏衣剃面,傅粉施朱",但一旦到了"鹿独(犹落拓)戎马之间,转死沟壑之际,当尔之时,诚驽材也"。④

颜之推看到了地主阶级一旦掌权得势,就把教育子弟的责任丢在一边。他们的子弟都是一些饱食终日,只顾优游,不学无术的人。这些人在太平盛世,似乎很得意,一旦碰到战乱,失去了依靠,自己又没有生存能力,除了坐以待毙外,另无它途。这种"全忘修学"的教训,颜之推认为是极为悲痛的,它将会导致沉迷于逸乐之中的地主阶级的覆灭。

第二,处理父子关系,是"家教"的核心问题。它关系到封建家庭能否巩固和延续的根本利益。颜之推认为,这是必须认真对待的。因而他说:

---

① 王三聘:《古今事物考:二》,商务印书馆,1937。
② 《颜氏家训·序致》。
③ 《颜氏家训·兄弟》。
④ 《颜氏家训·勉学》。

"父子之严，不可以狎；骨肉之爱，不可以简。简则慈孝不接，狎则怠慢生焉。"①

就是说，父母与子女之间的关系应当严肃，不可过分亲近而失于态度不庄重；父母应当慈爱自己的亲骨肉，不可对子女无理，要求过苛过严。他认为，如果在态度上掌握不好分寸，后果将是对子女不利的，滥用父权，子女不会敬孝；而过分宠爱，子女则不会听话。

颜之推更深一层地观察到，在"家教"中最容易出现，并且最普遍存在的问题是娇惯溺爱。他曾深有感触地说：

"吾见世间无教而有爱，每不能然；饮食运为，恣其所欲，宜诫翻奖，应诃反笑，至有识知，谓法当尔。骄慢已习，方复制之。"②

颜之推发现人世间有许多父母对子女只知道"爱"，而不知道"教"，任其为所欲为。甚至有的是该批评的，反而给予奖赏；有的本应斥责的，却表示欣赏。这样是非颠倒，久而久之，孩子就会误以非为是，把错误的事当成是合理合法的，等到坏思想、坏习惯已养成，要想纠正和制止也来不及了。颜之推这点认识是极为深刻的，值得我们沉思。

因而他在总结"家教"的经验时说：

"人之爱子，罕亦能均，自古及今，此弊多矣。贤俊者自可赏爱，顽鲁者亦当矜怜。有偏宠者，虽欲以厚之，更所以祸之。"③

就是说，人们疼爱孩子很少能够做到适当的。从古到今，出了种种弊病。贤能俊秀的自然应该赏爱，就是顽皮愚笨的孩子也应当怜惜。有着偏爱的人，虽然总想着厚待孩子，但往往适得其反，给他们带来了更多的祸害，甚至是导致"倾宗覆族"的大祸。

所以，在"家教"中溺爱偏爱，等于害了孩子。严于要求，勤于督训，子女才能成才成器。颜之推这个德育观点无疑是正确的。

第三，在《颜氏家训》中，除了《教子》之外，还有《兄弟》《后娶》二篇，对"三亲"中的其他两亲也做了专门论述。颜之推十分重视兄弟和睦对巩固家庭的作用。他认为：兄弟之间"食则同案，衣则传服，学则连业，游则共方"④，关系是极为亲密的。如果"兄弟不睦，则子侄不爱"⑤，那对家族将起瓦解的作用。他要求竭力防止"诸子争财，兄遂杀弟"⑥ 这类不幸事情的发生。要

---

① ② ③ 《颜氏家训·教子》。
④ ⑤ 《颜氏家训·兄弟》。
⑥ 《颜氏家训·治家》。

加强"特相友爱"的"兄友弟恭"的伦理道德教育。

至于夫妇关系,他坚持儒家男尊女卑的原则,妇女只能是从事"酒食衣服之礼尔。国不可使预政,家不可使干蛊"①,不使参与和插手国和家的政事。他主张:为了防止家族内乱,妻死后不得再娶后妻,因为"后妻必虐前妻之子",从而造成"门户之祸"②。总而言之,颜之推的道德标准和道德教育,都是以巩固父子血缘宗法制度为依归的。

二

在德育内容方面,颜之推承袭儒家的传统思想,强调以孝悌仁义作为道德标准。凡是合乎士族地主阶级利益的才是孝悌仁义的行为,也就是善的。颜之推认为一个人为了实践孝悌仁义,应该不惜任何代价。他说:

"行诚孝而见贼,履仁义而得罪,丧身以全家,泯躯而济国,君子不咎也。"③

颜之推还把拯救忠义之"死士"于危难之中,列为"履仁义"的内容。"穷鸟入怀,仁人所悯,况死士归我,当弃之乎",并颇为豪迈地宣称:"以此得罪,甘心瞑目。"④

甚至,当"生"和"义"冲突时,他主张"舍生取义"。可见,颜之推在义与利、生与死的关系上,所要发扬的正是我国伦理道德思想中的精华,激励人们为正义的事业而不惜牺牲自己的生命。

颜之推特别重视节操的教育。当时在我国北方,一些少数民族的贵族头目残酷地屠杀、奴役汉族及其他少数民族的人民,野蛮地摧残民族文化传统,竟有一些无耻之徒,不思如何救国于危亡之中,反而教儿孙卖身投靠之法。颜之推曾对他的儿孙讲述这样一个故事:

"齐朝有一士大夫,尝谓吾曰:'我有一儿,年已十七,颇晓书疏,教其鲜卑语及弹琵琶,稍欲通解,以此伏事公卿,无不宠爱,亦要事也。'吾时俛而不答。异哉,此人之教子也!若由此业,自致卿相,亦不愿汝曹为之。"⑤

那位士大夫要儿子学鲜卑语,弹琵琶,目的是要服侍异族鲜卑统治者,他对

---

① 《颜氏家训·治家》。
② 《颜氏家训·后娶》。
③ 《颜氏家训·养生》。
④ 《颜氏家训·省事》。
⑤ 《颜氏家训·教子》。

此是十分反感的。他正气凛然地说，即或是能当宰相，也绝不许自己的子孙去干那种卖国求荣的勾当。在讲述这个故事的字里行间，表现了颜之推重视子弟节操教育，是值得后人借鉴的。

颜之推重视教育子弟要勤读儒家《五经》，他认为从《五经》中人们可以学习立身处世的基本道理。他说：

"夫圣贤之书，教人诚孝，慎言检迹，立身扬名，亦已备矣。"①

就是说：按照圣贤教导的去进行生活实践，就可以培养德行。

他还指出：通过读经史百家之书，学习前人的道德范例，是进行道德教育的重要途径。这样就可以把知识教育与道德教育结合起来，并通过智育来进行德育，他所说的"夫所以读书学问，本欲开心明目，利于行耳"② 就是这个意思。颜之推这个观点无疑是有见地的。

三

颜之推在关于德育原则和方法的论述方面，主要是继承儒家传统的，但是大概由于生于忧患之世的缘故，在道德修养方法上，他也提出了一些发人深省的见解。

1. 教育要及早

颜之推认为对儿童必须及早进行教育，他甚至主张"胎教"。他说：

"古者，圣王有胎教之法：怀子三月，出居别宫，目不邪视，耳不妄听，音声滋味，以礼节之。"③

就是说，古代帝王家庭都重视胎教：孕妇怀子三个月，就要迁居别室，耳目要清静，不看邪恶的事物，不听不正当的声音，而是用优美的音乐陶冶性情，以礼仪支配自己的言行，这对胎儿的成长发育是很有益处的。

从生理卫生和胎儿正常发育的角度来看，颜之推重视"胎教"的这种看法是值得研究的。至于是否一定要"出居别宫"等提法，还是有待以科学的方法来正确处理和论证。

他还认为：一般人家就算做不到"胎教"，也应该在"婴稚"时期就及早抓紧教育。他指出：

---

① 《颜氏家训·序致》。
② 《颜氏家训·勉学》。
③ 《颜氏家训·教子》。

"凡庶（老百姓）纵不能尔，当及婴稚，识人颜色，知人喜怒，便加教诲，使为则为，使止则止。"①

意思是说：一般人家应当在孩子能感知喜怒哀乐，能与别人交流沟通感情时，就要开始教育，告之以什么可以做，什么不可以做，进行最基本的道德行为规范训练。他认为"比及数岁"，只要坚持数年，就能收到成效。

为什么要抓早在幼童阶段进行教育呢？颜之推论述了两条原因：第一个原因是幼童时期学习效果较好，得益较大。因为"人生小幼，精神专利。长成已后，思虑散逸，固须早教，勿失机也"②。他根据幼童阶段与成年以后的不同心理特点，说明幼童心理单纯，精神集中，"早教"容易奏效，所以教育者或家长切莫失此良机，至于成年人则由于思想复杂，精神散漫，效果自然就差一些。

第二个原因是说"人在年少，神情未定"③，可塑性很大，容易接受各种不同因素的影响。如果教师、家长能够及早有意识地、有目的地引导儿童往正确的方向走，比较容易把他们教育好。他还引用古人的话来论证："少成若天性，习惯如自然。"就是说，早期的教育和训练养成的习惯，就像与生俱来的那样稳固。

所以，颜之推很重视社会环境对子女"潜移默化"的影响。他说："与善人居，如入芝兰之室，久而自芳也；与恶人居，如入鲍鱼之肆，久而自臭也。"④

因而，颜之推要求审慎地看待子女左右的人，以防导入歧途，慎重地选择师友，发挥教育的习染作用。

关于及早教育的观点，无疑是很精辟的，它是符合教育和德育原理的。俗谚所说的"教妇初来，教儿婴孩"的提法，颜之推是赞同的。他称之为"诚哉斯语"。

2. 教育子女应慈爱与威严相结合

颜之推认为：家长在教育子女时，态度应当是既要慈爱，也要威严，做到严慈结合，二者不可偏废。他强调对于子女不可只有爱而无教，否则，等到长大，"捶挞至死而无威，忿怒日隆而增怨，逮于成长，终为败德"⑤。就是说，家长如果对子女只是溺爱而不加以严格教导，等到孩子长大，坏思想习惯已经形成再来纠正，就算鞭打至死也难收到效果，越是愤怒责骂越会增加怨恨，终究成为败坏德行的人。颜之推这个德育观点无疑是十分深刻而正确的。

为了说服家长接受这种德育主张，颜之推在《颜氏家训》的《教子》篇中

---

①⑤ 《颜氏家训·教子》。
② 《颜氏家训·勉学》。
③④ 《颜氏家训·慕贤》。

举了正面、反面两个典型例子。一个是梁朝大司马王僧辩的母亲魏夫人，"性甚严正"，从小就对儿子要求十分严格，甚至当王僧辩已"为三千人将，年逾四十"时，如有过错，魏夫人仍严加督导，因而使王僧辩"故能成其勋业"。

一个是梁元帝时某一个学士，"聪敏有才，为父为宠，失于教义"。这位学士的父亲只要儿子说对了一句话，便终年到处为之扬誉；要是儿子做错了一件事，便极力文过饰非，替儿子隐瞒，指望他偷偷地改正过来。由于父亲的娇宠放任，儿子养成了骄横无理的毛病，长大做官以后，出口伤人，结果遭到别人的杀害。颜之推对此感触很深，指出了严是爱、惯是害，惯子必骄，骄子必败，这个评论诚为令人猛醒。

3. 以身作则

颜之推认为：在"家教"中，父母兄长的以身作则是非常重要的。他指出：

"夫风化者，自上而行于下者也，自先而施于后者也。是以父不慈则子不孝，兄不友则弟不恭。"①

这种由父兄言传身教、上行下效、先行后学的家族风俗教化的作用，对子女的影响是很深的。父慈，子才知孝敬，兄长讲友爱，弟弟才知道恭敬；否则，上梁不正下梁必歪。所以颜之推要求家庭中的长辈都要做到以身作则，才能建立良好的"家风"。

4. 要保持"少欲知足"的准则

颜之推教育子孙持家的道德准则，即是"少欲知足"的中庸之道。他说：

"欲不可纵，志不可满。宇宙可臻其极，情性不知其穷，唯在少欲知足，为立涯限尔。"②

以"少欲知足"作为道德行为的"涯限"，是颜之推从魏晋门阀士族纵欲而伤身、志满而灭族的惨痛教训中得出来的结论。

所以，他提出了要以"中"为处世持家之大道，即一切都要取"中"。地主要当中等的，他规定：家业"常以二十口家，奴婢盛多，不可出二十人，良田十顷，堂室才蔽风雨，车马仅代杖策，蓄财数万，以拟吉凶急速，不啻此者，以义散之；不至此者，勿非道求之"③。

这就是说，土地、奴婢、钱财是要有的，但不能太多，太多了就应"以义散之"，但也不能因少而以不正当的手段去获取。过多的欲望和奢侈，只能助长子孙的腐化堕落。

---

① 《颜氏家训·治家》。
②③ 《颜氏家训·止足》。

官也是要当的，但只能当"中品"的官。他说："仕宦称泰，不过处在中品。前望五十人，后顾五十人，足以免耻辱，无倾危也。高此者，便当罢谢，偃仰私庭。"① 高过了这个界限，便应自动地退下来，否则就会招祸。

在道德修养方法上，颜之推很欣赏"无多言，多言多败。无多事，多事多患"②。他认为："论政得失""献书言计"这类的言论，都属于"多言"性质。谏诤，以"正人君之失"是应该的，但应"思不出位"，如"干非其任，斯则罪人"。"上书陈事"是"攻人主之长短"，因而"终陷不测之诛"。③ 因而，在待人接物、为官处世上，颜之推要求子孙小心谨慎。

至于主持公道、打抱不平，"游侠之徒，非君子之所为也"④，仍属"多事"之类。如果不是你分内的事，你就不必去做去管。

为什么颜之推在道德修养方法上那么重视少欲知足和无多言、无多事呢？客观原因是受当时的政治环境所迫使，士大夫为免"杀身之祸"，只好保持这种处世态度，主观原因是由颜之推"虑祸养生"的人生观所决定的。虽然因在丧乱之世，颜之推为了保全自己，保全家族，不得不如此来教育他的子弟，但是这种处世哲学是充满了消极遁世色彩的，这是不足为训的。

5. 主张名要符实和崇尚俭朴

汉代以来，儒家在道德修养方面，非常注重个人的名节，因而儒家伦理道德学说称之为"名教"。对"名教"，玄学家是持批判态度的，而颜之推却主张要重新肯定"名教"。

他肯定"名教"的着眼点在"劝"，也就是教化。对个人来说，"劝其立名，则获其实"⑤，即教育人们按伦理纲常来"立名"，然后，"循名责实"，使其自觉地遵循之。

就整个社会来说，可以借此树立一批榜样，使之影响千万人，以他们为美德善行的楷模，并造成一种遵守道德规范的社会风气。

"劝一伯夷，而千万人立清风矣；劝一季札，而千万人立仁风矣；劝一柳下惠，而千万人立贞风矣；劝一史鱼，而千万人立直风矣。"⑥

但是，颜之推也深知历史上的"名教"之弊。这种弊，概而言之，就是"伪"，欺世盗名，弄虚作假。有一些人为了获得"孝"的名声，在居丧期间，

---

① 《颜氏家训·止足》。
②③④ 《颜氏家训·省事》。
⑤⑥ 《颜氏家训·名实》。

竟"以巴豆涂脸，遂使成疮，表哭泣之过"①。总之为了求"名"，不论何等卑下的作伪手段都会使出来。

应该指出，颜之推对"贪名""窃名"等道德败坏的行为的谴责，是起了扭转社会风气的积极意义的。针对这种道德上的弊病，他提出"名"与"实"要相符的主张。他说："名之与实，犹形之与影也。"② 颜之推所持的这个见解自然是正确的。

颜之推既反对两汉以来的繁文缛节，又反对魏晋以来的迂诞浮华，崇尚的是一种俭朴的道德。他赞同孔子的主张："奢则不逊，俭则固；与其不逊也，宁固。"颜之推观点鲜明地反对奢侈浪费，主张简朴勤俭。

但是，他又反对悭吝，而主张"俭而不吝"。他说：

"然则可俭而不可吝已。俭者，省约为礼之谓也；吝者，穷急不恤之谓也。"③

他教导子弟要分清俭朴与吝啬的界限，对己生活节省，是俭朴，对穷人不抚恤，是吝啬。"俭而不吝"在中国古代德育思想史上被认为是一种传统美德。

总之，颜之推的德育思想，有精华也有糟粕。我们细心地一分为二地批判继承，吸取其中的有益因素，为我们今天所利用。

（原载《澳门教育》1991 年第 2 期）

---

①② 《颜氏家训·名实》。
③ 《颜氏家训·治家》。

程颢、程颐德育思想论略

程颢（1032—1085）、程颐（1033—1107）是我国宋代著名的思想家、教育家。程颢，字伯淳，学者称明道先生。程颐，字正叔，学者称伊川先生。程颢、程颐是亲兄弟，合称"二程"。早年同受业于周敦颐，是宋代理学的奠基者。他们的哲学观点和教育思想大同小异。二程是河南洛阳人，历史上称他们的学派为洛学。

程颢举进士后任过晋城令、太子中允、监察御史里行等职。40多岁后，退居洛阳，讲学授徒。程颐太学出身，一生主要在洛阳讲学著述，53岁才任崇政殿说书，即担任宋哲宗的老师，后又改调西京国子监。时人范祖禹说：先生（程颢）"与弟伊川先生讲学于家，化行乡党。……士之从学者不绝于馆，有不远千里而至者"①。宋史称程颢"泛滥于诸家，出入于老释者几十年，返求诸六经而后得之。……教人自致知至于知止，诚意至于平天下，洒扫应对至于穷理尽性，循循有序"②，而称程颐"平生诲人不倦，故学者出其门最多，渊源所渐，皆为名士"③，可见，兄弟俩对教育事业都是十分热

---

① 《二程集·遗书》。
② 《宋史·程颢传》。
③ 《宋史·程颐传》。

心的。二程的思想在中国古代学术史和教育史上是有重大影响的，同时他们的德育思想也是别具特色的。二程的著作十分丰富，由后人编辑成《二程全书》刊行于世。

一、学为"圣人"的德育宗旨

二程主张德育的宗旨在于学为"圣人"。他们提出：
"君子之学，必至圣人而后已。不至圣人而自已者，皆自弃也"①。
在二程心目中，"圣人"应该是一个在道德上完美无缺的人物，具体来说：
"圣人之志，止欲老者安之，朋友信之，少者怀之。"②
"圣人之德，无所不盛。"③
"圣贤于乱世，……不忍坐视而不救也。"④
"圣人无私无我。"⑤
总而言之，二程所描绘的"圣人"模式，就是一个具有伟大的政治抱负，关心国家民族忧患，具有完善的道德品质和纯正的封建主义精神的地主阶级理想化的人物。

那么在现实生活中有没有这样的"圣人"呢？二程认为，孔子就是"圣人"的最高体现，其次则是颜渊和孟子。他们说：孔子使人"仰之弥高，钻之弥坚"，气象非凡；颜渊箪瓢陋巷，不改其乐，"近圣人气象"；孟子着重养浩然之气，"犹有英气存焉"。⑥

在当时北宋阶级矛盾、民族矛盾十分尖锐复杂的形势下，宋王朝国势积弱，二程提倡把学为"圣人"作为教育目标和德育宗旨，而不把匡时救世、注重实学作为培养人才的最高准则，这就难免近于迂阔和不切实际。但是，由于当时北宋士风日趋堕落，追名逐利，二程试图通过教育和学习修养来造就具有高尚品质的人，这一点还是应该肯定的。

二、"存天理、灭人欲"的德育任务

二程继承了孟子的德育理论并加以发展。他们把君臣之道、父子之道说成是不以人的意志为转移的、万古长存的"天理"。他们说："父子君臣，天下之定

---

①③④⑤⑥ 《二程集·粹言》。
② 《二程集·遗书》。

理"，"天理如此，岂可逆哉"。① 实质就是说，封建主义的伦理纲常和统治秩序全是"天理"，是不可违背和抗拒的，谁触犯了它，就是犯了弥天大罪。

为此，他们明确地提出了"存天理、灭人欲"的德育任务。

"视听言动非理不为，即是礼，礼即是理也。不是天理，便是私欲，人虽有意于为善，亦是非礼。无人欲即皆天理。"②

二程在这里阐明了封建社会的"礼"（即封建主义的统治秩序和道德规范）就是"天理"，凡是不合于礼的，就是"人欲"。只有把"人欲"彻底消灭了，才算是真正体现了"天理"。

二程把人们合理的物质生活条件和求生的欲望皆呼之为"人欲"，视之为"伤天害理"的东西，罪恶的渊源。二程的这套德育理论，目的是要人们安于饥寒交迫的生活，不要起来反抗封建统治者的压迫和剥削，它的阶级实质是十分明显的。

有人问程颐：有孤独的寡妇，家境贫穷，无依无靠，是否可以改嫁再结婚？他回答说："饿死事极小，失节事极大。"③ 不知多少妇女成为这两句封建的反动箴言的牺牲品。清代的唯物主义哲学家、教育家戴震曾痛斥他们是"以理杀人"，揭露了封建礼教吃人的本质。二程的"存天理、去人欲"的德育理论实际是一把杀人不见血的软刀子。

二程提出这项德育任务的目的在于要人们牢固地树立和保存住封建地主阶级的政治信仰和道德观念，把一切违背统治阶级利益的思想和行为消灭于萌芽之中。

三、 以儒家经典和封建主义道德规范为德育内容

在德育内容上，二程主张学习儒家的经典著作和封建的伦理道德。他们认为："经所以载道也。"④ 儒经内容丰富，包罗万象，应有尽有，封建主义的义理都蕴含其中，它为人们"明道""穷理"提供了最好的教材。

在中国教育史上，二程是最先倡导以《大学》《中庸》《论语》《孟子》这四部书为基础教材的。二程之前，没有"四书"这一称谓；自二程开始，把《大学》《中庸》从《礼记》中单独抽出来加以强调，并与《论语》《孟子》并列，始有"四书"之说。

二程把"四书"与"五经"并行，作为教育、德育的内容，是继董仲舒建

①②③④ 《二程集·遗书》。

议罢黜百家、表彰六艺之后，中国教育史上又一重大事件。后又经朱熹的大力阐发，并将"四书"详细加以注释，即所谓《四书集注》一书。因而"四书"风靡于世，在儒家经典中它的地位甚至超过"五经"，成为维护封建统治的权威著作和封建教育的主要内容。"四书"后来又流传到朝鲜、日本、越南等国。这四本教材长期流传，具有如此广泛的影响，不仅在中国教育史上，就是在世界教育史上也是罕见的。

从德育的角度，二程特别推崇《大学》，认为《大学》提出了明明德、亲民、止于至善的"三纲领"和格物、致知、诚意、正心、修身、齐家、治国、平天下的"八条目"，因而是学者进德修业的必修科目，修身入德之门序。

至于"六经"，二程认为是学习儒家经典的进一步深化和扩大。《宋史·程颐传》曾论及：二程之学是"以《大学》《语》《孟》《中庸》为标指，而达于《六经》"，这个说法是抓住了二程所推崇德育内容的要旨的。二程说：

"学之兴起，莫先于《诗》，《诗》有美刺，歌诵之以知善恶、治乱、废兴。《礼》者所以立也，不学《礼》，不以立。《乐》者所以成德。"①

《书》言天，学《书》而知公共无私。《春秋》"是是非非，……穷理之要也。学者不必他求，学《春秋》可以尽道也"②。

"《易》，变易也，随时变易，以从道也"，"《易》之有象，犹人之守礼法"。③

总之，"六经"的具体内容为"明道""穷理"提供了最好的教材。把钻研熟习儒家经典与灌输理学的道德教育结合起来，无疑是二程德育思想上一个重要的特色，也为中国德育思想发展史增添了新篇章。

依照二程的"圣人模式"，忠、孝、仁、义、礼、智、信等是最重要的德育节目。只要这些封建道德规范在人们的头脑里牢牢地扎下根和在行为上严格遵守，就会达到"明天理、去私欲"的目的。他们说：

"学者须先识仁。仁者浑然与物同体，义、礼、智、信，皆仁也。"④

二程又认为，事亲当如曾参之尽孝，事君当如周公之尽忠，并且说："子之事父，臣之事君，闻有自知其不足者矣，未闻其为有余也。"强调"父子之义不可绝"，而"君臣之义"与"父子之义"一样，"岂可自绝也"。⑤自然，二程上面所要求的人们必须笃信和遵守的道德规范，其目的都是为巩固和维护封建主义的统治秩序服务的。

---

①② 《二程集·粹言》。
③④⑤ 《二程集·遗书》。

四、 德育的原则和方法

根据德育的宗旨、任务和内容，二程构造起一个比较系统、完整的理学德育原则和方法的体系，它的基本框架如下：

1. 养正于蒙，禁于未发

二程认为，道德教育要从幼童时期抓起。二程在训释《易》的"蒙"卦"象"辞的"蒙以养正，圣功也"时说：

"未发之谓蒙，以纯一未发之蒙而养其正，乃作圣之功也。发而后禁，则扞格而难胜。养正于蒙，学之至善也。"①

他们把"蒙"解释为尚不懂事的幼童和事情未发的萌芽状态。宋代以后，"蒙养""启蒙""训蒙"的思想十分流行，蒙学教育大为发展，都是深受二程这一教育、德育思想的影响。

二程又认为，为了培养学生具有良好的习惯和道德品质，必须坚持"禁于未发"的原则，把不良的习惯和品质消灭在未发之前，这个德育观点无疑是深刻的。

因而，程颐在《上太皇太后书》中再三强调了及早实施封建主义的正面教育的重要性。

"古人生子，能食能言而教之小学之法，以豫为先。人之幼也，知思未有所主，便当以格言至论日陈于前。虽未晓知，且当薰聒，使盈耳充腹，久自安习，若固有之，虽以他言惑之，不能入也。若为之不豫，及乎稍长，私意偏好生于内，众口辩言铄于外，欲其纯完，不可得也。故所急在先入，岂有太早者乎？"

上述这段话阐明了二程关于童蒙教育的重要观点：第一，在童蒙时期必须对幼童施行先入为主的道德思想教育，灌输封建主义的道德规范或道德格言，令其耳闻目睹，潜移默化，打牢根基；第二，有了较牢固的德育基础，虽然有所谓异端邪说的诱惑，不良道德行为的影响或恶劣环境的干扰，都会有抗御的能力；第三，如果不重视幼童的早期教育，等到长大后，沾染上了坏思想、坏习气，再去纠正，那就难了。二程的这些看法应该说是符合德育原理的，值得我们借鉴。

2. 立志

二程强调，为学者须先立志。他们说：

---

① 《二程集·周易程氏传》。

"志立则有本。譬之艺术，由毫末拱把至于合抱而干云者，有本故也。"①

"言学便以道为志，言人便以圣为志。"②

"根本既立，然后可立趋向；趋向既立矣，而所造有深浅不同者，勉与不勉故也。"③

二程把"志"看成是人生的根本，是终生不渝的奋斗目标，也是人生行为的动力和方向。至于人们的学问、道德成就的大小则决定于人们立志的坚定程度如何以及自己主观努力的强弱。

二程又认为，志小成就必小，志大成就必大。因而主张为学进德必须确立远大的志向，"须是大其心使开阔，譬如为九层之台，须大做脚始得"④。他们常常以此来劝勉人们和他们的学生。

他们还以登山为譬喻，指出人们必须具有坚韧不拔的意志才有希望登上峰顶。如果"或以峻而遂止，或以难而稍缓"⑤就会逡巡不前。只有不惮其难，淬砺奋进，学问、道德才能有较大、较高的成就。这一番话对受教育者无疑是很好的激励。

3. 养心寡欲

通过"寡欲"以"养心"，这是二程倡导的重要道德修养方法。他们说："养心莫善于寡欲。"⑥

二程认为，"养心"是养"道心"。他们把"道心"与"人心"对立起来，把"道心"看作是至善的，"人心"是邪恶的，提出了"人心私欲，故危殆。道心天理，故精微"⑦的观点。人们之所以会产生违反封建道德规范的思想和行为，甚至"人欲横流"，主要是人们被"私欲"所蒙蔽或扰乱。只要人们做到"灭欲"或"寡欲"，就不会离经叛道或陷入罪恶的深渊。所谓"灭私欲，则天理明矣"⑧就是这个意思。

二程还进一步提出"寡欲"的严格要求："所欲不必沉溺，只有所向，便是欲"⑨。就是说，不用说是陷于"沉溺"，即便是心里有所向往就算是"欲"了。明白地来说，就是要清除掉"欲"的念头，把一切所谓"邪念"杜绝于萌芽之中。

二程实际上是把"三纲五常""三从四德"这些封建道德信条统统称为"天理"，必须保存和扎根在人们的脑子里，不可动摇。而把人们的正当要求、合理

---

①②③⑤ 《二程集·粹言》。
④ 《二程集·二先生语》。
⑥⑦⑧⑨ 《二程集·遗书》。

欲望统统说成是"私欲",必须消灭。这就构成了理学道德教育的基本教条:存天理而灭人欲。

自然,"养心"的道德修养方法是一种唯心主义的先验论。但是,在道德教育中培养一心向善的要求,克服"利欲熏心"的邪念,要求人们不去做那些"伤天害理"的事情,还不失为是一条有良好愿望的道德箴言。

4. 主敬存诚

敬、诚是学圣入道的突破口,这是理学家德育思想中谈得最多,对后世影响较大的道德修养方法。二程是非常重视"敬"的功夫和"诚"的境界的,他们强调"涵养须用敬"①。

按"敬"的原意,本是严肃、谨慎、不苟且的意思,而二程对"敬"的解释是"主一之谓敬"。所谓一,是"无适之谓一"②,意即心志要专一,"主一"就能"收敛身心",好像"人到神祠时,其心收敛,更着不得毫发事"。③ 这种心理状态表示恭恭敬敬地拜神,没有丝毫杂念,这样就可以达到"诚意正心"的境界。所以二程认为凡一切道德学问,都必须从"敬"字做起。

他们还指出:"主敬"在道德修养中可以起"去私欲"的作用。"主敬者,主一也。不一,则二三矣。苟系心于一事,则他事无自入"④。可见,"主敬"的作用可以祛除"外诱之患",防止邪僻私欲的干扰和侵袭。

"主敬"的道德修养方法,自然是一种唯心主义的东西。但是,"主敬"要求人们对道德修养要一心一意,一丝不苟,忠贞不渝,倒是道德教育中需要关注的问题。

二程要求通过道德教育使人们达到"至诚如神"的思想精神境界,把"存诚"作为道德教育的重要方法。他们说:"学者不可以不诚。"⑤

按"诚"的原意本是真实、无欺、无妄的意思。二程解释说:"无妄之谓诚,不欺其次矣"⑥,"真近诚"⑦。它的真实目的在于要求人们确立笃信不疑、诚心诚意的修养态度,借以尊奉封建主义的政治信仰和道德规范。

他们又说:"不诚则有累,诚则无累"⑧,"诚,公矣"⑨。有了"至诚"的思想和态度,就不会受到物欲所干扰(累),处理一切事情,待人接物都能出于

---

① 《二程集·遗书》。
② 《宋元学案·伊川学案》。
③⑧⑨ 《二程集·外书》。
④ 《二程集·粹言》。
⑤⑦ 《二程集·伊川先生语》。
⑥ 《二程集·二先生语》。

"公心"。自然，二程这里所说的"公"不过是指封建主义国家和地主阶级的最高利益而言的。

其实，"敬"和"诚"二者是密切联系的，是一个问题的两个方面。二程说："敬则诚"[1]，"敬而后能诚"[2]。可见，要想达到"诚"的思想精神境界，必须有"敬"的功夫，要从"主敬"入手。相反，不敬就无诚可言。

5. 格物穷理

二程提倡的"格物穷理"不是指认识自然界、改造自然界的实践活动，而主要是指个人的封建道德修养、践履或评价人物等。"或读书讲明义理；或论古今人物，别其是非；或应事接物而处其当，皆穷理也"[3]，即包括读书、评论古今人物、待人处世等多方面的内容和途径。

二程认为，尊德性、道问学是互为表里、相辅相成的。他们始终把进德与修业并提，并指出："学业之充实，道德之崇高，皆由积累而至。"[4]

这就阐明了学问、道德是由逐渐积累而得的这一教学、德育原理。积累既多，久后自通。"今日格一件，明日格一件，积习既多，然后脱然自有贯通处"[5]。虽然，二程在这里所说的"积习既多"而"脱然自有贯通处"并非是指人们积累了许多感性经验而达到对客观世界规律的认识，而不过是说通过"积习"去启发人们加深对内心固有封建主义道德观念的体验和省悟而已。但是他们看到了道德修养和学识是需要经过日积月累，由少到多，由浅到深，由低到高，才能有所进益、成就和贯通。仅就这一点来说，对人们还是有所启迪的。

6. 因人施教

二程在长期的教育实践中发现："西北东南，人材不同，气之厚薄异也。"[6]因此，他们很注意了解各地来求学的学生的不同性格特点、才能和旨趣，而施以不同的教育。他们说：

"或因人材性，或观人之所问意思而言及所到地位。"[7]

"君子之教人，或引之，或拒之，或各因所亏者成之而已。"[8]

这种"因人材性"和根据学生的实际情况出发，而有的放矢地进行解答或教育，"或引之"，"或拒之"，从德育方法这个角度来看，它是灵活的，因人而异的，是值得我们批判地吸取的。

---

[1] 《二程集·明道先生语》。
[2] 《二程集·二先生语》。
[3][5][6][7] 《二程集·遗书》。
[4] 《二程集·周易程氏传》。
[8] 《二程集·粹言》。

二程又十分推崇孔子因材施教的教育原则,并对它做出"孔子教人,各因其材"的理论概括。他们主张的"强猛者当抑之,畏缩者当充养之"①,正是孔子"求也退,故进之;由也兼人,故退之"(冉求做事退缩,所以要鼓励他;仲由急躁好胜,所以要抑束他)的因人施教的德育方法的继承和发展。

二程的德育思想体系是比较庞大深湛的,有精华,也有糟粕。由他们开端,朱熹集其大成的程朱学派对后世和国外都有很大影响,值得我们深入研究。

(原载《华南师范大学学报》1991年第3期)

---

① 《二程集·遗书》。

王守仁德育思想论略

王守仁（1472—1529），号伯安，浙江余姚人。因曾在阳明洞读书、讲学，自号阳明子，世称阳明先生。他是我国明代著名的思想家、教育家，也是当时政治上的重要人物。

王守仁出生于一个官僚家庭。父亲王华在明宪宗成化十七年（1481）考中进士第一名（状元），官至南京吏部尚书。王守仁本人在28岁中进士，后在京师任兵部武选清吏司主事，并主考山东乡试。后因弹劾宦官刘瑾，谪为贵州龙场驿丞。不久，赦归为江西庐陵知县。此后，历任南京刑部、吏部清吏司主事，南京太仆寺少卿，鸿胪寺卿，都察院左佥都御史等职。又巡抚南、赣、汀、漳等处。晚年因镇压农民起义、少数民族起义和平定宁王朱宸濠的叛乱对明王朝有功，被封"新建伯"，官至南京兵部尚书。他的著作被后人合编为《王文成公全书》。

王守仁30多岁开始讲学授徒，前后达25年之久。他每到一处任职，都修建书院，倡办社学，并亲自讲学。谪居贵州龙场驿时，建龙岗书院，主讲贵阳书院（一说文明书院）。42岁时，在滁州，地僻官闲，"日与门人游邀琅琊灌泉间。日夕则环龙潭而坐者数百人，歌声振山谷。诸生随地请正，踊跃歌舞"①。后又修濂溪书院，集门人于白鹿洞书院讲学。

王守仁总督两广军务时，办思田学校、南宁学校和敷文书院。退职回乡期间，先辟稽山书院，后办阳明书院，并讲学于余姚龙泉山寺。"先生每临讲座，前后左右，环坐而听者，常不下数百人。送往迎来，月无虚日。至有在待更岁，不能遍记其姓名者。"②

王守仁的办学、讲学活动，对明代书院、社学的发展起了一定的作用。他的学说被称为"阳明学"或"王学"，在中国古代学术史、教育思想史上占有重要的地位。

一、"致良知"是德育的理论基础

王守仁的教育学说，具有明显的教育哲学色彩。哲学思想是指导他的教育活动的理论基础，而教育学说又是其哲学思想的具体运用和发挥。

在王守仁的学说中，"良知"既是宇宙的本体，也是认识的本体，道德修养的本体。所以"致良知"也成为了王守仁德育思想的理论基础。

王守仁把"致良知"看作是"学问大头脑"。③他说：

"吾平生讲学，只是'致良知'三字。"④

"圣人之学，惟是致此良知而已。"⑤

王守仁所谓的"良知"，就是指人们先天所固有的道德认识和观念。"见父自然知孝，见兄自然知悌，见孺子入井自然知恻隐。此便是良知不假外求"⑥。"致"是充分发挥的意思。"致良知"就是要求通过"反身而诚"的功夫，使人头脑中固有的天赋观念（良知、良能）充分发挥出来。他认为这就是"圣人教人的第一义"⑦。

王守仁有时也讲"格物致知"，但是他对"格物致知"的解释与朱熹不同。从道德修养的角度来看，他认为，"格物致知"就是去掉邪念、人欲，使人心恢复到原来的"良知"。王守仁有一首诗很能说明他所谓"致良知"的含义：

"万里中秋月正晴，四山云霭忽然生。须臾浊雾随风散，依旧青天此月明。"

---

① 《王文成公全书·年谱》。
②③⑥ 《王文成公全书·传习录》。
④ 《王文成公全书·寄正宪男手墨》。
⑤ 《王文成公全书·书魏师孟卷》。
⑦ 《王文成公全书·答欧阳崇一书》。

他以此来比喻只要去掉物欲的蒙蔽,"良知"就能恢复清明。

王守仁认为,只要人们把自己心中固有的道德观念充分发挥出来,遇君就能忠,遇父就能孝。这样,人人就会"自觉"地遵守封建道德的"三纲五常",地主阶级的统治秩序也就自然稳定了。所以他说:

"人若知这良知诀窍,随他多少邪思枉念,这里一觉都自消融,真个是灵丹一粒,点铁成金。"①

就是说,人们如果能够牢固地树立封建道德观念,那么无论有多少"邪思枉念"(即背离封建道德准则的思想意识)的侵袭,都能把它销毁。在王守仁看来,"致良知"是引导人们借以改"邪"归"正"的灵丹妙药。王守仁这个德育观点无疑是唯心主义的和为统治阶级的利益服务的。

二、"学为圣人""明人伦"的德育目标和宗旨

王守仁主张,教育的目的是使"学者学为圣人"。培养"圣人"是德育的最高理想和目标。他的"圣人"模式,是在道德修养上要求很高的人,是人们向之学习的楷模。他说:

"学者学圣人,不过是去人欲而存天理耳。"②

"只是其心纯乎天理,而无人欲之杂","故虽凡人而肯为学,使此心纯乎天理,则亦可为圣人。"③

由此可见,他的"圣人"观是,只要人们修养到"纯乎天理"而无"人欲之杂",达到纯洁净化的思想精神境界,就可以成为圣人。从阶级实质上来分析,这个"圣人"就是没有丝毫背离封建主义思想道德的意识和行为,对封建主义的信仰和道德规范十分笃信和忠诚的人。这个"圣人"自然是合乎封建统治者的需要的。这是儒家的传统观点,并没有多少新鲜的看法。

然而王守仁的"圣人"观中值得称道的是他提出的"凡人而肯为学"皆可成为"圣人",甚至"愚夫愚妇"经过刻苦努力,勤奋修养也可以达到"圣人"的目标。他说:

"圣贤之道,坦若大路,夫妇之愚,可以与知。"④

王守仁又指出,虽然人的"资质不同",并不妨碍他能上达于"圣人",所不同的只是每个人的努力程度,因此"必须人一己百,人十己千,及其成功则

---

①②③④ 《王文成公全书·传习录》。

一"①。

王守仁的"满街都是圣人"②的见解,把"圣人"从神秘和高不可攀的圣殿拉下人间来,论证了人人皆具有"良知",从而人人都可能成为"圣人",人人都有受教育的可能性与必要性,而使其"善端"得以发扬而完善。这在客观上、在一定程度上表现出古代教育民主思想的倾向和人人都能平等争取成为道德修养上"完美"的人的积极因素。

王守仁明确指出,德育的宗旨在于"明人伦"。所谓"明人伦"就是教导人们认识和恪守"父子有亲,君臣有义,夫妇有别,长幼有序,朋友有信"这套封建道德原则和规范。他宣称:

"教者惟以此为教,而学者惟以此为学。"③

"古圣贤之学,明伦而已。……是故明伦之外无学矣。外此而学者,谓之异端;非此而论者,谓之邪说。"④

那就是说教师和学生只能传授和学习封建统治者所规定的道德教条,并严格地遵守封建伦常关系。一切背离它的思想和行为都会随时被戴上"异端"和"邪说"的帽子。

他还提出一个"破心中贼"的口号,所谓"心中贼"是指那些不利于封建统治阶级根本利益的思想,是指劳动人民不能忍受压迫而萌发的造反念头。可见,王守仁这个德育思想完全是为维护封建统治秩序服务的。

三、"知行合一"的德育观

王守仁为了使人们在思想行动上切实做到明人伦,行纲常,在德育理论上提出了"知行合一"的主张。他提倡的"知行合一"的含义究竟是指什么?他在下面的一段话里说得很明白。他说:

"知之真切笃实处即是行,行之明觉精察处即是知,知行工夫本不可离,只为后世学者分作两截用功,失却知行本体,故有合一并进之说。真知即所以为行,不行不足谓之知。"⑤

王守仁认为,知与行就是一回事,不能分为"两截",知就是行,行就是知,行中有知,知中有行,强调知行合而为一。这个观点在理论上自然是错误的。因为它混淆了属于思想意识范畴的"知"与属于实践或实际范畴的"行"

---

①②③⑤《王文成公全书·传习录》。
④ 《王文成公全书·万松书院记》。

的界限，否定了"知"与"行"的本质区别。

他甚至认为人们道德意识活动的苗头也是"行"的开始。他说：

"我今说个知行合一，正要人晓得一念发动处便即是行了，发动处有不善，就将这不善的念克倒了。须要彻根彻底，不使那一念不善潜伏在胸中，此是我立言宗旨。"①

简单地说，就是当人们一有违背封建纲常伦理的念头出现，就立刻"反省克己"，搞自我思想斗争，在内心加以消弭，这就算是"行"了，也就达到了"知行合一"。这个德育观点自然是一种唯心主义的说教，与我们今天所说的通过社会实践来改造人们的思想，毫无共同之处。

但是在道德教育的过程中，王守仁却是极力反对知行脱节及"知而不行"的空谈道德说教，而主张在德育上必须重视"践履躬行"。他认为一个人的道德修养，不能只是懂得一些封建"三纲五常"的道理，还要自己身体力行，通过道德实践才有可能真正领会封建道德观念的实质。所以，他说：

"未有学而不行者也。如言学孝，则必服劳奉养，躬行孝道，然后谓之学，岂徒悬空口耳讲说，而遂可以谓之学孝乎？"②

按照王守仁的看法，在德育的过程中只依靠口头灌输一些道德观念是不够的。比如，讲"孝"，不能只是对人们讲述孝顺父母的道理，而应该是教导人们在道德行为中体现出来，很好地奉养父母，听从父母的教诲，才能算得上是尽了"孝道"，才算得上是真正的道德修养。如果言论与行动脱节，那就谈不上什么"孝"了。

在上述的德育观点指导下，王守仁制订了一个《教约》③，其中规定了一些条条框框，要求学生务必遵守。例如：

"每日清晨，诸生参揖毕，教读以次遍询诸生：在家所以爱亲敬长之心，得无懈忽，未能真切否？温凊定省之仪，得无亏缺，未能实践否？往来街衢，步趋礼节，得无放荡，未能谨饬否？一应言行、心术，得无欺妄非僻，未能忠信笃敬否？诸童子务要各以实对，有则改之，无则加勉。"

可见《教约》所要求学生遵守和履行的都是一些封建道德规范，它每天都检查学生是否切实地实行了，从中可以窥见，王守仁对学生的道德行为，从"爱亲敬长"的大节到"礼仪举止"等小节都是严加训练和约束的。他所主张的在德育上要重视德育认识与德育实践的联系和结合，这种观点在中国古代德育思想发展史上是有一定贡献和影响的。

---

①②③ 《王文成公全书·传习录》。

四、 论德育的原则和方法

为了贯彻他的德育目标和宗旨，王守仁提出一系列具体的德育原则和方法：

1. "立志"

王守仁从"学为圣人"和"明人伦"的德育目标和宗旨出发，强调了"立志"的重要性和必要性，申明它是为学及道德修养的根本。他说：

"志立而学问已过半矣。"①

"夫学莫先于立志；志之不立，犹不种其根，而徒事培壅灌溉，劳苦无成矣。"②

"夫志，气之帅也，人之命也，木之根也，水之源也。源不濬而流息，根不植则木枯，命不续则人死，志不立则气昏。"③

概括来说，王守仁主要讲了三点意思。一是"立志"是为学及道德修养之"本"、基础或动力。二是抓住了"本"，就有了一个好的开始，等于成功了一半。三是如果志不立或立志不坚，则将一事无成，正如树无根而去拼命地培土浇水，结果是白费劲。总而言之，志不立则为学、道德修养就失去方向和指针，正如"无舵之舟"是难于达到理想的思想境界的彼岸的。

志不立则已，立则必须坚定、勇敢、专一。他说：

"立志贵专一。"④

"立志为圣人，就要全神贯注，勇往直前。"⑤

"如猫捕鼠，如鸡覆卵，精神心思，凝聚融结，而不复知有其他。"⑥

在德育过程中强调"立志"，实质是培养道德修养的高度自觉性。王守仁这个德育观点是深刻而又十分精辟的。

2. 德育要从儿童时期抓起

王守仁十分重视儿童的道德教育，他从"致良知"的理论出发，认为儿童时期"良知"保存得最多，受蒙蔽最少。所以实施德育要及早，应从儿童时期抓起，收效最大。

他认为，虽然童子与大人在"致良知"的功夫上是一致的，但童子有童子的"良知"和"童心"，所以在教育和德育内容的深浅上应有所区别，方法要灵

---

① 《王文成公全书·与克彰太叔》。
②③⑤⑥ 《王文成公全书·示弟立志说》。
④ 《王文成公全书·传习录》。

活多样,并多着重启发诱导。这些观点不仅发人深思,而且比起他的前辈们来有不少独到的地方。

"种树者必培其根,种德者必养其心。"①

"大抵童子之情,乐嬉游而惮拘检,如草木之始萌芽,舒畅之则条达,摧挠之则衰痿。今教童子,必使其趋向鼓舞,中心喜悦,则其进自不能已。譬之时雨春风,沾被卉木,莫不萌动发越,自然日长月化。若冰霜剥落,则生意萧索,日就枯槁矣。"②

"今教童子,惟当以孝弟忠信礼义廉耻为专务,其栽培涵养之方,则宜诱之诗歌,以发其志意;导之习礼,以肃其威仪;讽之读书,以开其知觉。"③

王守仁这些关于对儿童进行德育的理论,除了内容有一些是封建糟粕外,其所提出的原则和方法在中国德育思想史上是相当有价值的。

王守仁还继承了孔子重视"诗"教、"乐"教的传统,作为陶冶学生感情和德性的手段。他说:"凡习礼歌诗之教,皆所以常存童子之心,使其乐习不倦,而无暇及于邪僻。"④ 在王守仁看来,诗歌教育和音乐教育(也就是古代的美育)之所以是实施德育不可缺少的手段,原因在于"诗"教和"乐"教能够达到使儿童精神舒畅、陶冶感情、涵养德性的目的,从而保存和发扬合乎统治阶级道德准则的思想感情,以防止在他看来是属于"邪僻"的思想感情的侵蚀。

王守仁对当时教育儿童的传统方法提出了尖锐的批评。他说:

"近世之训蒙稚者,日惟督以句读课仿,责其检束,而不知导之以礼;求其聪明,而不知养之以善;鞭挞绳缚,若待拘囚。彼视学舍如囹狱而不肯入,视师长如寇仇而不欲见,窥避掩覆以遂其嬉游,设诈饰诡以肆其顽鄙,偷薄庸劣,日趋下流。是盖驱之于恶而求其为善也,何可得乎?"⑤

从上述的这一段话,我们清楚地看到王守仁严正地斥责了传统的封建主义教育、德育方法,其中特别是体罚,对儿童是一种摧残,其结果是使儿童与学校和教师处于敌对的地位。于是儿童则以逃学、嬉游来相抗,道德品质"日趋下流"、堕落。这样的所谓"教育""德育"只能把儿童"驱之于恶"。而欲"求其为善",能做得到吗?王守仁这个批判真可谓是针砭时弊、鞭辟入里的。

3. 戒傲、改过

王守仁对学生在道德品质上的要求也是很严格的。他常常告诫学生要力戒骄傲和贵于改过。他说:

"人生大病,只是一个傲字。为子而傲,必不孝;为臣而傲,必不忠;为父

---

①②③④⑤ 《王文成公全书·传习录》。

而傲，必不慈；为友而傲，必不信。……胸中切不可有，有即傲也。古先圣人许多好处，也只是无我而已；无我自能谦，谦者众善之基，傲者众恶之魁。"①

骄傲与谦虚是对立的道德品质或修养。骄傲产生于"有"，自以为有学问有能力，比别人高明。谦虚产生于"无"，深感自己各方面都不够。人一旦骄傲了，头脑膨胀，就不能处理好封建纲常关系，就会闯祸，这是造成作恶的罪魁祸首。相反，谦虚却是一切为善的基本条件。王守仁虽然是从封建伦理的角度来阐述这个问题的，有其阶级与时代的局限性，但是力戒骄傲作为一个座右铭来说是有思想教育意义的。中国古代成语就有"满招损，谦受益"的说法。

王守仁对"改过"的看法则是继承了儒家德育思想的优良传统。他说："不贵于无过，而贵于能改过"②，"悔悟是去病之药，然以改之为贵"③。王守仁这种"贵于改过"的德育观点是可取的，它是中华民族的传统美德之一。

4."省察克治"

王守仁还继承与发展了儒家传统的"内省""内讼"的道德教育方法，提出了"省察克治"的修养功夫。因为"省察克治"是使人们的思想感情达到合乎封建道德所谓"纯正"境界的重要手段。所以，他指出：

"圣人之所以为圣，只是其心纯乎天理而无人欲之杂。犹精金之所以为精，但以其成色足而无铜铅之杂也。人到纯乎天理方是圣，金到足色方是精。"④

"学者学圣人，不过是去人欲而存天理耳。犹炼金而求其足色，金之成色所争不多，则锻炼之工省而功易成，成色愈下，则锻炼愈难。"⑤

王守仁把人的思想感情的"纯正"比喻如黄金的"足色"不夹杂有铅铜等其他金属一样。他把人们的正当感情和欲望都视为"人欲"，犹如黄金中所含的杂质，务求清除干净。他认为，在道德修养和锻炼上"省察克治"就是"存天理""灭人欲"的最好灵丹妙药。所以，他强调说：

"教人为学，不可执一偏。初学时心猿意马，拴缚不定，其所思虑多是人欲一边，……须教他省察克治。省察克治之功，则无时而可间，如去盗贼，须有个扫除廓清之意。无事时，将好色、好货、好名等私，逐一追究，搜寻出来。定要拔去病根，永不复起，方始为快。常如猫之捕鼠，一眼看着，一耳听着，才有一念萌动，即与克去，斩钉截铁，不可姑容与他方便，不可窝藏，不可放他出路，方是真实用功，方能扫除廓清。到得无私可克……"⑥

王守仁对"省察克治"修养功夫明确地指出了三个着力处：一是不可间断、

---

①③④⑤⑥《王文成公全书·传习录》。
② 《王文成公全书·教条示龙场诸生》。

停顿，丝毫不可放松。二是要有"斩钉截铁"的坚决态度，勇于克"私"。三是要彻底干净，"扫除廓清"，不留后患。

最后，王守仁总结道："吾辈用功，只求日减，不求日增。减得一分人欲，便是复得一分天理，何等轻快洒脱，何等简易。"① 这句话是他所谓"简易"功夫的最简要解释。

王守仁的德育思想在中国古代德育思想发展史上是很有影响的，曾经风靡一时。正如明代东林学派的领袖顾宪成所说的："阳明先生开发有余，收束不足。当士人桎梏于训诂词章间，骤而闻良知之说，一时心目俱醒，恍若拨云雾而见白日，岂不大快？"② 可见，王阳明学派的思想比较解放，其中具有偏离和破坏儒家传统思想的因素。后来他的思想传入日本，也盛极一时。对他的德育思想，我们应该重视和研究，吸取其精华，抛弃它的糟粕。

---

① 《王文成公全书·传习录》。
② 《小心斋答记》卷三。

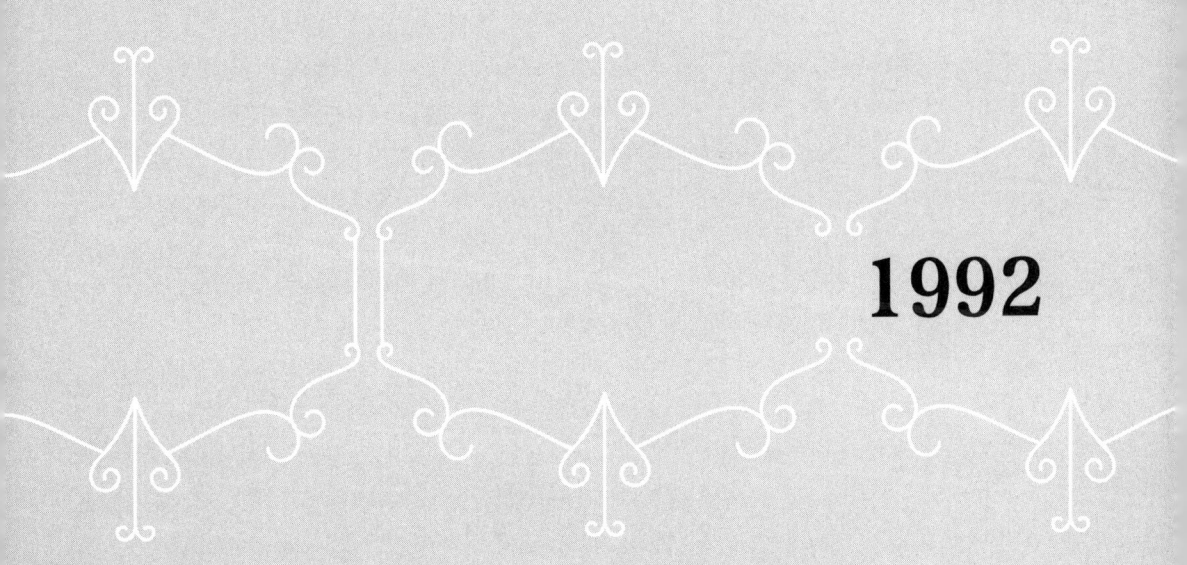

1992

批判地继承我国古代德育遗产

中国是一个历史悠久的"文明古国",同时也获得了"礼义之邦"的赞誉。中国历代的统治阶级和古代的教育家们都十分重视对青少年的德育,并把它放在首要的位置。《大学》一书的作者在总结古代的德育经验时说:"自天子以至于庶人,一是皆以修身为本"。"修身"指的是要加强个人的道德修养;并认为如果每个人的政治信仰和道德观念都树立得十分牢固,思想行为都修养得尽善尽美,这就算是"知本",即抓住了教育的根本方面。

纵观世界的教育发展史,我国古代的德育思想是最为丰富的,同时还有许多传统的美德,也是极为珍贵的。我们应该尊重历史,继承这一份宝贵遗产。

自然,由于我国古代的教育和学校都为奴隶主阶级和地主阶级所垄断,他们总是把向人们灌输本阶级的政治思想和道德规范作为教育教学工作中的头等大事,为此形成了一整套的德育理论和方法。对于这些德育遗产,必须进行整理、分析,分清它的精华和糟粕,排斥它的有害因素,吸收它的有益成分。这对于丰富新时期的德育理论,搞好社会主义精神文明的建设,是有重要的现实意义的。

一、气节与情操

在我国古代德育思想中，往往把培养和要求人们具有坚强的气节和崇高的情操视为道德修养的最高境界。

孔子就曾提出过："君子"必须是一个"笃信好学，守死善道"的坚定分子，要求他的学生深信不疑地信仰奴隶主阶级的政治原则和道德观念，并努力学习，站稳奴隶主阶级的立场，以生命来保卫它的完善。他甚至要人们"杀身以成仁"，以保存奴隶主阶级的道德气节。孟子也提出"舍生而取义"，要求人们牺牲自己的生命来保存地主阶级道德准则，使之免受损害。因而"杀身成仁""舍生取义"后来成了封建统治阶级要求人们必须遵守的最高道德气节，也是他们实施德育所希望达到的理想境界和目标。

自然，这两个口号的提出是为着培养为奴隶制、封建制殉难的"仁人""义士"的，有它的时代和阶级的局限性。但是这种"气节"在中国历史上曾经激励过不少"仁人志士"为正义的事业而牺牲自己的生命。文天祥就是一个典型的例子。他不仅慷慨悲歌，吟咏了"人生自古谁无死，留取丹心照汗青"的诗句，还在英勇就义前准备好的遗书上面写着："孔曰成仁，孟曰取义。惟其义尽，所以仁至。读圣贤书，所学何事？于今而后，庶几无愧。"这种为正义事业不惜牺牲个人的一切甚至生命的无畏精神，确是我们中华民族的一笔珍贵的精神财富。陈毅同志在被敌人包围、生命安危系于一发之际，也曾写下下面的诗句："投身革命即为家，血雨腥风应有涯。取义成仁今日事，人间遍开自由花。"充分表达了无产阶级革命家临危不惧、视死如归的崇高精神境界。

情操是人们完美道德品质的精华，也是中华民族的一种传统美德。

"路漫漫其修远兮，吾将上下而求索。"这是战国时代伟大诗人屈原的长诗《离骚》里的句子，它形象地显现了这位政治家、诗人不断追求真理、殉之以身的高尚气节和情操。

屈原对楚国两代君主和那些保守昏庸的贵族是很痛恨的，而对老百姓处于水深火热的痛苦境地是十分关心的。"长太息以掩涕兮，哀民生之多艰！"他把举贤才、施仁政、哀民生当作个人道德修养的最高准则。他最后因屡遭排挤，被放逐到江南流离，但是他坚贞不屈，宁为玉碎、不为瓦全，决不同流合污，而最后投身清流，结束了自己的生命。可是，他那上下求索真理的精神，要求完美道德修养的品格情操，仍影响着一代又一代的人们。

王安石是北宋著名的改革家，改革刚开始不久，流言蜚语便接踵而来，一时搅得宋神宗左右为难、动摇不定。一次，宋神宗把王安石找去，问他："外面人都在议论，说我们不怕天变，不听人们的舆论，不守祖宗的规矩，你看怎么办才好？"王安石坚定地回答说："天变不足畏，祖宗不足法，人言不足恤。"意思是说，自然界的变化不必害怕，祖宗的规矩可以改变，人们的流言不用管它。

要改革，必然会触犯一部分大官僚大地主的利益，而遭到他们的反对和诽谤。最后这次变法虽然没有成功，但是王安石的"三不足"精神，不仅充分表现了他对自己所持的改革运动充满了坚定的信心，同时这种精神并没有因王安石变法的失败而流逝，而是激励着后来一代又一代的改革志士，勇往向前。

宋代的理学家是很讲究修身养性的。周敦颐写了一篇《爱莲说》，文中他赞美莲花是"出淤泥而不染，濯清涟而不妖"。意思是：莲虽从污泥中长出来，但不被污染；虽经清澈的水波洗荡，但不妖艳、浮华。在这里周敦颐是借莲花来比喻君子的风范，使莲花成为高尚洁美人格的象征。多少年来，《爱莲说》虽寥寥一百一十九字，却成为传世的散文名篇。"中通外直""亭亭净植""不蔓不枝"……形象地刻画了一个具有高尚品德、情操的"君子"的特征。

明代的于谦是有名的清官、爱国将领。他写了一首《咏石灰》的诗，以石灰自喻："粉身碎骨浑不怕，只留清白在人间。"表达了自己坚强不屈的意志和廉洁的操守。当然在封建社会里，像于谦这样的官吏是不多见的，而他的这个名句也流传到今天。

上述的事绩和诗句之所以历久不衰，为人们所敬仰和传诵，是因为这些诗文和事绩中所蕴含的崇高气节和高尚的情操，熏陶了人们的思想感情。尽管它还多少带有一些封建主义的色彩，但作为一种道德规范和德育内容，已经突破了时代的限制，成为中华民族的一种传统美德，而应该包括在我们今天的德育思想体系之中，属于思想道德教育中的最高层次。一个革命者必须具备坚定的政治信仰、忠贞不屈的气节和高尚的情操，无疑是至为重要的。

二、 刻苦磨炼　践履躬行

培养坚强的道德意志在德育过程中也是一项艰巨的任务。若没有坚强的道德意志，就不能战胜各种各样的困难和阻力，甚至会向恶势力屈服，变节弃义，遗恨千古。这一方面，古代教育家们也给我们提供了许多可以借鉴的经验和格言。孔子有一句格言："岁寒，然后知松柏之后凋也。"[①] 孔子在这里以松柏喻人，循

---

① 《论语·子罕》。

循善诱地教导人们，应该像青松翠柏一样，能够经得起严寒的考验，成为一个具有坚强意志的卫道士。"不曰坚乎，磨而不磷；不曰白乎，涅而不缁。"要像坚硬的东西一样，磨也磨不薄；像最洁白的东西一样，染也染不黑。经得起磨炼，时刻保持着自己的崇高的节操。这个道德格言，以它的深刻性、哲理性和形象性而给人们以重要的思想教育和精神鼓舞，因而影响历久不衰。后人提倡的"松树的风格"，其哲理即源出于此吧。

孔子的弟子曾参继承了孔子这个思想，他也强调"临大节而不可夺"①。意思是说：面临安危存亡的紧要关头，绝不能骨头软，要意志坚强，毫不动摇，绝不放弃自己的节操。

孟子说得更为深刻，他认为一个人只有经过艰难困苦的磨炼才能坚强起来。"故天将降大任于是人也，必先苦其心志，劳其筋骨，饿其体肤，空乏其身，行拂乱其所为，所以动心忍性，曾益其所不能。"② 意思是说：上天将要把重大的使命交给某一个人，一定先使他的思想志向受到折磨，筋骨受到劳累，肚肠受到饥饿，身子受到困乏，使他的所作所为总是不能如愿，这样就能触动他的心灵，坚韧他的情性，增长他的才干。

孟子认为：一个人只有在这样困难的环境中，从思想到身体都要经历一番刻苦锻炼，才能培养出坚强的意志来，成为一个"富贵不能淫，贫贱不能移，威武不能屈"的大丈夫。为此，孟子举出了不少的事例来证明这个道理。例如：舜是从田野之中兴起来的，傅说是从筑墙的苦役中提拔出来的，胶鬲是从鱼盐贩子中提拔出来的，管仲是从狱官的手里被释放后提拔起来的，孙叔敖是从海滨被选拔出来的，百里奚是从奴隶买卖场所被选拔出来的，后来这些人都成为"治国安民"的大人物。由此可见，除了关于"天"的说法具有唯心主义的色彩外，孟子关于意志锻炼的总的精神是积极的，直到今天仍有借鉴的意义。

特别是他指出的"逆境"或"艰苦的环境"对人的考验和人能否"自寻苦吃"自我磨炼的观点更是发人深思，是一个十分精辟的见解。他说：

"人之有德慧术知者，恒存乎疢疾。独孤臣孽子，其操心也危，其虑患也深，故达。"③

"生于忧患，而死于安乐。"④

就是说：人的道德、智慧、本领、才智常常是由于经历了灾难才锻炼出来

---

① 《论语·泰伯》。
②④ 《孟子·告子下》。
③ 《孟子·尽心上》。

的。事实证明，只有那些孤臣孽子，因为他们常处于危难之中，所以他们时常提高警惕，对祸患考虑得很为深远，因而又十分通达事理。孟子因此得出结论：忧愁患害足以使人生存，安逸快乐足以使人死亡。这个认识可谓是极为深刻的。

荀子也是一位特别重视多方面锻炼的教育家。他在《劝学篇》的结尾以"君子贵其全"的光辉论点提出为学的目的在于使"君子"的学问、道德修养达到完全、纯粹，即炉火纯青的地步。他说：

"百发失一，不足谓善射；千里跬步不至，不足谓善御；伦类不通，仁义不一，不足谓善学。学也者，固学一之也……全之尽之，然后学者也。"[①]

荀子这里所指的"一"就是完全、纯粹的意思。"全之尽之"就是要求求学的人必须达到尽善尽美的境界。

荀子认为：为了达到这个目的，就必须千方百计地从各个方面加强修养、学习和锻炼。他说：

"君子知夫不全不粹之不足为美也。故诵数以贯之，思索以通之，为其人以处之，……是故权利不能倾也，群众不能移也，天下不能荡也。生乎由是，死乎由是，夫是之谓德操。"[②]

通过这些多方面的学习和锻炼，把人锻炼得好像金子一样纯粹，使人的思想、感情、意志达到牢固、坚定不移的地步，不致为任何的物质、地位的引诱，权势的威迫而产生动摇。这就是荀子所希望"君子"所具备的"德操"。

道德行为则是形成一定道德原则和规范的实践基础。我国古代的思想家、教育家常常用"行"或"践履"来表示人们的道德行为。如："行己有耻""行必果""行笃敬"，等等。

中国古代的道德行为训练，包括的范围是很广泛的，规定又是十分具体的，甚至连怎样穿衣服、戴帽子，走路的姿态，读书写字的姿势，服侍父兄长上的态度等都有所规定。宋代的教育家朱熹对道德行为的训练特别重视，并主张从幼小的时候就抓起。他专门为儿童编写了《童蒙须知》，对儿童日常生活中必须遵守的道德规范、礼仪规矩、行为细节，都提出了十分具体的要求，教导和训练儿童按照这些规定去行动，以便使儿童从小就形成封建主义的道德行为和习惯。例如：在《童蒙须知》中有这样的规定，"凡为人子弟，须是常低声下气，语言详缓，不可高言喧哄，浮言戏笑。父兄长上有所教督，但当低首听受，不可妄自议论"，又如"凡侍长者之侧，必正立拱手。有所问，则必诚实对，言不可妄"。朱熹所规定的道德行为细节，都是对封建主义道德规范的具体化。封建地主阶级

[①②] 《荀子·劝学》。

正是依靠这些细微而烦琐的条条框框来约束人们的一举一动、一言一行。

自然，在《童蒙须知》中，还有一些要求儿童养成良好的生活习惯和正确的学习态度的内容。例如："著衣既久，则不免垢腻，须要勤勤洗浣。破绽，则补缀之"，"凡为人子弟，当洒扫居处之地，拂拭几案，当令洁净"，"读书有三到，谓心到、眼到、口到"。这些要求，无疑是值得我们批判地吸收的。

朱熹还把古人所谓的"嘉言善行"，记录汇集成小册子，称为《小学》，作为对儿童进行道德教育的材料，书中所举的"嘉言"和"善行"，都被视为在封建主义道德、思想、行为上应该学习的楷模。例如："晋西河人王延，事亲色养，夏则扇枕席，冬则以身温被，隆冬盛寒，体常无全衣，而亲极滋味。"这可谓封建主义孝子的典型，也是封建地主阶级经过精心选择的、赖以进行封建主义道德教育的材料。朱熹所挑选的这些材料，虽然有一些封建主义的糟粕，但其中也有一些可取的因素。如劝告人们"当惜分阴"，应怀有"先天下之忧而忧，后天下之乐而乐"的抱负，应该勤俭持家，等等。这些，在封建社会和人民群众中一直被认为是一种美德。

所以，"践履躬行"是中国古代德育理论和方法中的一个重要组成部分。中国古代的德育不仅重视"言"，也十分重视"行"，也就是说不仅重视道德观念的认识和灌输，也重视道德行为的训练和践履。二者互相配合，以道德信条和道德观念指导人们的道德实践和道德行为。反过来，人们通过道德的"践履躬行"又加深了对道德信条和道德观念认识的信守。

三、 言行一致　改过迁善

在道德的原则方面，中国古代积累的经验也是极为丰富的。其中固然有一些是糟粕，但也有不少值得借鉴的东西。孔子就是一个提倡"言行一致""以身作则"的教育家，他说："始吾于人也，听其言而信其行；今吾于人也，听其言而观其行。"[1] 他注意培养学生在道德修养上做到言论和行为的一致，反对言行脱节，这就在某种程度上窥测到了道德观念和道德行为之间的联系性，并在这个基础上概括出言行一致的道德原则。它在中国古代教育史上和德育理论发展史上是有很大影响的。

孔子常常教导学生要做到"言必信，行必果"[2]，坚决把道德认识落实到行

---

[1] 《论语·公冶长》。
[2] 《论语·子路》。

动上。在这里他指出了道德教育一个重要的而带有规律性的特点，即不能把道德教育只停留在口头上的说教而变成空洞的教条，而必须使它转化为躬行实践，落实到每一个学生日常的行动中去，它才能是有成效的。

与言行一致相联系，孔子要求在德育过程中要贯彻"以身作则"的原则。他说：

"其身正，不令而行；其身不正，虽令不从。""苟正其身矣，于从政乎何有？不能正其身，如正人何？"①

这里孔子提出作为一个统治者或教育者必须"身教"重于"言教"，"正己"然后才能"正人"的思想，概括起来也就是"以身作则"的意思。

从德育原则的角度来看，教师的以身作则，确是非常重要的，因为榜样是一种具体而又有感化性的教育力量。如果教师能说到就做到，能成为学生的表率，这样，在道德规范上就起了很好的示范作用。在中国教育史上"身教重于言教"是一个很有价值的教育传统和风尚，这种无声的教育，收到了潜移默化的巨大效果。

在改过问题上孔子提出许多值得注意的思想。他说："过则勿惮改"②，"过而不改是谓过矣"③。他要求学生和人们要正视自己的错误，有改过迁善的勇气，如果坚持不改就会铸成真正的或更大的错误。

孔子还经常教导学生要虚心接受别人的劝告和批评。他说："法语之言，能无从乎？改之为贵；巽与之言，能无说乎？绎之为贵。"④ 这就是说，对于别人严正的忠告，不能只是在口头上听从，可贵的是要在实际行动上有改正的表现。对于别人婉转的劝导，不能喜欢别人委婉的表达形式，可贵的是要从中去寻找其有益的意见。孔子这个见解说来也是十分中肯的。

为了少犯错误，孔子主张严加约束自己，他认为："以约失之者鲜矣。"⑤ 就是说，因为对自己节制、约束而犯过失的，这种事情总不会多的。所以，对于像颜回这种"不迁怒、不贰过"⑥，不拿别人出气，也不犯同样过失的得意门生，孔子是赞扬备至的。他深有感慨地说：颜回死后，再也没有这样的人了。可见，封建社会的道德中有虚伪性的一面，能真正做到"改过迁善"的人是不多的。

---

① 《论语·子路》。
② 《论语·学而》。
③ 《论语·卫灵公》。
④ 《论语·子罕》。
⑤ 《论语·里仁》。
⑥ 《论语·雍也》。

但是作为一种道德格言，它却对人们起着鼓励和鞭策的作用。

如何待人处世，妥善处理人与人之间的关系，是需要遵守一定的社会道德准则的。这类的道德格言是很多的，常以精练的语言、深刻的内容，给人规定了在道德认识和道德行为上应该遵循的尺度。虽然这些格言产生的时代是封建社会，但是它已经超越出了时代的局限而成为各个社会人们所公认和共同遵守的道德规范。

例如：孔子提出的"躬自厚而薄责于人"①，这种严于律己、宽以待人的精神，对于处理人与人之间的矛盾，搞好上下左右的关系，是具有一定积极意义的。他还提倡对人应采取一种帮助、宽容、体谅的精神和态度。他说："君子成人美，不成人之恶。"② 意即要促进别人往好处走，切不要往坏处推。对待别人的过失和错误，不要抓住不放，要"既往不咎"③。即已经过去的事不要再追究了，要往前看，不要算老账。孔子这些格言，的确是发人深思的。

孟子则进一步发展了孔子的思想，提出在待人问题上应该遵循对自己则多"反求诸己"，对别人则应"与人为善"④，"爱人者人恒爱之，敬人者人恒敬之"⑤。孟子上述的这些德育观点，后来都成为我国古代德育思想中的著名格言，被认为是一种美德。孟子对于那些在道德修养上"自暴""自弃"的人是十分鄙视的。他说："自暴者，不可与有言也；自弃者，不可与有为也。言非礼义，谓之自暴也；吾身不能居仁由义，谓之自弃也。"⑥ 这就是"自暴自弃"这个成语的出处。一个人自己毁害自己，自己抛弃自己，完全失去了要求上进的信心和决心，那确是一个致命伤。孟子的这些道德格言，说来都是十分深刻的。

东汉著名的思想家、教育家王充也说了一些实事求是的、有点辩证法观点的话，如"誉人不增其美，毁人不益其恶"⑦。就是说：赞誉人不夸大他的优点，指责人不夸大他的缺点。王充这种待人的富于实事求是的客观态度，无疑是十分可取的。这在今天仍是我们评价他人应该遵循的原则。

清代的李惺也讲过与上述类似的观点："攻人之过勿太严，要思其堪受；教人以善勿过高，要令其可从。"⑧ 就是说指责人的过错不要太严厉，要考虑到别

---

① 《论语·卫灵公》。
② 《论语·颜渊》。
③ 《论语·八佾》。
④ 《孟子·公孙丑上》。
⑤⑥ 《孟子·离娄下》。
⑦ 《论衡·艺增》。
⑧ 《西沤外集·药言剩稿》。

人能够接受，教别人学习好的东西，不要要求太高，要使别人能够做到。这种要求人应从实际出发、合情合理的求实精神也是值得倡导的，因为过分的苛求，往往适得其反。

至于对人们道德品质的要求，努力加强自身的修养，古代的思想家、教育家也说了许多至理名言。荀子有一句著名的格言："劳苦之事则争先，饶乐之事则能让，端悫诚信，拘守而详。"① 意思是说：遇到劳苦的事就争着去做，遇到享乐的事就谦让，正直、谨慎、诚实、讲信义，约束自己而坚持正确的操守，就能有好的结果。荀子的这个劝导对后人的自我修养自然是有很大裨益的。

三国的著名政治家诸葛亮也发表了一些发人深省的话："贵之而不骄，委之而不专，扶之而不隐，免之而不惧，故良将之动也，犹璧之不污。"② 意思是说：有尊贵的地位不骄傲，委任他以重任但也不专横，提拔他出来任职也不推辞，免去他的职务也不忧惧，这就是优秀将领的行为，就像洁白的璧玉一样不被污染。在封建社会，做官如能做到像诸葛亮要求的那样，那当然是难能可贵的。即使今天，这些话对于一个"人民公仆"来说，也是不无启迪意义的。

宋代的司马光是著名的史学家，位至宰相，但他却教导儿子要崇尚节俭。他在《给子康书》中说："众人皆以奢靡为荣，吾心独以俭素为美。"司马光把节俭视为一种美德。他提出了"由俭入奢易，由奢入俭难"这个富有教育性、哲理性的道德格言，给人们以巨大的启迪。他还引用了春秋时代御孙（春秋时的鲁国大夫）的话："俭，德之共也；侈，恶之大也。"直到今天，仍然有现实的教育意义。

此外，还有像"满招损，谦受益"，"惩前毖后，治病救人"，"言者无罪，闻者足戒"，"树德莫如滋，除害莫如尽"，"忠言逆耳利于行，良药苦口利于病"，"宁为玉碎，不为瓦全"，等等，都以精练的语言，道出了深刻的道德哲理。它们像一串串的珍珠，闪耀在中国悠久的历史上。自然也有这类的"格言"——"人不为己，天诛地灭"，"马无野草不肥，人无横财不富"，宣扬极端的利己主义，但这不过是古代道德格言中的糟粕。而对上面说过的那些富有教育意义的道德格言，我们应该好好整理成为一份珍贵的教材加以利用，因为它对发展社会主义的德育理论，加强对青少年进行思想品德教育，是有所借鉴、有所帮助的。

---

① 《荀子·修身》。
② 《诸葛亮集·兵要》。

四、克己　自省　主敬　省察

古代的德育方法也是极为繁多的。例如："克己""自省""主敬""省察"，等等。这些德育方法的特点，多是鼓励人们在内心上下功夫，它的唯心主义色彩较浓。但是我们对待任何具体事物都应该采取马克思主义的分析态度。

例如："克己"和"自省"是孔子和儒家一贯的重要的道德修养方法。"克己"是指约束自己的意思，也就是说在道德修养上一个人必须时时刻刻以奴隶制的道德标准来约束和克制自己。所以在道德教育的过程中他常常强调"约之以礼"，即以周礼来约束人们的言论行动。他要求人们"非礼勿视，非礼勿听，非礼勿言，非礼勿动"。这充分表明了孔子的德育方法偏重于消极禁止和束缚人们的个性这一方面。但是从德育理论发展史来看，自觉和约束总是相辅相成的。任何社会对人的道德行为，总不免存在着约束的一面。今天实施的"学生守则"，各种条规、纪律就是具体的表现，它都要求学生必须遵守。不同的是它要求建立在自觉和说服的基础之上。可见"克己"仍不失为一种德育的方法，仍有其合理的因素。

孔子还提倡"内省"，要人们在"内省"上下功夫。他说："内省不疚，夫何忧何惧？"[①] 意思是说：反省起来，自己问心无愧，那还有什么值得忧愁和畏惧的呢？他还说："见贤思齐焉，见不贤而内自省也。"[②] 告诫人们，看到符合周礼的贤人，便应想怎样做到和他一样；看到违背周礼的不贤的人，内心必须反省自己，看有没有犯同他一样的错误。

孔子的学生曾参把孔子的这套德育方法概括为"吾日三省吾身"，天天自我检查，看有没有做了违背奴隶主阶级政治、道德信条的思想和行为。然而从德育思想的角度来看，孔子是十分强调个人的道德修养的，这一点值得我们重视。

对于"自省"德育方法的评论问题，人们存在着不同的看法。过去有人把它视为唯心主义的修养经，这是不够全面的。因为作为人们自我教育的一种德育方法，还是有它合理的一面。如果一个严于律己的人，经常注意到解剖自己，对自己的缺点或不足之处进行具体的、一分为二的分析，或者看到别人犯错误时以此对照联系自己做自我检查，引为鉴戒，以提高思想认识，从这个意义上说，它仍不失为是一种有用的方法。但是，如果这个方法运用得不适当，只单纯鼓励人

[①]《论语·颜渊》。
[②]《论语·里仁》。

们在内心上下功夫,离开了在改造客观世界的基础上改造人的主观世界,它就会流为一种主观的反省和束缚人的思想行为,并成为令人产生谨小慎微、因循守旧等积习的消极手段。

在德育方法上提出更高要求的是《大学》一书的作者,他主张"君子必慎其独"。所谓"慎独"就是一个人单独自处的时候,也要谨慎地进行内心反省。要像许多眼睛盯着你,许多手指着你那样严厉("十目所视,十手所指,其严乎")。这应该说是"内省"法的最高层次。

在德育方法上,观点比较全面的应该算是荀子,他提出"节导"的主张。"节"就是调节和控制,"导"就是疏导、教导。荀子对待人们的感情、欲望,既不主张寡情去欲,也不同意恣情纵欲。他认为解决这个问题的最好方法就是"节"和"导"。他说:

"欲虽不可尽,可以近尽也;欲虽不可去,求可节也。所欲虽不可尽,求者犹近尽;欲虽不可去,所求不得,虑者欲节求也。道者,进则近尽,退则节求,天下莫之若也。"①

意思是说,欲望虽然不能完全满足,但却可以接近完全满足;欲望虽然去不掉,但对欲望的追求却是可以节制的。欲望虽然不能去掉,但又求之不得,那就要考虑应该节制自己的欲求了。对待欲望的正确态度是:在可以进取的情况下,那就尽量使欲望接近于完全满足;在应该退让的情况下,那就要节制自己的欲求,天下再没有比这更好的做法了。

作为一个唯物主义思想家,荀子对情、欲所取的态度是积极的,较为实事求是的,与孟子的"养心莫善于寡欲"的唯心论禁欲主义观点的确是泾渭分明,并具有一定的合理因素。

再说"导",就是要善于疏导、教导而不要堵塞或片面地禁防。荀子认为:疏导最好的办法就是晓之以"礼义",提高人们对封建主义政治信仰和道德观念的认识。

"人之所欲生甚矣,人之所恶死甚矣,然而人有从生成死者,非不欲生而欲死也,不可以生而可以死也。故欲过之而动不及,心止之也。心之所可中理,则欲虽多,奚伤于治。"②

荀子的这个分析是很深刻的。人对于生的欲望是最迫切的,人对于死的厌恶是最强烈的。但是有些人竟放弃生的希望而去死,这并不是不愿意生而愿意死,而是考虑到某种情况下(例如为了正义的事业)不可以偷生而应该去死。所以,

---

①② 《荀子·正名》。

有时人的某些欲望非常强烈，但在行动上却没有完全这样去做，这是由于道德思想意识节制了它的缘故。荀子在德育理论和方法的发展史上提出"节"和"导"的观点，是有所创新的，值得我们深入地发掘和研究。

朱熹是古代德育方法的集大成者。他不仅继承了他的先辈们的一些遗产，而且有所发展、增新，提出了像"克己""主敬""存养""省察"等道德教育方法和途径。

例如"主敬"。朱熹说："小心畏谨便是敬。"① 就是说，"敬"要求人们经常要保持一种"小心畏谨"的心理状态，不敢掉以轻心，不敢马虎懈怠。究其实质，就是要人们"自觉"地约束自己的思想行为，不能胡思乱想，不能胡作非为。此外，"敬"字还有另一种意思，就是思想要"专一""集中"。他说："敬……只是收拾自家精锐，专一在此。"② 这里所说的"专一"指的是精神要集中，意志要坚定，注意力不要分散，不要有闲思杂念。从这个意义上说，朱熹要求学生在学习和道德修养方面都务求"主敬"即"专心致志"，还是有可取的因素的。

又如"省察"。朱熹认为，一个人如果要搞好自身的道德修养，就应当"无时不省察"。"省"是反省的意思，"察"是检查的意思。朱熹要求人们和他的学生要时时对自己的思想和行为严格地加以反省和检查，就像一个人骑马一样，自己应该小心谨慎，"及至遇险处，便稍加提控"③，严防一切违背封建主义道德规范的思想和行为萌芽、发生。他强调，人们在思想刚刚露头的时候，固然不可以不小心谨慎地加强自我反省、检查，而在思想行为已经暴露之后，更不能不深刻地检查和改正自己的过失。朱熹的目的尽管是为了防范不利于封建地主阶级利益的思想行为萌芽、发生和滋长，但从方法上来说，既强调防微杜渐，又重视纠失于后，是比较全面的。朱熹的德育理论和方法在中国古代教育史上占有重要的地位。

纵观中外的德育理论发展史，我国古代的德育遗产是最丰富的，值得我们深入地去研究，批判地吸收其中有益的因素，这对于建设我们的德育理论和方法无疑是有价值的。

（原载《时代·人才·德育》，中国和平出版社1992年出版）

---

① 《朱子语类》卷二十三。
② 《朱子语类辑略》。
③ 《性理精义》卷七。

1994

近代岭南教育界改革开放的教育意识

近代岭南知识界涌现了一批中国最早开眼看世界的先进人物。他们接受西学的洗礼，并勇于接触西方的教育模式。他们主张变科举、兴学堂、输入西学、派遣留学生，渴望中国能够学习并赶上西方先进的资本主义国家。

他们的教育思想意识具有三个显著的特点，即早期性、开放性和辐射性。所谓早期性，是指近代广东为最早接触西方文化教育的沿海地带。早在鸦片战争前，英美等资本主义国家的传教士就在广东开始了办杂志、开医院、设学校等多项活动。鸦片战争后，外国文化教育机构和传教士在香港、广东陆续设立了更多的文化机构和学校。当然，这些活动属于文化教育侵略的性质，但通过这些媒介，西学很早就在广东社会和知识界中得到了传播和影响。

所谓开放性，是指近代广东最早出现了一批开眼看世界的知识分子，他们眼光敏锐，思想开放，锐意改革，在接受新鲜事物输入西学和改变现状方面走在全国的前列。

所谓辐射性，是指作为近代中国先进代表人物的洪仁玕、容闳、郑观应、康有为、梁启超等人，他们思想的形成发展都是先孕育于广东，然后辐射到全国，而在中国近代史、中国近代教育史上产生重大的影响。

洪仁玕是中国近代史上最早的启蒙思想家、革命民主主义教育家。金田起义的时候，他没有来得及赶去参加，之后由于清政府追捕，被迫逃亡香港，在一个外国传教士家中担任家庭教师。他在香港逗留期间，接受了西方资本主义国家的政治和文化科学的影响，使他不仅能够领会某些先进的科学文化技术，而且对资本主义世界大势有所了解。英国人呤唎说过洪仁玕"熟悉地理和机械学，还收藏有许多关于西方文化和科学的附有插图的参考书"，并且"是经常研读这些学问的"[①]。由此可见，洪仁玕是农民革命队伍中受过西方资本主义思想影响的知识分子。

洪仁玕后来到天京后，总理全国政事，并且兼任"文衡正总裁"，掌管太平天国的文化教育事宜。他在《资政新篇》中，力陈把"火船、火车、钟表、电火表、寒暑表、风雨表"等西方资本主义国家先进的科学文化和生产技术输入中国，以改变当时中国社会的落后闭塞状态。他还主张在不得干涉内政的条件下，允许外国人到中国来传授科学技术知识。

他还鼓励人民开办"学馆""医院""新闻馆""书信馆"等。这些创议，其资本主义色彩是相当鲜明的。洪仁玕的开放、改革意识在当时的历史条件下是开风气之先的。

容闳是中国近代第一个留美并在美国耶鲁大学毕业的学生。他写了一本《西学东渐记》的书，主张以"西方学术，灌输于中国，使中国日趋于文明富强之境"。他认为：中国要想独立富强，首先应该学习西方的资本主义"教育"和"文化"，并且希望中国人到美国去接受资产阶级教育的熏陶。

而由他率领的近代中国最早的一批留学生是近代中国出现的第一批新型知识分子群，其中不少是广东籍人士，詹天佑就是其中的佼佼者。

这些学生留美期间，各方面表现很好，得到各界人士的好评。耶鲁大学校长朴德称赞他们"自抵美以来，人人能善用其光阴，以研究学术，以故于各种科学之进步，成绩极佳。即文学、品行、技术，以及平日与美人往来一切之交际，亦咸能令人满意无闲言"。这些青少年"既离去故国而来此，终日饱吸自由空气，其平昔性灵上所受极重之压力，一旦排空飞去，言论思想，悉与旧教育不侔"[②]，也就是说他们接受了资本主义的教育后，思想上产生了民主、自主的新气息。这些留学生归国后对中国近代的外交事业、洋务建设和教育发展产生了较大的

---

① 呤唎：《太平天国革命亲历记·上》，王维周译，中华书局，1985。
② 容闳：《西学东渐记》，徐凤石、恽铁樵译，商务印书馆，1915。

影响。

在中国近代教育发展史上，容闳倡导并亲自组织的第一次派遣留学生是具有重大意义的，它对当时弥漫于中国的顽固守旧风气是一次重大的突破，造就了一批有别于封建士大夫的、具有开放意识和懂得近代科学技术的人才，对西学在中国的传播起了一定的启蒙作用，开了中国近代派遣留学生的先河。

郑观应是早期资产阶级改良主义的教育思想家。他是较早提出变革科举、学习西学、兴办新式学堂的先行者，他指责封建主义的科举考试制度禁锢人才，积极主张兴办新式学校。他认为：外国资本主义之所以富强，就在于它们"强于学，非强于人"，只有仿照外国"士有格致之学，工商有制造之学，农有种植之学，商有商务之学"① 的办学方法，才能做到学用一致，人才辈出。

他还提倡将西学列为学校的必修课程。他把西学分为天学、地学、人学三部分。天学、地学主要是指近代自然科学和先进技术。人学除语言文字外，主要是指有关西方国家的政治法律、经济制度。郑观应的思想言论对当时的知识界、教育界有较大的影响。他的名著《盛世危言》是知识界的畅销书，他的教育主张是后来戊戌维新变法"变科举，兴学校，学西学"思想的直接来源。

康有为、梁启超是近代中国向西方寻求真理的代表人物。他们在当时的历史条件下，主张全方位地向西方先进的资本主义国家学习；提议搞点君主立宪制，发展工商业，变科举，兴学校，输入西学，派遣留学生，对腐朽的封建统治制度、陈旧落后的封建主义教育思想和模式进行了冲击，使闭塞的中国社会透进了新鲜的空气和阳光，使中国思想界、教育界打开了眼界，清醒了头脑，增强了改革开放的思想意识。应该说，这在中国近代史、近代教育史上是一次有积极意义的思想启蒙运动。

康有为和梁启超是维新变法的领导人。他们的思想具有当时由传统的封建文化转向接受西方资本主义文化的一般知识分子的思想特点。这种知识分子多数出身于封建地主家庭，自幼接受封建主义的文化教育，打下了中国传统的学问基础。但是民族的危难、现实的刺激，使他们对传统的旧学逐渐发生怀疑，思想非常矛盾和苦闷，后来他们陆续接触到一些外国资本主义思想的影响，"得西国近年汇编环游地球新录及西书数种览之"，"于是舍弃考据帖括之学，……以经营天下为志"。② 又如梁启超在《三十自述》中所述的："下第归，道经上海，从坊间购得《瀛环志略》读之，始知有五大洲各国，且见上海制造局译出西书若干

---

① 《盛世危言·商战下》。
② 《康南海自编年谱》。

种，心好之。"康梁思想的转变说明了他们这一代知识分子，在接触了西学和西方的资本主义新鲜事物之后，深感在"救亡图存"的严重关头，封建的学术文化已经是不顶用了，只有积极学习西方的近代自然科学知识和社会政治学说及制度，才能使国家、民族走上富强的道路。

为了推动维新变法运动和培养维新变法的人才和骨干，康有为和梁启超分别创办了万木草堂和时务学堂。他们在教学上采取了"兼通中西学说"的方针，他们敢于反对当时的旧教育传统，对教学的内容和形式进行了许多大胆的改革，使万木草堂和时务学堂在当时获得了进步人士的赞誉。例如，张元济在后来追忆戊戌政变史事时，对康有为在万木草堂的讲学，给予高度的评价："南洲讲学开新派，万木森森一草堂。谁识书生能报国，晚清人物数康梁。"湖南的维新派人士也称赞梁启超来湖南主持时务学堂，"以振新政新艺为大宗"，实是"湘人厚幸"。在办学的过程中，康梁宣传西学，批判旧学，显示了资产阶级维新派利用学校作为宣传维新理论和培养维新志士的重要场所。康有为、梁启超作为教育改革家、教育实践家也由此而闻名于当时。

在教育改革方面，康有为、梁启超都持有相同的观点。首先是主张变科举和兴学校，迫切要求建立资本主义的教育制度。

"变科举"的目的，在于反对封建主义的文化教育制度；而"兴学校"的目的，则在于发展资产阶级的教育制度，两者皆是维新派在文化教育领域里实行变法的两个基本的和互相联系的思想和政策。

康有为在《请开学校折》中认为：废八股，比如治病，是"以吐下而去其宿疴"，是消极的；而"兴学校"则比喻为"宜急补养，以培其中气"，是积极的。康有为建议清政府应该借鉴欧美、日本的经验，并以它们为榜样，由国家建立各级各类学校。

梁启超亦在《教育政策私议》一文中，模仿日本的学校教育制度，按照儿童身心发展的状况，设计了一种国民教育制度体系。在梁启超"开学校"的教育主张中，他特别重视"政治学院""师范学校"和"女子学堂"的开设，显示了一个先进的资产阶级思想家、教育改革家的真知灼见。

梁启超把师范教育当作是"群学之基"，并且说："欲革旧习兴智学，必以立师范学堂为第一义。"在他设计的《教育制度表》里，就包括有从"寻常师范学校"到"高等师范学校"直至"师范大学"的比较完整的师范教育系统。梁启超视师范教育为学校教育的"母机"，这个教育观点不仅是宝贵的，而且也是令人耳目一新的。其次，在引进西学作为各级各类学校的主要课程方面，康有为、梁启超的看法也是一致的。他们认为：只有"西学"才是救亡图存的良好药方。康有为说："天下之变，岌岌哉！夫挽世变在人才，成人才在学术。"① 他在这里所说的"学术"，就是指资本主义国家的自然科学和社会政治学说。因而他主张把"西学"引入作为各级各类学校的主要课程，来代替"词章、帖括、训诂之学"。

梁启超从1896年起，开始在《时务报》上发表《西学书目表》，共收书三百余种，是二十年来翻译西书的总录。这个书目系统地介绍了西方的算学、重学、化学、声学等科技书和史志、官制、学制、法律、农矿、工商诸政等社会科学书籍。《西学书目表》的发表，对当时中国的学术界、教育界和青年学生产生了重大的影响，因此它不仅是一本目录学著述，同时也是一本向大众宣传西学、鼓动变法的教科书。

由于当时中国国内还缺乏应有的培训条件，只有派人出国留学，长期深入研究，才能收到实效。所以康有为说："书者空言也，实行之事，非深久游入其学校，尚虑不能深明之。"而且"物质之学，又非可以译书得也"②。意思是说，要深入地掌握先进的科学技术，单靠从书本上学习是不扎实的、抽象的，通过翻译过来的书籍也是不容易学到的。因为科学技术不能离开科学实验或实习，只有身临其境，结合实际，才能学习得好。康有为这个看法，表明了他对"西学"的实质有了较为深刻的理解。

近代岭南知识界这些代表人物及其改革开放的思想意识，是开风气之先的。他们的思想和英勇实践，开拓了近代中国教育改革的新局面，直到现在对我们仍有借鉴的价值。

（原载《东方文化》1994年第3期）

---

① 《上海强学会序》。
② 《请广译日本书派游学折》。